Roemer
Senator
Dr. H. Roemer

PELIZAEUS-MUSEUM

Maike Kozok

Vom Kloster zum Museum

Studien zur Baugeschichte des Roemer- und Pelizaeus-Museums in Hildesheim

Herausgegeben vom Hildesheimer Museumsverein e. V.
– Verein für Kunde der Natur und Kunst von 1844 –,
vom Freundeskreis Ägyptisches Museum Wilhelm Pelizaeus Hildesheim e. V.
und vom Hildesheimer Heimat- und Geschichtsverein e. V.

GERSTENBERG

Über die Autorin

Dr.-Ing. Maike Kozok studierte Architektur an der Universität Hannover. 1992 bis 1994 Wissenschaftliche Mitarbeiterin bei der Kirchlichen Denkmalpflege Hildesheim, 1995 bis 1997 Wissenschaftliche Mitarbeiterin und von 1997 bis 2004 Wissenschaftliche Assistentin am Institut für Bau- und Kunstgeschichte der Universität Hannover. 2001 Promotion zur Dr.-Ing. über den Tristegum-Turm des Hildesheimer Domes. Von 2004 bis 2007 Wissenschaftliche Mitarbeiterin am Stadtarchiv Hildesheim. Seit 2006 Lehrbeauftragte für Baudenkmalpflege an der Hochschule für Angewandte Wissenschaft und Kunst (HAWK) Hildesheim, seit 2007 Tätigkeit bei der Unteren Denkmalpflege der Stadt Hildesheim, seit 2008 Kuratorin für Ausstellungen am Roemer- und Pelizaeus-Museum Hildesheim.
Forschungsschwerpunkte: Europäische Bau- und Stadtbaugeschichte, Historische Baukonstruktion, Bauforschung, Architektur des Mittelalters, Historismus, Jugendstil und Moderne

Im Verlag Gebrüder Gerstenberg sind bislang folgende Bücher der Autorin erschienen: Der Tristegum-Turm des Hildesheimer Domes. Ikonographie und Bedeutung einer Vierungsturmform vom Mittelalter bis zur Neuzeit (2004); Hildesheim zur Kaiserzeit. Historische Fotografien aus den Beständen des Stadtarchivs Hildesheim und des Roemer-Museums Hildesheim(2005); Das Tempelhaus in Hildesheim. Baugeschichte und Dokumentation der Sanierungsmaßnahmen (mit Beiträgen von Herbert Reyer und Martin Thumm, 2007).

Bibliografische Information der Deutschen Nationalbibliothek

Die Deutsche Nationalbibliothek verzeichnet diese Publikation in der Deutschen Nationalbibliografie; detaillierte bibliografische Daten sind im Internet über http://dnb.d-nb.de abrufbar.

Vom Kloster zum Museum

Studien zur Baugeschichte des Roemer- und Pelizaeus-Museums in Hildesheim

Herausgegeben vom Hildesheimer Museumsverein e. V.
– Verein für Kunde der Natur und Kunst von 1844 –,
vom Freundeskreis Ägyptisches Museum Wilhelm Pelizaeus Hildesheim e. V.
und vom Hildesheimer Heimat- und Geschichtsverein e. V.

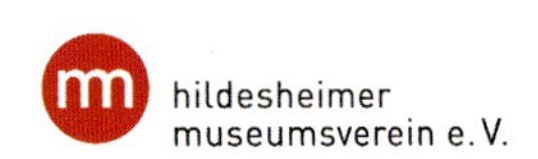

Abbildungen: Bildnachweise jeweils bei den Bildunterschriften
Umschlagentwurf: Professor Marion Lidolt

Vorsatz vorn: Luftbild des Museumskomplexes 1959 (Bildsammlung Roemer-Museum)
Vorsatz hinten: Luftbild von Museum und Domhügel 2006 (Stadt Hildesheim)
Seite 1: Denkmal Hermann Roemers vor dem Eingang des Museums nach 1901 (Bildsammlung Roemer-Museum)
Seite 2: Wilhelm Pelizaeus vor dem Eingang des Pelizaeus-Museums nach 1911 (Bildsammlung Pelizaeus-Museum)
Seite 3: Museum in der Martinikirche vor 1885 (Bildsammlung Roemer-Museum)
Seite 205: Neugotischer Durchgang von der Martinikirche zum Roemer-Museum mit Blick auf die botanische Sammlung und das Treppenhaus. Aufnahme von Franz Heinrich Bödeker um 1903 (Stadtarchiv Hildesheim Best. 979-2 Nr. 2/3)
Seite 221: Saal 22 im „Fachwerkflügel" mit der Kunstgewerbeabteilung. Hier befand sich die Sammlung von Türklopfern und Beschlägen. Aufnahme von Franz Heinrich Bödeker um 1903 (Stadtarchiv Hildesheim Best. 979-2 Nr. 2/3)
Seite 222/223: Neubau des Roemer- und Pelizaeus-Museums im Frühjahr 2008 (Aufnahme Andreas Hartmann)

Satz und Layout: Helmut Flohr
Gesamtherstellung: Gebrüder Gerstenberg GmbH & Co. KG, Hildesheim
ISBN 978-3-8067-8713-9

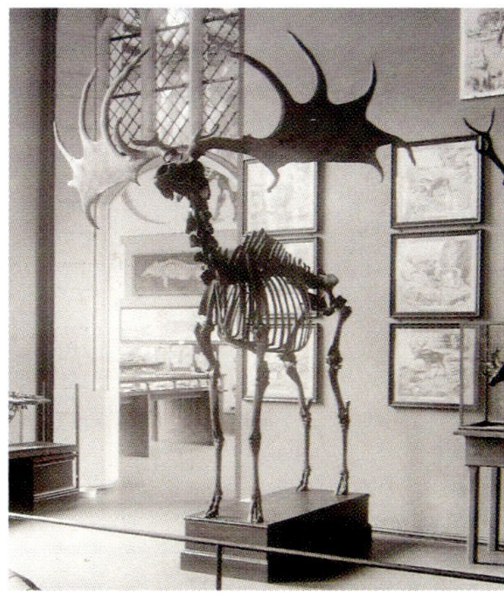

Inhalt

Vorwort der Herausgeber

Im Jahre 2000 wurde der Neubau des Roemer- und Pelizaeus-Museums eröffnet. Diese mit großem bürgerlichen Engagement möglich gewordene räumliche Erweiterung des Museums hätte es gewiss schon damals gerechtfertigt, in einem baugeschichtlichen Rückblick die verschiedenen Stadien der Museumsentwicklung von ihren Anfängen im Jahre 1844 bis in die Gegenwart nachzuzeichnen.

Der in der Stadtpolitik lange umstrittene Abriss des alten Museumsgebäudes von 1959 und der nach hitzigen Debatten und einem Bürgerentscheid glücklich verwirklichte prächtige Museumsneubau markieren einen äußerst bedeutsamen Einschnitt in der Geschichte der Hildesheimer Museen, der es dringend angebracht erscheinen ließ, ein entsprechendes Veröffentlichungsprojekt nunmehr ins Werk zu setzen.

Dass dies jetzt gelingen konnte, geht auf eine Idee von Frau Dr. Bettina Schmitz, Ägyptologin am Roemer- und Pelizaeus-Museum, zurück. Frau Dr. Katja Lembke, die Leitende Direktorin des Museums, hat diese Anregung aufgegriffen und auf den Weg der Verwirklichung gebracht. Der Hildesheimer Museumsverein stellte die benötigten Forschungsmittel bereit.

Die von Frau Dr.-Ing. Maike Kozok vorgelegte Arbeit ergänzt auf treffliche Weise das ebenfalls vom Hildesheimer Museumsverein in Auftrag gegebene, vor genau zehn Jahren erschienene umfassende Werk „Gesammelte Welten" (Hildesheim 1998), das der damalige Vereinsvorsitzende Professor Dr. Rudolf W. Keck aus Anlass des 150-jährigen Bestehens des Museumsvereins (1994) herausgegeben hatte und das wie der vorliegende Band im Verlag Gebrüder Gerstenberg erschienen ist.

Die von Frau Dr.-Ing. Maike Kozok erarbeitete baugeschichtliche Studie ruht auf breiter Basis: Als Herausgeber erscheinen diesmal neben dem Museumsverein auch der Freundeskreis Ägyptisches Museum Wilhelm Pelizaeus und der Hildesheimer Heimat- und Geschichtsverein. Die drei Vereine, auf je unterschiedliche Weise und Intensität mit dem Roemer- und Pelizaeus-Museum und dem ihm angegliederten Stadtgeschichtlichen Museum im Knochenhauer-Amtshaus verbunden, dokumentieren damit, wie sehr ihnen das Museum mit allen seinen Sparten am Herzen liegt. Zugleich möchten die herausgebenden Vereine mit der von ihnen ermöglichten Studie verdeutlichen, welch hohen Stellenwert das Museum über mehr als anderthalb Jahrhunderte hinweg bis zum heutigen Tage innerhalb des kulturellen Lebens der Stadt eingenommen hat. Der Blick war schon zu Zeiten des Museumsgründers Hermann Roemer auf die durch ein umfassendes Museum nach Hildesheim gebrachten „Welten in Vitrinen" gerichtet. Und heute, mit der gelungenen baulichen Erweiterung, kann dank der vorliegenden Publikation noch deutlicher der hohe Rang des Museums unterstrichen werden, das jedenfalls im Bereich der Ägyptologie Weltruhm für sich beanspruchen darf.

Unser besonderer Dank gilt der Autorin, Frau Dr.-Ing. Maike Kozok, und dem Verlagshaus Gebrüder Gerstenberg, insbesondere dem Leiter des Wissenschafts- und Regionalverlages, Herrn Sven Abromeit, und Herrn Helmut Flohr. Ein weiterer Dank gilt schließlich Herrn Dr. Johannes Köhler im Vorstand des Museumsvereins, der Entstehung und Drucklegung des Buches mit großem Engagement begleitet hat. Wir freuen uns über die gelungene Veröffentlichung und wünschen ihr weite Verbreitung.

Dr. Christian Grahl
Hildesheimer Museumsverein e.V.
– Verein für Kunde der Natur und Kunst von 1844 –

Dr. Jürgen Kroneberg
Freundeskreis Ägyptisches Museum
Wilhelm Pelizaeus Hildesheim e.V.

Professor Dr. Herbert Reyer
Hildesheimer Heimat-
und Geschichtsverein e.V.

Geleitwort der Museumsdirektorin

Die Baugeschichte des Roemer- und Pelizaeus-Museums spiegelt in vieler Hinsicht die Geschichte der Stadt Hildesheim vom Mittelalter bis in die Gegenwart wider. Am Anfang steht die Kirche St. Martini aus der Mitte des 13. Jahrhunderts, die ursprünglich dem Franziskanerorden gehörte. Die Portiunkula, deren Name auf einen Flecken bei Assisi zurückgeht, wurde Mitte des 15. Jahrhunderts als Kapelle errichtet und schon bald danach umgebaut. Im 16. Jahrhundert wurde St. Martini während der Reformation protestantisch, im 17. Jahrhundert errichtete man nach einer Pest ein Waisenhaus neben der Kirche. Ein weiteres wurde Mitte des 18. Jahrhunderts gebaut, so dass das alte nun als Ratsdruckerei genutzt werden konnte. Seit 1857 diente der Komplex erstmals als Museum, während das angrenzende Waisenhaus bestehen blieb.

Zwischen 1884 und 1887 wurde ein erster repräsentativer Neubau „Am Steine" errichtet, der der ständig wachsenden Sammlung eine würdige Heimstatt gab. Durch die großzügige Spende von Wilhelm Pelizaeus konnte 1911 auch das „neue" Waisenhaus dem Museum angeschlossen werden. Kaum bekannt dürfte sein, dass bereits 1912 ein Teil der Roemer-Sammlung im Knochenhauer-Amtshaus am Markt untergebracht war, in dem 1989 wieder das Stadtmuseum eingerichtet wurde.

Frau Dr.-Ing. Maike Kozok ist es zu verdanken, dass die über 700jährige Geschichte der Bauten, in denen sich heute das Roemer- und Pelizaeus-Museum befindet, nicht nur detailliert, sondern auch spannend vorgestellt wird. Die reiche Bebilderung, für die u.a. auch dem Stadtarchiv Hildesheim ein besonderer Dank zu sagen ist, macht aus diesem Buch einen Augenschmaus für alle diejenigen, die sich mit Heimatkunde, Architekturhistorie oder der Geschichte unseres Museums beschäftigen. Damit trägt Maike Kozok erheblich zur Erforschung des mittelalterlichen wie neuzeitlichen Hildesheim bei, das auf „sein Museum" zu Recht stolz sein kann.

Dr. Katja Lembke
Leitende Direktorin und Geschäftsführerin
der Roemer- und Pelizaeus-Museum GmbH

Grußwort des Oberbürgermeisters

Der Band „Vom Kloster zum Museum. Studien zur Baugeschichte des Roemer- und Pelizaeus-Museums" vermittelt über eine ansprechende und detaillierte Darstellung 150-jähriger wechselvoller Hildesheimer Museumsgeschichte hinaus tiefe Einblicke in Teilbereiche der Stadtgeschichte und -entwicklung.

Die Standorte für beide Museen und damit einhergehend deren „bauliche Hüllen" auf der „Dom- und Museumsinsel", das „Städtische Museum" des Jahres 1845, das Ende des 19. Jahrhunderts in Roemer-Museum umbenannt wurde, und das 1911 gegründete Pelizaeus-Museum, haben sich in den zurückliegenden rund 150 Jahren mehrfach geändert. Das gilt aber auch für deren Inhalte und die Art und Weise der Präsentation ihrer Kostbarkeiten.

Neuerwerbungen, Stiftungen, andere Schwerpunkte und Sichtweisen, der Einsatz moderner Technik und neuzeitlicher Medien markieren den inhaltlichen Weg des Roemer- und Pelizaeus-Museums bis in unsere Tage hinein. Das macht Geschichte und Kunst so spannend und lebendig und unsere Museen immer wieder „neu"! Was aber war, ist und bleibt sind zwei Museen „unter einem Dach" von internationalem Weltruf!

Der Autorin Frau Dr.-Ing. Maike Kozok ist es vortrefflich gelungen, mit spannenden Texten, eindruckvollen Fotos und informativen Zeichnungen unsere Mitbürgerinnen und Mitbürger und die Liebhaber des Roemer- und Pelizaeus-Museums in aller Welt für die Geschichte dieses für Hildesheim so bedeutenden kulturellen „Leuchtturms" zu interessieren. Ihr und allen, die am Zustandekommen dieses Werkes mitgewirkt haben, gilt mein herzlicher Dank.

Mein Wunsch ist es, dass dieses Buch viele begeisterte Leserinnen und Leser findet. Sie alle sollten die „Studien zur Baugeschichte" aber auch zum Anlass nehmen, das heutige Roemer- und Pelizaeus-Museum mit seinen ständigen Sammlungen und Sonderausstellungen immer wieder neu zu entdecken. Sie sind herzlich eingeladen!

Kurt Machens
Oberbürgermeister der Stadt Hildesheim

RPM
Roemer- und Pelizaeus-
Museum Hildesheim
ÄGYPTEN
IM WANDEL DER ZEIT
ALT-PERU

Das Roemer- und Pelizaeus-Museum im Jahr 1924 vom Langelinienwall aus. Rechts ist der Dom zu sehen. Bildsammlung Roemer-Museum

Einleitung

Sich mit der Baugeschichte des Hildesheimer Roemer- und Pelizaeus-Museums zu beschäftigen, bedeutet, zurückzublicken auf die lange und bewegte Vergangenheit zweier Museen: auf die des älteren Roemer-Museums und auf die des jüngeren Pelizaeus-Museums – beide benannt nach ihren Gründern und Initiatoren, dem Hildesheimer Senator Hermann Roemer (1816-1894) und dem Hildesheimer Kaufmann Wilhelm Pelizaeus (1851-1930).

In diesem Buch wird der Bogen geschlagen von den noch bescheidenen Anfängen des „Städtischen Museums" am Domhof im Jahr 1845 bis zum modernen Neubau des Jahres 2000. Waren in der ersten Hälfte des 19. Jahrhunderts Museen fürstliche Gründungen mit auf „hohe Kunst" (Altertum, Antike, Spätgotik, Renaissance) beschränkten Exponaten, entwickelten sich um 1850 bürgerliche Museen, die das Ziel verfolgten, bisher von der Wissenschaft vernachlässigte Gebiete und Epochen, wie Völkerkunde, Kulturgeschichte und Kunstgewerbe zu fördern. Bei dem damals in Hildesheim gegründeten „Städtischen Museum", das auf Veranlassung der Stadt Hildesheim nach dem Tod Hermann Roemers in „Roemer-Museum" umbenannt wurde, handelt es sich somit um eines der ältesten bürgerlichen Museen in Deutschland. Dessen Entstehung ist daher nicht nur für

<

Der Neubau des Roemer- und Pelizaeus-Museums aus dem Jahr 2000. Aufnahme Ulrich Kirmes 2004

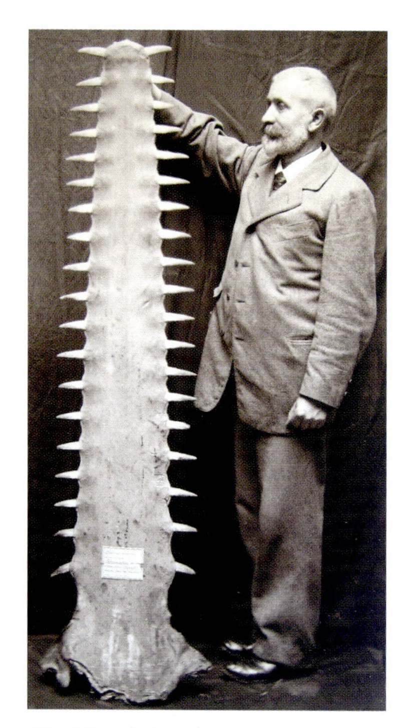

Ein Mitarbeiter des Roemer-Museums mit einer „Sägefisch-Schnautzenspitze“, Aufnahme von Franz Heinrich Bödeker um 1903. Stadtarchiv Hildesheim Best. 979-2 Nr. 2/3

Vitrine mit Mumienmasken und Terrakotten aus der Sammlung Wilhelm Pelizaeus. Aufnahme um 1900. Bildsammlung Pelizaeus-Museum

die Hildesheimer Stadtgeschichte überaus interessant und wichtig, sondern generell für die Entwicklungsgeschichte dieses Museumstyps.

Da das Roemer-Museum ursprünglich im ehemaligen Franziskanerkloster St. Martin eingerichtet worden war, und noch heute die einstigen Klosterräume Teil des Museums sind, ist die Baugeschichte des Museums mit der des Klosters untrennbar verwoben. Es lag daher nahe, die überaus spannende Baugeschichte des Klosters ebenfalls ausführlich zu beschreiben.

Viele Neuerwerbungen und weitere Stiftungen erweiterten die Bestände, so dass schon nach wenigen Jahren räumliche Veränderungen nötig wurden. Mit dem Umzug in die benachbarte Martinikirche im Jahr 1859, den An- und Umbauten sowie dem Neubau des neugotischen Vordergebäudes von 1885 bis 1887 erhielt der Museumskomplex bis zum Ende des 19. Jahrhunderts seine heutige Ausdehnung.

Zu jener Zeit waren Museen wie das Roemer-Museum wahrhaftige Wunderkammern. Mitgebracht von Abenteuerreisen fanden exotische Tiere, ausgestopft oder in Alkohol konserviert, Eingang in die Museen. Was uns heute als fast selbstverständlich erscheint, war für die damaligen Besucher eine Sensation. In einer Zeit, in der eine Reise noch äußerst beschwerlich und kostspielig war, konnten die Besucher in Hildesheim chinesische Buddhafiguren, ein argentinisches Riesengürteltier, afrikanische Totenmasken oder ägyptische Mumien bestaunen. Sie erhielten einen faszinierenden Einblick in die Geschichte der Evolution. Ammoniten und Belemniten, die fossilen Überreste von Fisch- und Flugsauriern aus der Zeit des Jura, belegten, dass sich in Hildesheim zu jener Zeit ein Meer befand.

Nach der Gründung des Deutschen Kaiserreiches 1871 waren Museen zu einer selbstverständlichen kommunalen Aufgabe im Bildungsbereich geworden. Monumentale Repräsentationsbauten, wie der Neubau des Roemer-Museums, prägten somit vielerorts das Stadtbild.

Im Jahr 1907 überreichte der Hildesheimer Kaufmann Wilhelm Pelizaeus seine Sammlung ägyptischer Altertümer der Stadt Hildesheim. Diese Schenkung sollte sich für die Entwicklung der Museumslandschaft in Hildesheim als überaus folgenreich erweisen. Da schon für die bestehende Sammlung in den Räumen des Roemer-Museums nicht genügend Platz vorhanden war, wurde auf Wunsch des Museumsvorstandes die neue Sammlung als eigenes archäologisches Museum (Pelizaeus-Museum) in dem hierfür angekauften evangelischen Waisenhaus eingerichtet und am 29. Juli 1911 eröffnet.

Schon damals besaß das Pelizaeus-Museum, das um den im Roemer-Museum vorhandenen altägyptischen Bestand bereichert wurde, eine der bedeutendsten Alt-Ägyptensammlungen Europas. Bis in die 30er Jahre des 20. Jahrhunderts musste das Museum aufgrund der stetig wachsenden Bestände mehrfach erweitert werden.

Bei dem Bombenangriff auf Hildesheim im März 1945 wurden weite Teile des Museums zerstört. Die Martinikirche brannte zwar aus, konnte aber in der Folgezeit wiederhergestellt werden. Von 1956 bis 1959 erfolgte ein Neubau unter Verwendung älterer Bausubstanz von den Hildesheimer Architekten Christian und Heinrich Naue. Dieser wurde im Jahr 1998 vollständig niedergelegt, um einem großangelegten Neubaukomplex Platz zu machen. Der von den Braunschweiger Architekten Gerd Lindemann (Entwurf und Planung) und Florian Thamm (Bauleitung) entwickelte Museumsneubau konnte im Mai 2000 fertiggestellt werden.

Dieses Buch kann und will keine Gesamtdarstellung der Geschichte des Roemer- und Pelizaeus-Museums sein. Allein die Sammlungen und die Ausstattung erfordern eine eigene museologisch-kunsthistorische Betrachtung. Das Buch wen-

Dieses Luftbild vom April 2006 zeigt sehr schön die gegenwärtige Situation: rechts im Bild sind die Kupferdächer des Domes zu sehen mit dem Generalvikariat gegenüber. Nordwestlich davon befindet sich das Paulustor der Domburg.
Gut zu erkennen sind links im Bild der im Jahr 2000 fertiggestellte Museumsneubau und südlich davon die ehemalige Martinikirche mit ihrem Turm.
Der folgende Baukomplex im Südwesten ist das ehemalige lutherische Waisenhaus, das spätere Pelizaeus-Museum. Dort ist heute die Museumsverwaltung und die Bibliothek untergebracht. Auf der anderen Seite des Innenhofs befindet sich der Rest des ehemaligen Klosterkonvents mit der Sakristei im Inneren und – angewinkelt angeschlossen – der Portiuncula.
Aufnahme: Stadt Hildesheim, Fachbereich Vermessung und Geodaten

Mit dem Neubau des Roemer- und Pelizaeus-Museums war 1959 eine Grünfläche geschaffen worden. Aufnahme von Theo Wetterau um 1965. Archiv der Hildesheimer Allgemeinen Zeitung (Stadtarchiv Hildesheim Best. 979-3 Nr. 329)

det sich vielmehr an kulturhistorisch interessierte Besucher des Museums sowie an stadthistorisch begeisterte Leser und möchte dazu anregen, vor Ort der überaus spannenden Geschichte des Hauses nachzuspüren.

Folgenden Personen und Institutionen möchte ich meinen herzlichen Dank aussprechen:

- dem Hildesheimer Museumsverein e. V. – Verein für Kunde der Natur und Kunst von 1844 –. Für die engagierte Unterstützung und tatkräftige Förderung danke ich insbesondere dem Vorsitzenden, Herrn Dr. Christian Grahl, und dem Schatzmeister, Herrn PD Dr. Johannes Köhler.
- dem Freundeskreis Ägyptisches Museum Wilhelm Pelizaeus Hildesheim e.V. und seinem Vorsitzenden, Herrn Dr. Jürgen Kroneberg.
- dem Hildesheimer Heimat- und Geschichtsverein e.V. und seinem Vorsitzenden, Herrn Professor Dr. Herbert Reyer.
- der Leitenden Direktorin und Geschäftsführerin der Roemer- und Pelizaeus-Museum GmbH, Frau Dr. Katja Lembke.
- den Mitarbeiterinnen und Mitarbeitern des Stadtarchivs Hildesheim. Sie haben mich bei meinen umfangreichen Nachforschungen stets mit großer Geduld und Sachkenntnis unterstützt.
- Herrn Professor Dr. Christoph Gerlach und Herrn Professor Dipl.-Ing. Martin Thumm von der Hochschule für Angewandte Wissenschaft und Kunst Hildesheim (HAWK) für das zur Verfügung gestellte Material und anregende Diskussionen.

Der Neubau des Roemer-Pelizaeus-Museums. Aufnahme von Theo Wetterau, Archiv der Hildesheimer Allgemeinen Zeitung (Stadtarchiv Hildesheim Best. 979-3 Nr. 327)

- Frau Dr. Bettina Schmitz (Roemer- und Pelizaeus-Museum GmbH). Sie gab die Anregung zu diesem Projekt und hat umfassendes Bildmaterial zur Verfügung gestellt.
- Frau Ingeborg Schweitzer, Herrn Professor Manfred Boetzkes und Herrn Rolf Schulte für die vielfältigen Hinweise und wertvollen Anregungen.
- Frau Elisabeth Kampen für wesentliche Hinweise zu den Steinfragmenten des Museums.
- Frau Dr. Monika Tontsch (Kirchliche Denkmalpflege des Bistums Hildesheim). Sie hat mir mit fachkundigem Rat immer zur Seite gestanden.
- Herrn Andreas Kleine-Tebbe M. A. (Hannover) für Übersetzungen aus dem Lateinischen und zahlreiche kirchengeschichtliche Anregungen.
- Herrn Dipl.-Ing. Walter Nothdurft und Herrn Dipl.-Ing. Stefan Beate (Stadt Hildesheim, Fachbereich Stadtplanung und Stadtentwicklung, Denkmalpflege) für tatkräftige Unterstützung.
- Herrn Dipl. Bibl. Adelbert Ständer für sein zur Verfügung gestelltes Material und zahlreiche Hinweise.
- dem Verlag Gebrüder Gerstenberg, besonders Herrn Sven Abromeit und Herrn Helmut Flohr, für die wie immer professionelle, unkomplizierte und harmonische Zusammenarbeit.

Schließlich möchte ich meinem Mann für die kritische Sichtung des Manuskripts ganz herzlich danken.

Maike Kozok

Blick vom Moritzberg auf Hildesheim um 1840. Hildesheim war damals noch eine beschauliche Stadt von rund 14.700 Einwohnern, die im Begriff war, sich allmählich von dem eng geschnürten Befestigungsgürtel zu befreien. Kolorierter Stahlstich von Heinrich Osterwald.
Verlagsarchiv Gebrüder Gerstenberg

Wie alles anfing

Hermann Roemer (1816-1894) und der Museumsverein

Es war am 29. Julius 1844 daß einige Männer zusammentraten, um unsern Verein in's Leben zu rufen und in Verbindung mit ihm ein Museum zu gründen. Mit diesen Worten beginnt der erste Jahresbericht des Museumsvereins, der den etwas umständlichen Namen „Verein für Kunde der Natur und der Kunst im Fürstenthume Hildesheim und der Stadt Goslar" erhalten hatte. Der Name war Programm, denn es ging in der Tat vor allem darum, das Wissen über die Natur und die künstlerischen Erzeugnisse der Menschheit stärker in das Bewusstsein der Bürger zu bringen.

Angefangen hatte alles mit dem Wunsch des damaligen Gerichtsassistenten Hermann Roemer (1816-1894), ein Museum zu gründen. Schon als junger Mann hatte Roemer Versteinerungen gesammelt. Ihm schwebte ein Museum vor, dass die bisher von der Wissenschaft vernachlässigten Gebiete wie Naturkunde, Völkerkunde und Kunstgewerbe präsentieren sollte. Doch was mag Roemer dazu bewogen haben, sich so engagiert für ein derartiges Museum einzusetzen? Museen waren in der ersten Hälfte des 19. Jahrhunderts zumeist fürstliche Gründungen, die sich an das belesene und bildungsbeflissene Bürgertum und weniger an den einfachen Handwerker richteten. Auch wenn der Besuch solcher Museen prinzipiell jedem Inte- ressierten offen stand, verhinderten jedoch schon Schilder mit „Reglements" für Kleidung den Zutritt der Unterschichten, die sich aufwändige Gewänder nicht leisten konnten.[1] Ausgestellt wurden in den Museen in erster Linie die als „Hochkultur" definierten großen Meister der Antike und der Renaissance, also Gemälde

<
Senator Hermann Roemer (1816-1894). Aufnahme von W. Spillner aus dem Jahr 1894
Stadtarchiv Hildesheim Best. 951 Nr. 1414

und Skulpturen, und weniger so banale Objekte wie Versteinerungen oder gar eine Eiersammlung.

Wie wir nachlesen können, gab Roemer selbst die Anregung zur Gründung eines Museums.[2] Für ihn war es wichtig, dass es nicht nur in den großen Städten öffentliche Sammlungen von Natur- und Kunstgegenständen gab, sondern auch in den kleineren. Vor allem ging es Roemer aber darum, auf ein zu jener Zeit geringes Verständnis und eine fehlende Wertschätzung der Naturwissenschaften aufmerksam zu machen. Er schrieb 1878: *Was nun zunächst den Mangel naturgeschichtlicher Sammlungen anlangt, so würde man die Anlage solcher Sammlungen zwar noch am ersten gutheißen, denn sie gewähren ja, wie man annimmt, wenigstens der Jugend eine gute Unterhaltung und Belehrung. Von der mächtigen Anregung aber, welche dem menschlichen Geiste aus der Beschäftigung mit der Natur erwächst, von der nicht versiegenden Quelle der reinsten Freuden, welche naturwissenschaftliche Kenntnisse gewähren, von dem Einflusse derselben auf unsere philosophischen Anschauungen, aber auch von der Bedeutung, welche jede Erweiterung der Kenntniß der Natur auch für die Erleichterung des menschlichen Daseins hat, von alledem haben die Wenigsten auch nur eine Ahnung.*[3]

Bewundernd blickt ein Kind auf das Ei eines Riesenvogels aus Madagaskar, zum Vergleich liegen daneben ein Straussen- und ein Hühnerei. Die Eiersammlung war 1883 von Postdirektor Pralle dem Museum geschenkt worden. Sie befand sich auf der Galerie des nördlichen Seitenschiffs der Martinikirche. Aufnahme von Franz Heinrich Bödeker, um 1903 Stadtarchiv Hildesheim Best. 979-2 Nr. 2/3

Wie seine Brüder – Friedrich Adolph, Direktor der Bergakademie Clausthal, und Carl Ferdinand, Professor der Geologie an der Universität Breslau – war Hermann Roemer ein begeisterter Geologe. Alle drei hatten Jura studiert und nebenbei Botanik, Geologie und Zoologie. Doch während seine Brüder ihre Begeisterung für die Natur zum Beruf machten, schlug Roemer die juristische Laufbahn ein. Auf diese Weise war er einerseits finanziell abgesichert, andererseits konnte er gleichzeitig als rechtskundiger Senator im Magistrat von 1852 bis 1882 – also über 30 Jahre – maßgeblichen Einfluss auf die kulturelle Entwicklung in Hildesheim nehmen.

In der Funktion des städtischen Baureferenten kämpfte Roemer engagiert für die Bedeutung denkmalpflegerischer Maßnahmen und damit für den Erhalt historischer Bausubstanz. Ihm ist es zu verdanken, dass die Kirchen St. Michael und St. Godehard, aber auch das Knochenhauer-Amtshaus vor dem Verfall gerettet wurden.[4]

Die systematische Erforschung der Natur und das Erkennen von Naturgesetzen, alle die für uns heute selbstverständlichen schulischen Lehrfächer wie Physik, Chemie, Geologie und Biologie waren damals erst im Entstehen begriffen. Die Erscheinungen, Vorgänge und Gesetzmäßigkeiten in der Natur zu ergründen, zu beschreiben, zu vergleichen und die gewonnen Erkenntnisse *dem Menschen allgemein nutzbar* also für das praktische Leben anwendbar zu machen, wie beispielsweise die Energie von Sonnenstrahlen, war sein Ziel. Mit anderen Worten: Roemer hatte sich die Aufgabe gestellt, Naturwissenschaft endlich populär werden zu lassen.

Doch das von Roemer geplante Museum sollte keine Sammlung von Kuriositäten und „Merkwürdigkeiten" der Natur werden, sondern ein Museum, das auf streng wissenschaftlicher Grundlage ein übersichtliches, leicht verständliches Bild des Werdens der Erde als Weltkörper, des Aufbaus unseres Planeten, des Entstehens der mannigfaltigen Formen seiner Oberfläche, der Entwicklung der Lebewesen vom Einzeller bis zum Menschen geben sollte.[5]

Um seine Vorstellungen von diesem Universalmuseum durchzusetzen, wandte sich Roemer 1844 an seinen Onkel, den Justizrat Hermann Adolf Lüntzel, und an den Lehrer am Gymnasium Josephinum, Johannes Leunis, mit dem Vorschlag in Hildesheim ein Museum für natur- und kunstgeschichtliche Sammlungen zu errichten. Gemeinsam mit gleichgesinnten Hildesheimer Bürgern wurde so 1844 der „Museumsverein", wie er kurzerhand genannt wurde, gegründet. Mit 168 Mitgliedern und einem Jahresbeitrag von einem Taler begann die überaus erfolgreiche Geschichte des „Städtischen Museums", wie es damals noch hieß.

Zu den Unterzeichnern des Gründungsprotokolls vom 29. Juli 1844 gehörten neben Roemer, der damals noch Stadtgerichtsassistent war, der Medizinalrat und

Kreuzgang der ehemaligen Klosterkirche St. Michael, deren Erhalt Hermann Roemer zu verdanken ist. Stahlstich von J. M. Kolb um 1840. Verlagsarchiv Gebrüder Gerstenberg

In der Kurie Schneider am Domhof Nr. 26, rechts neben dem Bischofspalais gelegen, begann im Jahr 1845 die wechselvolle Geschichte des Museums. Aufnahme von Franz Heinrich Bödeker. Stadtarchiv Hildesheim Best. 953 Nr. 203

Leiter der Heil- und Pflegeanstalt im Hildesheimer Michaeliskloster Gottlob Heinrich Bergmann (1871-1861), Johannes Leunis (1802-1873), der Justizrat in der Hildesheimer Justizkanzlei Hermann Adolf Lüntzel (1799-1850) sowie der Medizinalrat und Direktor des Hebammeninstituts Clemens Praël (1800-1878).[6]

Zu dieser Zeit war Hildesheim noch eine beschauliche Stadt von rund 14.700 Einwohnern, die im Begriff war, sich allmählich von dem eng geschnürten Befestigungsgürtel zu befreien. Aber die Idylle, wie sie die romantischen Stadtansichten vermitteln, trügt. Überall herrschte Aufbruchstimmung, ein entscheidender Wandel im überkommenen Denken der vergangenen Jahrhunderte setzte ein. Die beginnende Industrialisierung, ein erstarkendes Bürgertum, große Forschungsreisen, aber auch die dynamische Entfaltung der Wissenschaften, die nun die Gesellschaft immer stärker beeinflussten, führten Mitte des 19. Jahrhunderts zur Gründung von zahlreichen Heimatvereinen und Museen. Vielfach waren es gerade lokale Vereine, die sich zur Aufgabe machten, das nationale Erbe zu bewahren, die Kenntnisse von Geschichte, Kunst und Kultur zu vertiefen, wissenschaftlich zu erforschen, zu sammeln und die Ergebnisse der Öffentlichkeit zu präsentieren.

Von weitreichender Bedeutung war zudem ein neues historisches Verständnis. Die Vergangenheit wurde als etwas völlig neues, als etwas, das es zu entdecken galt verstanden. Es herrschte ein übergroßes Bedürfnis, die eigene Geschichte zu rekonstruieren und sie zu erforschen. Kurz gesagt, Geschichte wurde als zeitgemäß empfunden, sie war modern und stellte für Künstler und Architekten eine nie versiegende Inspirationsquelle dar.

Domhof Nr. 26 heute.
Aufnahme Maike Kozok 2007

Aber auch die Furcht vor unvermeidbaren Veränderungen, die permanente Gefahr der Zerstörung der Natur, des kulturellen Erbes durch Industrie und Technik führte zu dem Wunsch, die bedrohten Überreste der Vergangenheit zu bewahren und zu schützen. Diese Strömungen erfassten damals auch Hildesheim.

Das „Museum für Natur, Kunst und Altertum" im Domhof 26

In der Domkurie Großer Domhof Nr. 26, rechts neben dem Bischofspalais gelegen, beginnt die wechselvolle Baugeschichte unseres Museums. Nachdem mit dem vom Magistrat gespendeten und von dem hannoverschen Ministerium für Inneres und Kultus zur Verfügung gestellten Geld Ankäufe gemacht werden konnten, war der Verein in der Lage, in der Kurie für jährlich 20 Taler zwei Zimmer und einen sogenannten „Vorplatz", also eine Diele, zu mieten.[7] 1845 konnte das Museum eröffnet werden. So klein dieser erste Anfang war, das Interesse der Hildesheimer an den ausgestellten Gegenständen war unerwartet groß. Zufrieden äußerte sich 1848 der Vorstand: *Der Besuch des Museums ist fortwährend sehr zahlreich.*[8]

Der Museumsvorstand hatte nachdrücklich zu Schenkungen aufgerufen, die zahlreich eingingen: vor allem Münzen, Bücher und Gemälde, aber auch ein ausgestopfter Iltis, ein versteinerter Baumstamm oder Kanonenkugeln kamen in den Besitz des Museumsvereins.

Dadurch wuchs die Sammlung so rasch an, dass sich nach sechs Jahren die Räume als viel zu klein erwiesen. Es musste ernstlich über die Erwerbung eines

Aufforderung

zur

Bildung des Museum-Vereins zu Hildesheim.

Das Unternehmen, hier ein Museum zu gründen, ist mit fast allgemeinem Beifalle aufgenommen und hat vielfache Unterstützung gefunden. Mit Einrichtung des Museums selbst ist ein guter Anfang gemacht und es nunmehr an der Zeit, den **Verein** in's Leben zu rufen, welcher jene Anstalt gewissermaßen schützend zu umgeben und dauernd aufrecht zu erhalten bestimmt ist; wir laden daher hierdurch gehorsamst ein, daß die geehrten Bewohner der Stadt und des Fürstenthums Hildesheim, sowie der Stadt Goslar, welche an jener Anstalt Antheil nehmen, sich als Mitglieder des Museum-Vereins einzeichnen wollen.

Die Mitglieder zahlen jährlich 1 Thlr. und haben dafür das Recht, den Vorstand zu wählen, das Museum vorzugsweise zu benutzen, die Zeitschrift des Museums zur Hälfte des Ladenpreises zu erhalten und den zu veranstaltenden Vorlesungen beizuwohnen. Überdem erwerben sie sich das Verdienst, eine Anstalt zu fördern, die unserer Provinz Ehre und Nutzen bringen wird.

Jedem Mitgliede wird ein Diplom über seine Aufnahme in den Verein zugestellt werden. Dasselbe enthält die Abbildung eines Theiles unserer berühmten Michaelis-Kirche, vielleicht um so willkommener, als die Betrachtung des edeln Gebäudes selbst in einer, seiner würdigen Wiederherstellung gerade noch nicht nahe bevorzustehen scheint. Über der Säulenstellung erhebt sich das Frontispiçe mit dem verschleierten Bilde der Natur. Ihr Thron ruht auf Sphynxen, die, wie der Schleier, auf das Geheimnißvolle, welches sie umgibt, deuten; andere Gestalten bezeichnen die zahllosen Quellen des Lebens, welches sie auf der Erde ausströmen läßt. Über ihr wölbt sich der Sternenhimmel mit dem Thierkreise und so weiset der obere Theil des Bildes auf die Wissenschaft von allen natürlichen Dingen auf Erden und am Himmel, der untere aber auf die Kunst und die Geschichte hin, die Wappen des Fürstenthums Hildesheim und der Stadt Goslar endlich auf den Bezirk, wofür der Verein gestiftet ist.

Wir bitten uns die Gelegenheit zu geben, recht viele Diplome auszufertigen.

Hildesheim, den 20. März 1845.

Bergmann, Medicinal-Rath. **Praël**, Medicinal-Rath. **H. A. Lüntzel**, Justiz-Rath.
Leunis, Professor. **Römer**, Stadtgerichts-Assistent.

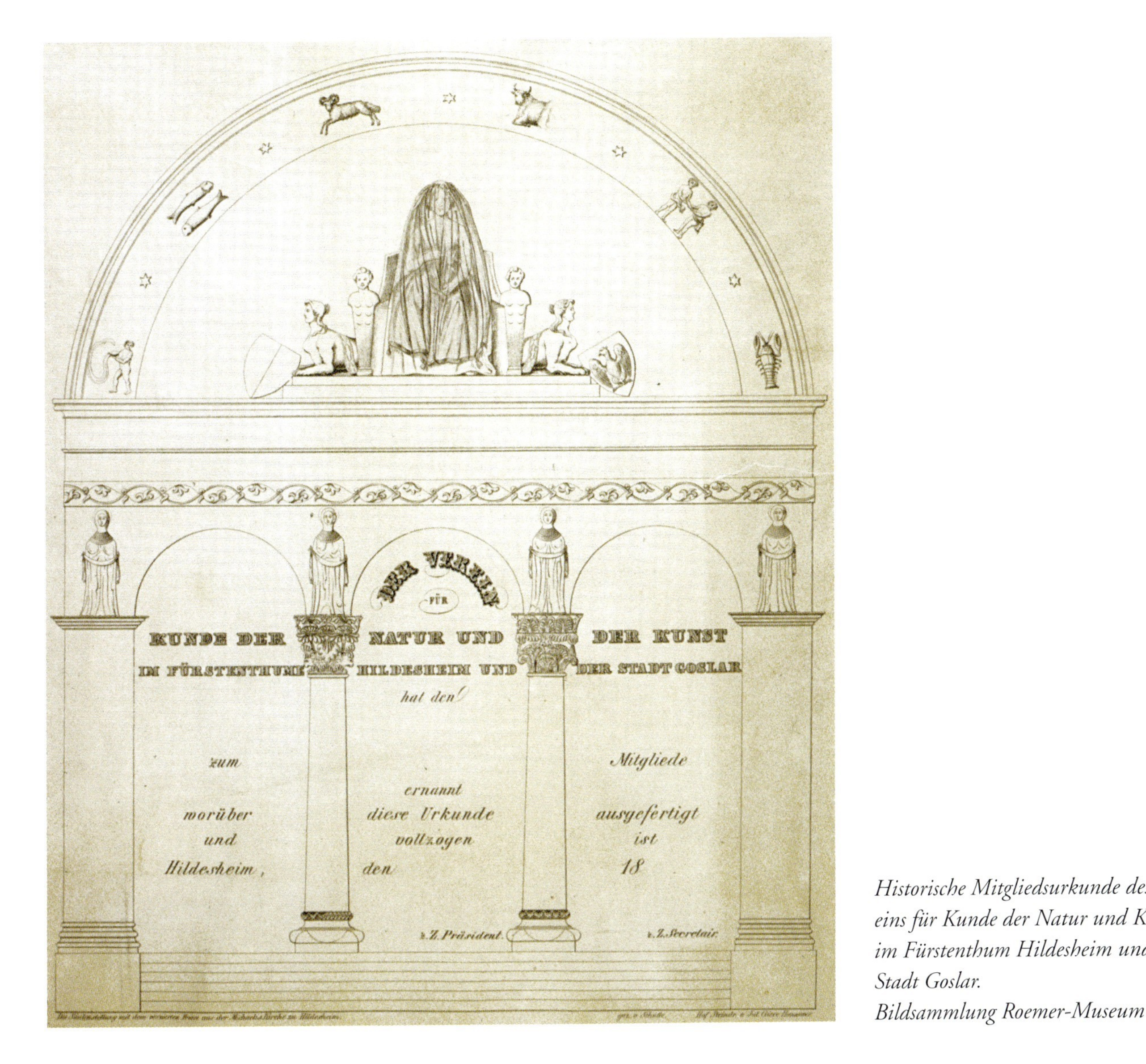

Der Verein für
Kunde der Natur und der Kunst
im Fürstenthume Hildesheim und der Stadt Goslar
hat den
zum Mitgliede
ernannt
worüber diese Urkunde ausgefertigt
und vollzogen ist
Hildesheim, den 18
z. Z. Präsident. z. Z. Secretair.

Historische Mitgliedsurkunde des Vereins für Kunde der Natur und Kunst im Fürstenthum Hildesheim und der Stadt Goslar.
Bildsammlung Roemer-Museum

neuen Museumsgebäudes nachgedacht werden. Doch aufgrund der beschränkten finanziellen Verhältnisse des Vereins war die Suche nach einem geeigneten Gebäude oder nach einem Grundstück für einen Neubau schwierig.

Die Gründung eines Baufonds erschien als der richtige Weg. Während der folgenden sechs Jahre wurde die Erweiterung der Sammlung eingestellt. *Kurz, der Verein war todt, jedoch zum Glück nur scheintodt ...* hieß es im 1855 gedruckten Jahresbericht.[9] Sämtliche Einnahmen gingen nicht in den Kauf von weiteren Exponaten, sondern in den Baufonds. Bei jeder Gelegenheit wurde gesammelt und zu Geschenken aufgefordert, Konzerte veranstaltet usw. Auch der Magistrat stellte im Falle eines Neubaus finanzielle Beihilfe in Aussicht. Als geeignet schien ein Baugrundstück am Paradeplatz, dem heutigen Hindenburgplatz, doch die Verhandlungen zerschlugen sich zum Bedauern Roemers. Da bot sich gegen Ende des Jahres 1855 die Gelegenheit, die Martinikirche zu kaufen. Sie ging für 4925 Taler in den Besitz des Museumsvereins und konnte mit dem Einsatz von weiteren 7702 Talern zum Museum umgebaut werden.

Doch bevor der weitere Verlauf der Museumsgeschichte geschildert wird, widmen wir uns nun der Vergangenheit und der Baugeschichte des Martiniklosters.

<

„Aufforderung zur Bildung des Museums-Vereins zu Hildesheim im „Hildesheimer Sonntagsblatt" vom 20. März 1845.

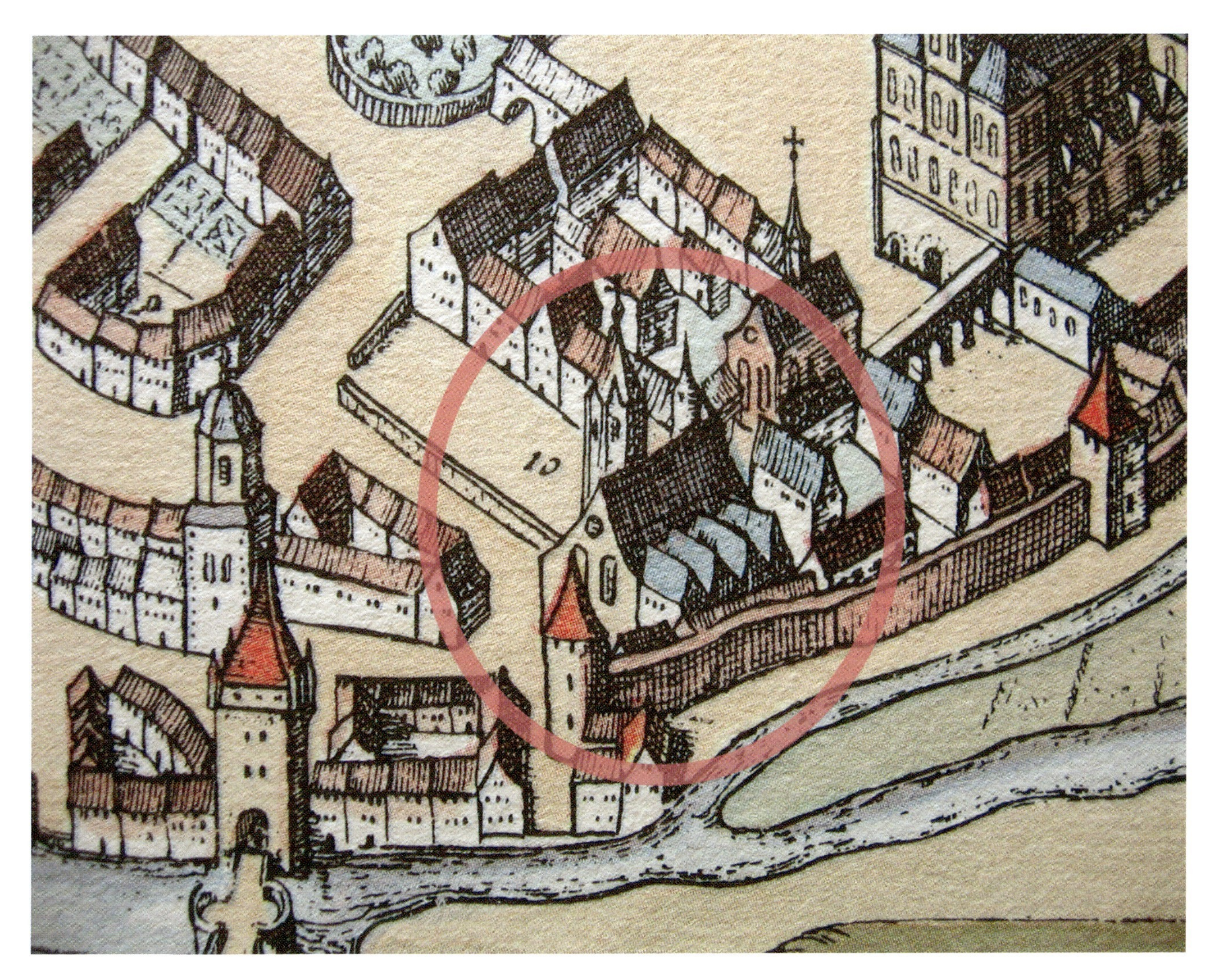

Das Martinikloster auf Merians Topographia von 1653. Mit dem seitlich stehenden Glockenturm ist die Kirche sofort auf der Stadtansicht zu identifizieren, wenn er auch ein wenig zu mächtig geraten ist. Ebenso entsprechen die sich südlich an das Langhaus anschließenden vier Dächer des Kreuzgangs nicht den tatsächlichen Gegebenheiten. Rechts oben ist der Dom angeschnitten, links unten folgt der Dammtorturm und darüber der Pantaleonsturm. Sammlung Maike Kozok

Das Kloster St. Martin

Die Baugeschichte von den Anfängen bis 1855

Um nachvollziehen zu können, wie sich das Museum auf dem ehemaligen, über Jahrhunderte gewachsenen und gewandelten Klosterkomplex nach und nach ausbreitete, werfen wir einen Blick auf die Entstehungsgeschichte des Franziskanerklosters vom Hohen Mittelalter bis zum Kauf der Martinikirche durch den Museumsverein im Jahr 1855.

<
Diese aquarellierte Federzeichnung von Turm und Nordseite der Martinikirche aus der Zeit vor 1879 zeigt noch sehr gut den Zustand vor Einrichtung des Museums. Bildsammlung Roemer-Museum Inv. Nr. DH 3632

Franz von Assisi auf einem Tafelbild in der Bardi-Kapelle von Santa Croce in Florenz.
Aus: Gleba, Klosterleben, 2004

Die Franziskaner – Armut und Predigt

Die Franziskaner waren ein Bettelorden, also ein Orden, der aufgrund seiner seelsorgerischen Tätigkeiten für das Leben der Bewohner einer mittelalterlichen Stadt von großer Bedeutung war.[1] Sie wurden auch als Orden der minderen Brüder, im Sinne von einfachen, demütigen Brüdern bezeichnet.

Gründer des Franziskanerordens war Franz von Assisi, der als Giovanni Bernadone 1181 oder 1182 als Sohn einer wohlhabenden Kaufmannsfamilie in Assisi geboren wurde. Er wuchs in gesicherten finanziellen Verhältnissen auf, Hunger und Not waren ihm fremd. Francesco, wie er von seiner Familie genannt wurde, trug kostbare Kleidung und ging mit seinem Geld verschwenderisch um.

Während des Städtekriegs zwischen den konkurrierenden Städten Assisi und Perugia im Jahr 1202 geriet Francesco in Perugia für etwa ein Jahr in Gefangenschaft. In dieser Zeit machte er die ihm völlig unbekannten Erfahrungen von Hunger, Entbehrung und Einsamkeit. Dieses einschneidende Erlebnis führte zu einem drastischen Wandel seiner geistigen Einstellung und einem vollkommen neuen Lebensweg. 1206 trennte er sich von allen familiären und gesellschaftlichen Bindungen, verzichtete auf Unterhaltszahlung und Erbe, und begann stattdessen Aussätzige zu pflegen, sich um Arme zu kümmern und verfallene Kirchen wieder aufzubauen, wie seine Lieblingskirche Portiuncula bei Assisi. Im Gefolge des Bischofs von Assisi reiste Franziskus mit elf seiner Anhänger nach Rom, um dort die päpstliche Anerkennung für seine Lebensweise zu erhalten, die Innozenz III. ihm auch mündlich gewährte.

Der damit von Franziskus ins Leben gerufene Orden fand rasch zahlreiche Anhänger, obgleich die Bedingungen äußerst hart waren. Denn das Leben als Franziskaner bedeutete wandern in Armut, barfuss von Stadt zu Stadt. Die Brüder mussten sowohl auf jeden persönlichen und gemeinsamen Besitz als auch auf eine feste Behausung verzichten und durften sich nur von Almosen ernähren. Im Gegensatz zu anderen Orden führten die Franziskaner kein abgeschiedenes Leben in der strengen Klausur eines fest umgrenzten Klosterbezirks, sondern sie zogen bettelnd von Tür zu Tür, sie waren ein reiner Stadtorden.

Die Predigt, die Verkündigung von Gottes Wort, war ein elementares Anliegen der Franziskaner. Diese Predigten sollten die Menschen erreichen und sie überzeugen. Aus diesem Grund wurden sie nicht auf Latein, sondern in der Volkssprache gehalten. Zudem war eine gehobene Ausbildung in Rhetorik, Grammatik und Dialektik für die Brüder unabdingbar. Daher unterhielten die Franziskaner Schulen und schickten geeignete Brüder auf die Universitäten.

Aufgrund der steigenden Mitgliederzahl waren schon nach wenigen Jahren organisatorische Maßnahmen notwendig. Wer nun in den Orden eintreten wollte, musste ein Aufnahmeverfahren und eine einjährige Probezeit bestehen. Auf Dauer war es dem Orden daher nicht möglich, auf ordentliche Behausungen zu verzichten. Auch für die Ausbildung der Novizen waren feste Häuser nötig, in denen sie die unentbehrliche theologische und didaktische Ausbildung erhalten konnten. Da die Franziskaner kein Geld annehmen durften, überließen fromme Bürger ihnen geeignete Häuser. So wurden aus den Behelfshäusern nach und nach feste Ordenshäuser. Größere Kirchen wurden als Versammlungsräume für Massen von Gläubigen gebaut, damit die Menschen den Predigten folgen konnten. Mit den Jahren waren somit aus den Wanderpredigern streng organisierte Ordensleute geworden.

1220 legte Franziskus die Leitung des Ordens nieder und zog sich in eine einsame Klause zurück. Er starb 1226 und wurde bereits 1228 von Papst Gregor IX. (1227-1241) heilig gesprochen und 1230 endgültig in Assisi bestattet. Die Kirche seiner Grabstätte, die berühmte Grabeskirche in Assisi, wurde unverzüglich zum Ziel frommer Wallfahrt.

Seelsorgerische Tätigkeiten der Franziskaner

Ein wichtiges Kriterium für die hohe Bedeutung und die rege Akzeptanz der Franziskaner war neben der Seelsorge auch die „Memoria". Unter dem Begriff „Memoria" verstehen wir das Gebetsgedächtnis, den Vorgang des Gedenkens, der Erinnerung und der Vergegenwärtigung des Verstorbenen durch die Nennung des Namens.

Mit ihrem Armutsideal standen die Franziskaner den Reichen und Wohlhabenden als stete Mahnung gegenüber. Ein Beweggrund für Gaben und Spenden der Gutsituierten war also, über deren Stiftung in den Genuß von Fürbitten zu gelangen und damit Vorsorge für das Wohlergehen im Jenseits zu treffen. Denn durch die Gebete frommer Mönche und die Nennung ihres Namens versprachen sich die Gläubigen Linderung ihrer Qualen im Jenseits.[2]

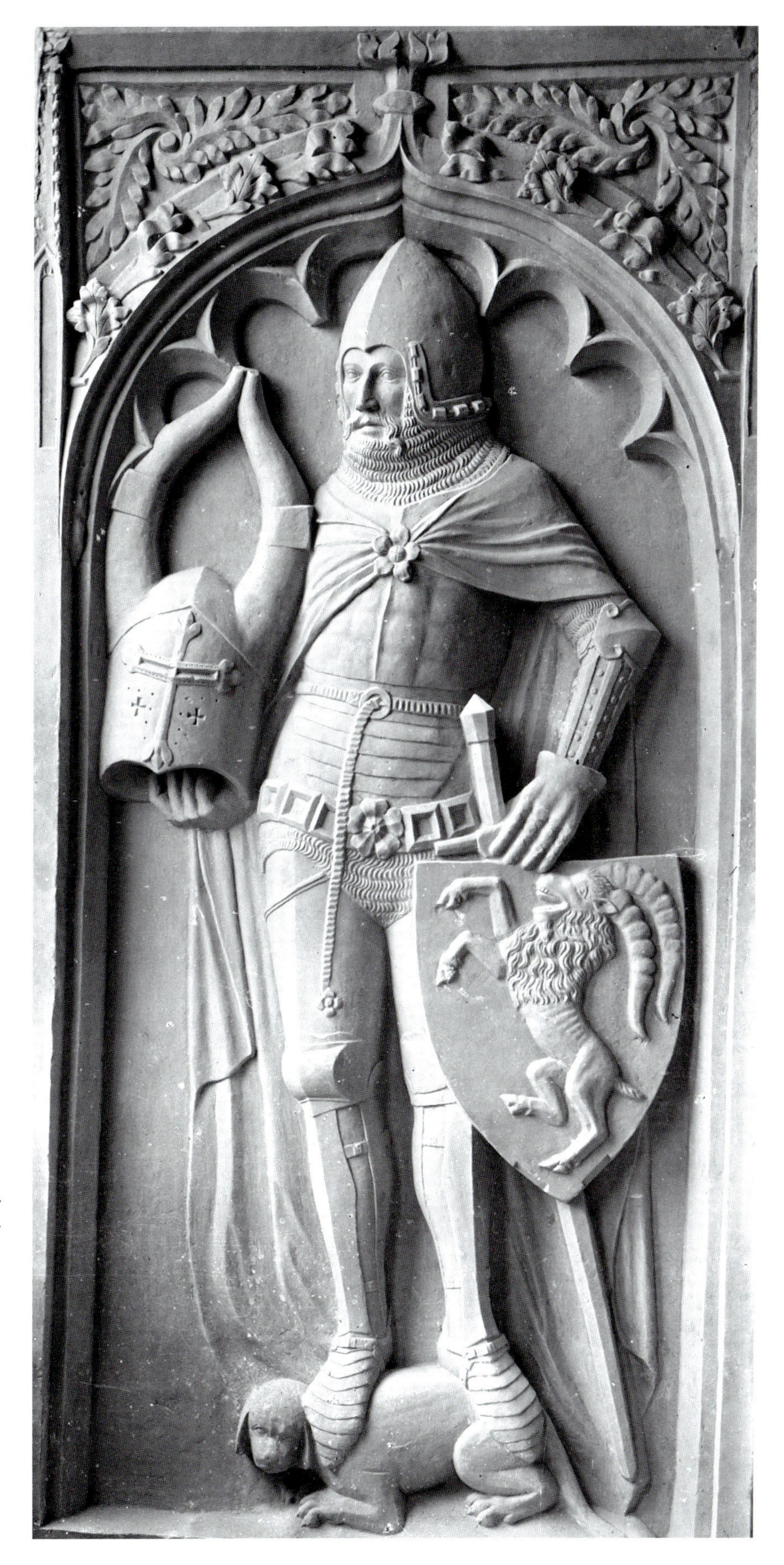

Ein wahres Kleinod stellt die erhaltene Grabplatte des edlen Ritters Burchard von Steinberg († 1379) dar. Sie lag ursprünglich hinter dem Altar der Martinikirche und befindet sich derzeit in der ehemaligen Sakristei. Zu sehen ist Burchard im feingeschnittenen Halbrelief unter einer gotischen Bogenarchitektur in voller Ritterrüstung: er trägt eine Beckenhaube, einen Umhang der vor der Brust mit einer rosettenförmigen Fibel zusammengehalten wird und vorgeschnallten Beinschienen. In der rechten Hand hält Burchard einen mit einem Kreuz verzierten Topfhelm auf dem ein Hörnerpaar krönt. Links umfasst er ein Schwert und sein Schild mit dem Wappen derer von Steinberg, einen springenden Steinbock. Unter seinen Füßen liegt ein Hund als Sinnbild der Treue.
Stadtarchiv Hildesheim Best. 953 Nr. 1175

Die Südfassade der Martinikirche enthält viele interessante Details. Auffallend ist eine unterbrochene horizontale Linie. Dabei handelt es sich um Traufgesimssteine eines ehemaligen Dachgesimses, die später von den spitzbogigen Fenstern mit Backsteinen durchbrochen werden. Das heißt, über dem Gesims folgte ursprünglich eine Dachschräge mit Dachziegeln. Bis 1828 hatte hier ein zweigeschossiger Kreuzgangflügel gestanden. Erst mit dem Umbau der Kirche zum Museum wurden die Obergadenfenster nach unten auf die heutige Größe verlängert.
Aufnahme Maike Kozok 2000

Als Gegenleistung für großzügige Gaben beteten die Franziskaner also für das Seelenheil der Stifter. Mit ihrem umfangreichen Seelsorgeprogramm waren daher erhebliche Einnahmen verbunden. Auf diese Weise erhielten die Franziskaner finanzielle Mittel, beispielsweise in Form von Schuldverschreibungen für ihre Bauten, wie es für den Kanoniker des Kreuzstifts Hinricus Munden für das Jahr 1487 überliefert ist. Er bedachte die Franziskaner mit einer reichen Gabe zum Neubau ihrer Bibliothek.[3] Aber auch Sachspenden wie Schuhe, Fleisch oder Wachs für die Kerzen waren üblich.[4]

Einer der großzügigen Stifter des Martiniklosters war der „edle“ Ritter Burchard von Steinberg († 1379). Von ihm hat sich seine ungemein detaillierte, höchst aufschlussreiche Grabplatte erhalten, die ursprünglich hinter dem Altar der Martinikirche lag und sich zurzeit in der ehemaligen Sakristei befindet. Zu sehen ist Burchard im Halbrelief unter einer gotischen Bogenarchitektur in voller Ritterrüstung. Die Inschrift auf den Seitenkanten gibt Auskunft über die Beziehung des Ritters zu den Franziskanern: *Im Jahr des Herrn 1379 am dritten Tag vor den Iden des Februar* (= 3. Februar) *starb Herr Burchard von Steinberg der Ältere, Ritter und einzigartiger Freund und der Brüder Wohltäter. Er wurde hier beigesetzt. Seine Seele ruhe in Frieden. Amen.*[5]

Als Wohltäter des Franziskanerklosters erwies er sich durch die Stiftung zweier Messen. Das bedeutete, der Konvent gelobte, dem Ritter Steinberg und dessen Söhnen *zu ihrem und ihrer Vorfahren Seelenheil zwei Messen alle Tage in der Woche, die einer auf dem Altare des Heiligen Kreuzes, die andere, wo es dem Konvente am bequemsten ist, zu halten.*[6] Burchard von Steinberg finanzierte auf diese Weise das Kloster und das Wohlergehen der Franziskaner-Brüder und erhielt als Gegenleistung ihre Gebete.

Die Franziskaner in Hildesheim

Da die Franziskaner keinen Besitz haben durften, waren sie darauf angewiesen, dass ihnen eine Wohnstätte oder ein Haus überlassen wurde. In den Anfangsjahren des Ordens lebten die Brüder daher zumeist in Hospitälern, wo sie karitativ

Teil des ehemaligen spätromanischen Dachgesimses, das in der Zeit von 1857 bis 1859 von den spitzbogigen Fenstern mit Backsteinen durchbrochen wird. Gut zu sehen ist die unterhalb der Gesimssteine liegende Putzkante. Dort befand sich bis 1828 das Dach des Kreuzgangflügels. Aufnahme Maike Kozok 2006

Auch die Gewändesteine von romanischen Rundbogenfenstern der ersten Franziskanerkirche sind noch sehr gut zu erkennen. Aufnahme Maike Kozok 2006

Im Westen sind die Eckquader der älteren Kirche zu erkennen. Sie werden von einem Fenster mit Segmentbogen durchbrochen, das also erst später, zwischen 1880 und 1883 entstanden ist.
Aufnahme Maike Kozok 2006

tätig sein konnten. So auch in Hildesheim. Im Oktober 1221 kommen die Franziskaner erstmals nach Hildesheim, kehren aber offenbar aufgrund von Unstimmigkeiten zunächst nach Italien zurück.[7] 1223, nur zwei Jahre später, werden wiederum Brüder aus Italien nach Hildesheim gesandt, jetzt gelingt es ihnen, sich hier niederzulassen. Sie werden freundlich aufgenommen und finden im Nikolaihospital beim Godehardikloster Aufnahme, wo sie sich um Bedürftige kümmern können.[8]

Die erste Kirche

Erst viele Jahre nach Ankunft der Franziskaner wird es für die Baugeschichte des Klosters interessant, denn einer nicht datierten Urkunde zufolge schenkt Bischof Konrad II. (1221-1246) den Franziskanern ein Grundstück westlich der Domburg, *wo eine Kirche errichtet worden ist.*[9] Zur Schenkung gehörte neben der Kirche auch ein Wirtschaftsgebäude und das Gelände des ehemaligen bischöflichen Marstalls. Allgemein wird diese Urkunde in die Zeit um 1240 datiert.[10] Doch ob dort bereits eine Kirche stand oder ob die Franziskaner ihre erste Kirche errichteten, ist dem lateinischen Quellentext nicht eindeutig zu entnehmen, er lässt zunächst tatsächlich beide Möglichkeiten zu.[11]

Anfang 1246 gestattet Bischof Konrad dem Johannisstift die Verlegung des Konvents an die Kirche St. Martin in der bischöflichen Neustadt (*ad ecclesiam sancti Martini in Nova civitate episcopi*).[12] Diese topografisch nur schwer fassbare bischöfliche Neustadt, die Bischof Konrad II. versucht hatte zu gründen, gehört neben der Dammstadt und der Neustadt des Dompropstes zu den typischen hochmittelalterlichen Stadtgründungen an der Peripherie bereits bestehender Städte. Sie erstreckte sich dem Stadtarchivar Johannes Heinrich Gebauer (1868-1951) zufolge *zwischen Domfreiheit, Pantaleonstor und der Südwestecke des erweiterten Alten Marktes sowie zwischen dem Pantaleonstor und der äußersten Innerstebrücke jenseits der Flussinsel.*[13] Dieses Areal entspricht dem Gebiet auf dem heute die Martinikirche steht.

Von dieser ersten Kirche hat sich bis heute wesentliche Bausubstanz im Mauerwerk der bestehenden Martinikirche erhalten. Werfen wir daher einen Blick vom Hof des Museums, also dem ehemaligen Kreuzgarten des Klosters, auf die Südfassade der Martinikirche. Zu sehen sind spitzbogige Fenster mit darunter liegenden zugesetzten Fenstern. Bei genauer Betrachtung sind viele interessante Details zu erkennen, wie zum Beispiel eine unterbrochene horizontale Linie. Dabei handelt es sich um Traufgesimssteine eines ehemaligen Dachgesimses, die später von den spitzbogigen Fenstern mit Backsteinen durchbrochen werden. Das heißt, über dem Gesims aus Platte und Schmiege folgte ursprünglich eine Dachschräge. Auch die Gewändesteine von ehemaligen romanischen Rundbogenfenstern treten deutlich in Erscheinung. Im Westen sind die Eckquader dieses älteren Gebäudes zu erkennen, die lediglich von einem zwischen 1880 und 1883 eingearbeiteten Segmentbogenfenster unterbrochen werden. Fassen wir die Beobachtungen zusammen, haben wir es hier mit der Südwand der ersten Kirche zu tun. Auf der Nordseite sind die Befunde heute durch die aufgetragene Schlämme nur noch anhand der Fotodokumentation nachvollziehbar, aber auch hier ist festzustellen, dass sich im Sockelbereich westlich des Turmes Steine des Vorgängerbaus erhalten haben.

In den Grundriss übertragen, stellt sich der Befund relativ deutlich dar, so dass im ganzen eine romanische Einraumkirche rekonstruiert werden kann, die sehr wahrscheinlich einen eingezogenen Altarraum besaß. Möglicherweise war bereits zu diesem Zeitpunkt schon ein Turm vorhanden. Der leicht spitzbogige Zugang vom Chor zum Turmraum deutet zumindest auf ein frühe Bauzeit hin. Damit ist hier in Hildesheim einer der ältesten überlieferten Kirchenbauten der Franziskaner in Deutschland greifbar.

Der erste „Guardian", der Leiter des Hildesheimer Franziskanerklosters war Conrad, genannt „Pater Sanctus", er starb 1261 und wurde im Chor der Martinikirche begraben.[14] Seine Grabstätte deckte eine reich geschmückte Platte aus Sandstein, die heute im nördlichen Seitenschiff der Andreaskirche angebracht ist. Sie zeigt Conrad im Relief unter einem spätgotischen Kielbogen in der schlichten Kleidung eines Franziskaners. Die Grabplatte kann aus stilistischen Gründen nicht 1261 angefertigt worden sein, sondern erst viel später, möglicherweise um 1466, als ein Ablass von 40 Tagen all denen gewährt wurde, die sein Grab besuchten und einen Beitrag zum Unterhalt der Kirche leisteten.[15] Aufgrund seiner karitativen Tätigkeit genoss Conrad in Hildesheim den Ruf eines Heiligen, sein Grab war ein über den Hildesheimer Raum hinaus bekanntes Wallfahrtsziel.

Zeichen der Armut waren neben der Kleidung auch die nackten Füße, die auf der Grabplatte bewusst gezeigt werden. Bei den Hildesheimern hießen die Franziskaner daher auch die „Barfoten-Broder" also „Barfüsser-Brüder".

Die Konventgebäude des 13. Jahrhunderts

Als Wohn- und Schlafraum diente in der frühen Zeit des Ordens möglicherweise das südwestlich der Kirche gelegene Gebäude, das sich ebenfalls bis heute in Resten erhalten hat. Es handelt sich dabei um den Keller des heutigen Verwaltungsgebäudes, dessen Umfassungsmauern durchgehend aus massiven Sandsteinquadern bestehen.[16]

Aufmasszeichnung der Südfassade von 1999. In Zusammenhang mit dem Neubau des Roemer- und Pelizaeus-Museums und den damit verbundenen Abbruch- und Freilegungsarbeiten war zuvor ein Aufmaß für ein Sanierungskonzept erstellt worden. Durchgeführt hatte es das Architekturbüro Thumm in Zusammenarbeit mit Christoph Gerlach. Fassen wir die Beobachtungen zusammen, haben wir es hier mit der Südwand der spätromanischen Franziskanerkirche zu tun. Das romanische Mauerwerk ist hellbraun gekennzeichnet.
Zeichnung Thumm/Gerlach 1999

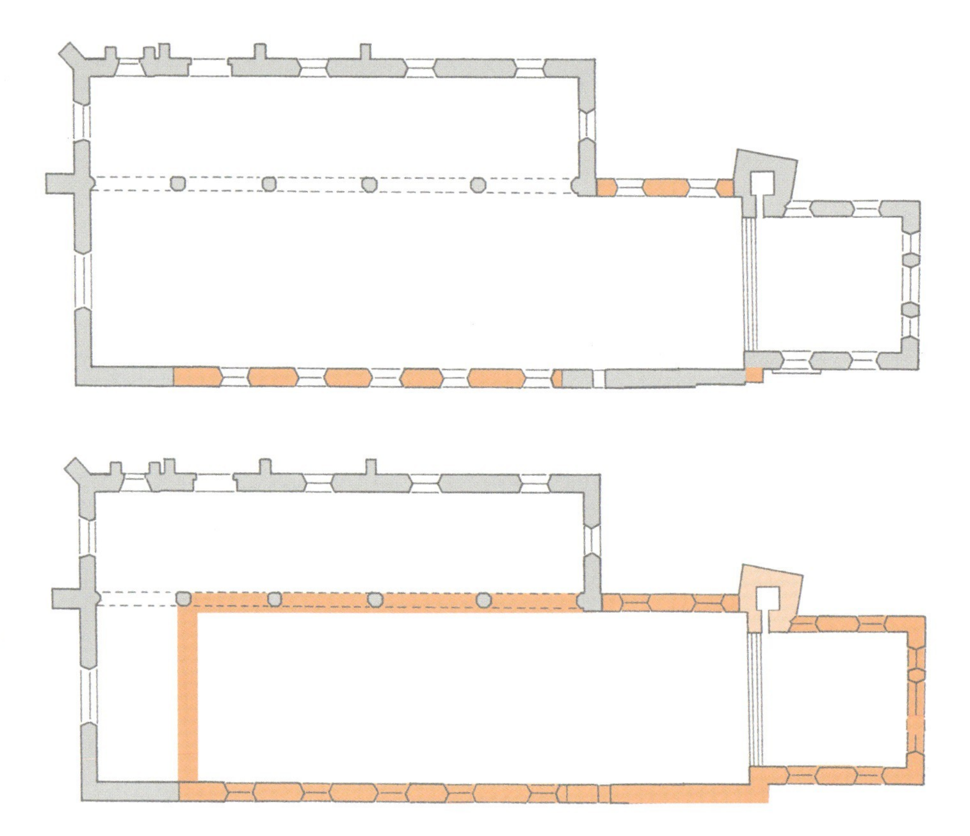

Eintragung des spätromanischen Mauerwerks (hellbraun) in den Grundriss der heutigen Martinikirche.
Zeichnung Kozok 2007

Rekonstruktion der ersten Franziskanerkirche. Es kann eine romanische Einraumkirche mit einem eingezogenen Altarraum rekonstruiert werden. Möglicherweise war bereits zu diesem Zeitpunkt schon ein Turm vorhanden. Der leicht spitzbogige Zugang im Inneren untermauert diese Vermutung.
Zeichnung Kozok 2007

Die Gewändesteine der Kellerfenster sind als fein geflächte Sandsteinquader mit Randschlag ausgeführt. Diese sorgfältige Steinbearbeitung ist typisch für das 12. und 13. Jahrhundert. Für die wiederholt in die Quader gemeißelten Kreuze bietet sich eine Deutung als Weihekreuze an, was allerdings für einen profan genutzten Raum eher ungewöhnlich ist. Auffallend ist der südliche Abschluss des Gebäudes. Er verläuft schiefwinklig nach Südosten und nahm sicherlich bezug auf eine bestehende topografische Situation: einen Mauerzug, ein Gebäude oder ein Gewässer.

Da die Franziskaner nicht zurückgezogen in einer Klausur lebten, sondern den Menschen zugewandt, waren sie insbesondere in den frühen Jahren des Ordens nicht auf einen Kreuzgang mit Konventgebäuden angewiesen, wie beispielsweise die Benediktiner.[17] Dennoch verrichteten auch die Franziskaner regelmäßig Stundengebete, so dass folgerichtig 1253 von einem Kloster (*monasterium*) die Rede ist, und wir von einer geschlossenen Bebauung, also einer ersten Klausur mit einem Kreuzgang und Konventgebäuden ausgehen können.[18]

Als nächstfolgende Baumaßnahme wird offenbar der westliche Konventflügel nach Norden verlängert. Mit diesem Umbau war der Kreuzgang vollständig in sich geschlossen. Erhalten hat sich bis in die Gegenwart von dieser Bauphase die Nordwand, die – spätestens nach Abriss des Flügels im Jahr 1865 – mit Mauerankern an der gotischen Kirche gesichert wurde.

Der gotische Neubau

Für den massenhaften Zulauf der Gläubigen dürfte die bestehende Kirche im 14. Jahrhundert erheblich zu klein gewesen sein. Sie wird aufgegeben und durch einen Neubau ersetzt, der sich bis heute erhalten hat. Die alte romanische Kirche wird teils abgerissen und teils in den Neubau mit einbezogen.

Grabplatte des Conrad, genannt „Pater Sanctus". Conrad, war der erste Leiter des Hildesheimer Franziskanerklosters. Er starb 1261, sein Grabstein stammt allerdings erst aus spätgotischer Zeit. Es zeigt im Halbrelief den betenden Conrad in typischer Franziskanerkleidung. Sie war sehr einfach: eine grobe, braune gegürtete Kapuzenkutte. Zeichen der Armut waren neben der schlichten Kleidung auch die nackten Füße, die hier bewusst gezeigt werden. Bei den Hildesheimern hießen die Franziskaner daher nur die „Barfoten-Broder" also „Barfüsser-Brüder".
Zur Zeit der Aufnahme befand sich die Grabplatte im Besitz des Andreas-Museums, noch heute steht sie in der Andreaskirche.
Aufnahme von Franz Heinrich Bödeker zwischen 1893 und 1917
Stadtarchiv Hildesheim Best. 953 Nr. 1167

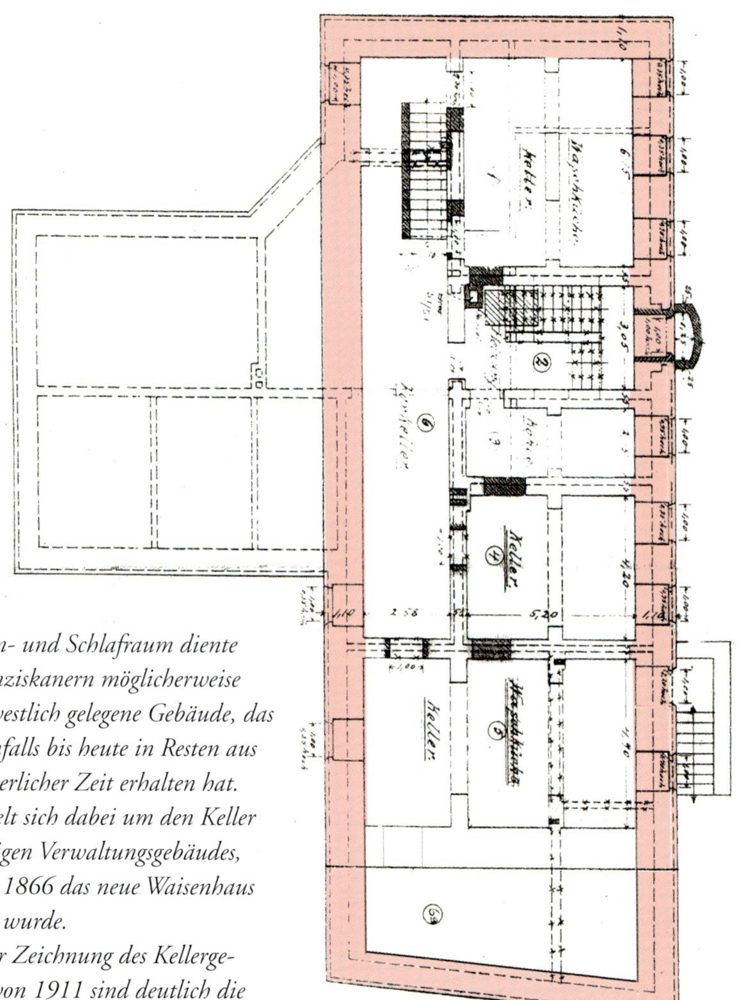

Als Wohn- und Schlafraum diente den Franziskanern möglicherweise das südwestlich gelegene Gebäude, das sich ebenfalls bis heute in Resten aus mittelalterlicher Zeit erhalten hat. Es handelt sich dabei um den Keller des heutigen Verwaltungsgebäudes, auf dem 1866 das neue Waisenhaus errichtet wurde.
Auf einer Zeichnung des Kellergeschosses von 1911 sind deutlich die massiven Außenwände eines rechteckigen Gebäudes zu erkennen, die hier zur Verdeutlichung rot gekennzeichnet sind.
Zeichnung Stadt Hildesheim, Fachbereich Gebäudemanagement

Die langgestreckte Kirche aus Bruchsteinmauerwerk besitzt lediglich ein nördliches Seitenschiff, das durch vier achteckige Pfeiler mit Kämpferkapitell vom Hauptschiff getrennt wurde. In Breite des Mittelschiffs folgt das Chorquadrat und der rechteckige Chor mit geradem Schluss. Im Norden fügt sich ein mit Fialen bekrönter Treppenturm an. Im Gegensatz zu den anderen Fassaden ist die Westfassade in lagerhaft geschichteten Sandsteinquadern mit Zangenlöchern ausgeführt, weshalb hier eine zweite Bauphase denkbar, aber nicht zwingend ist. Dass die Kirche nur ein Seitenschiff hat, ist für Minoritenkirchen nicht ungewöhnlich.[19] Diese Anordnung lässt sich zum einen aus der Lage der Kirche zum Kreuzgang erklären, der bereits vor dem Neubau vorhanden war und in seinen Abmessungen offenbar unangetastet bestehen bleiben sollte, und zum anderen war so eine Wiederverwendung von Mauerteilen und Fundamenten möglich.

Es gab mehrere Eingänge in die Kirche, die teilweise erhalten sind. Im Süden lagen die Zugänge zur Sakristei und zu den Kreuzgängen, von Norden erfolgte der Zugang zur Kirche durch drei Portale, deren Hauptportal 1885 vermauert und erst 1999 wieder freigelegt werden konnte.

In der Literatur wird der gotische Neubau allgemein in die Mitte des 15. Jahrhunderts datiert.[20] Anhand des Maßwerks der Fenster und des Kapitellschmucks kann dieser Bau bereits früher – in die Zeit um 1370 – datiert werden, was auch Baunachrichten vermuten lassen.[21]

So wie auf dem Idealplan eines Franziskaner-Klosters können wir uns ungefähr das Martinikloster im Mittelalter vorstellen: eine schlichte, und dennoch monumental wirkende Kirche mit Glockenturm (S. 41). Typisch ist der Verzicht auf das Querhaus und hochaufragende Westtürme. Angeschlossen sind kompakte Konventgebäude mit einem zweigeschossigen Kreuzgang.

Bauvorschriften gegen den Bauluxus gab es bei den Franziskanern erst 1260. Dort heißt es, die Kirche dürfe nur über dem Altar gewölbt sein und der Campanile der Kirche solle nirgends nach Art eines Turmes errichtet werden (*Campanile ecclesie ad modum turris de cetero nusquam fiat*).[22] Ganz im Sinne der franziskanischen Statuten mit ihrer Forderung nach Einfachheit und Schmucklosigkeit sind die Fassaden der Martinikirche schlicht ohne Bauornamente gehalten. Verblüffend ähnlich, im Grundriss und in ihrem Erscheinungsbild, ist die Augustiner-Kirche in Erfurt, deren Langhaus 1340 vollendet war.[23]

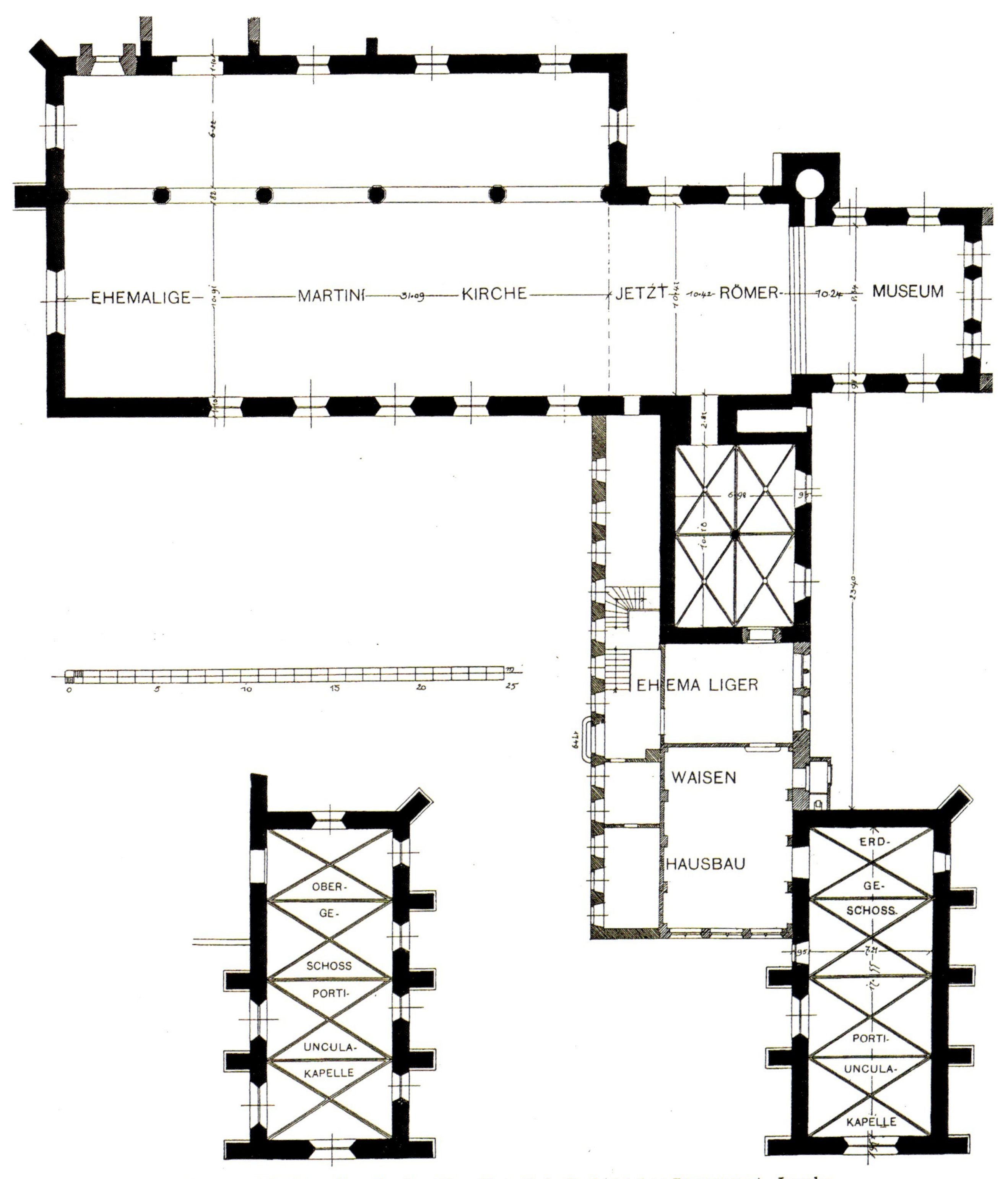

Grundriss der ehemaligen Franziskanerklosterkirche St. Martin mit dem sog. „Fachwerkflügel" und der Portiuncula (Erdgeschoss und Obergeschoss) von Adolf Zeller aus dem Jahr 1911, damals Roemer-Museum.
Aus: Zeller, Kirchliche Bauten 1911, Taf. 44

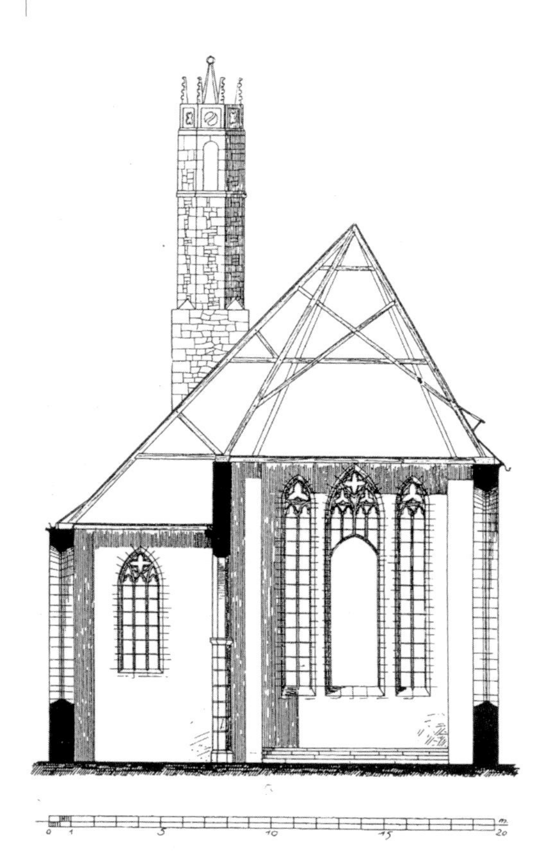

Ehemalige Franziskanerklosterkirche St. Martin. Querschnitt mit Blick nach Osten von Adolf Zeller aus dem Jahr 1911, damals Roemer-Museum Aus: Zeller, Kirchliche Bauten 1911, Fig. 210

Die gotischen Konventgebäude (Klausur)

Offenbar werden zu diesem Zeitpunkt, also in der zweiten Hälfte des 14. Jahrhunderts, auch die Konventgebäude umgebaut. Erhalten hat sich aus dieser Phase die südlich an den Chor schließende Sakristei und der schmale Raum mit der einstigen Schlaftreppe.

Die ehemalige Sakristei – heute als Ausstellungsraum genutzt – besitzt vier Kreuzrippengewölbe mit Birnstäben auf einem Mittelpfeiler. Die Schlusssteine der Gewölbe zeigen neben dem Lamm mit Kelch und Kreuzfahne als Symbol für die Opferung Christi weitere figürliche Darstellungen: ein segnender Heiliger (Christus?) mit Schriftrolle, ein Franziskanerbruder mit einem Kreuz in der rechten Hand und ein Bärtiger mit Mütze und Schriftrolle. Wiederum südlich der Sakristei folgen weitere Räume, deren Funktionen aufgrund ihrer monastischen Organisation als ehemaliger Kapitelsaal und als Winter- bzw. Sommerrefektorium oder Bibliothek anzusprechen sind. Noch 1865 befand sich hier ein *dritter im gothischen Style gebauter und ornamentirter Saal.*[24] Welche Räume die übrigen Flügeln beinhielten, ist nicht überliefert. Einer Notiz in der Neuen Hannoverschen Zeitung vom Juli 1865 ist lediglich zu entnehmen, dass sich im Westflügel einst das Refektorium befunden hat: *Beim Abbruche der alten massiven Klostergebäude zu St. Martini, welche dem Neubau des lutherischen Waisenhauses Raum geben sollen, hat man seit gestern in dem, neben der ehemaligen Kirche, dem jetzigen Museum, südwestlich gelegenen Flügel, in welchem ursprünglich der Speisesaal, Remter (refactorium) eingerichtet war, auf einer sogenannten Spiegelwand, in einem Flächenraume von etwa 8 Fuß Quadrat, die Darstellung des heil. Abendmahls in Tempera* [...] *entdeckt.*[25]

Welche Räumlichkeiten es gab, wird auch aus einer Urkunde von 1556 deutlich, in der angegeben ist: *unser ganzes Kloster mit Keller, Küche, Reventer* [= Speisezimmer], *Baumgarten, Gerhus* [= Sakristei].[26] Zu erwarten sind zudem eigene Zellen und Studienräume für die Brüder, die aufgrund der nur begrenzt zur Verfügung stehenden Grundstücksfläche schließlich zu dem doppelgeschossigen Kreuzgang als offenem, loggienartigem Gang vor den Einzelzellen führten.[27]

Die Portiuncula

Noch im 15. Jahrhundert wird südlich an den bestehenden Ostflügel ein Gebäude gesetzt, das als „Portiuncula“ bezeichnet wird (s. S. 48). Die Portiuncula ist ein zweigeschossiger Bau mit jeweils vier längsrechteckigen, kreuzrippengewölbten Jochen und Strebepfeilern an der Ost- und Westseite. Das Bruchsteinmauerwerk wurde erst 1992 hell verputzt, zuvor war es steinsichtig gehalten. Auf der Nordseite sind im Erdgeschoss die segmentbogenförmigen Öffnungen vermauert. Im Obergeschoss zeigen die spitzbogigen Fenster auf der Ostseite Maßwerk mit Fischblasen, die somit als spätgotisch anzusprechen und in die Zeit um 1500 zu datieren sind.[28] Im Gegensatz dazu sind die übrigen Fenster vier- bzw. fünfbahnig mit schlichten Kleeblattbögen ausgeführt.

Portiuncula heißt soviel wie „Kleiner Teil“ oder „kleiner Flecken“ und ist eigentlich ein Teil eines Benediktinerklosters in der Nähe von Assisi. Auf diesem Grundstück lag eine kleine Kapelle, auf die der Name „Portiuncula“ in der Folge überging.

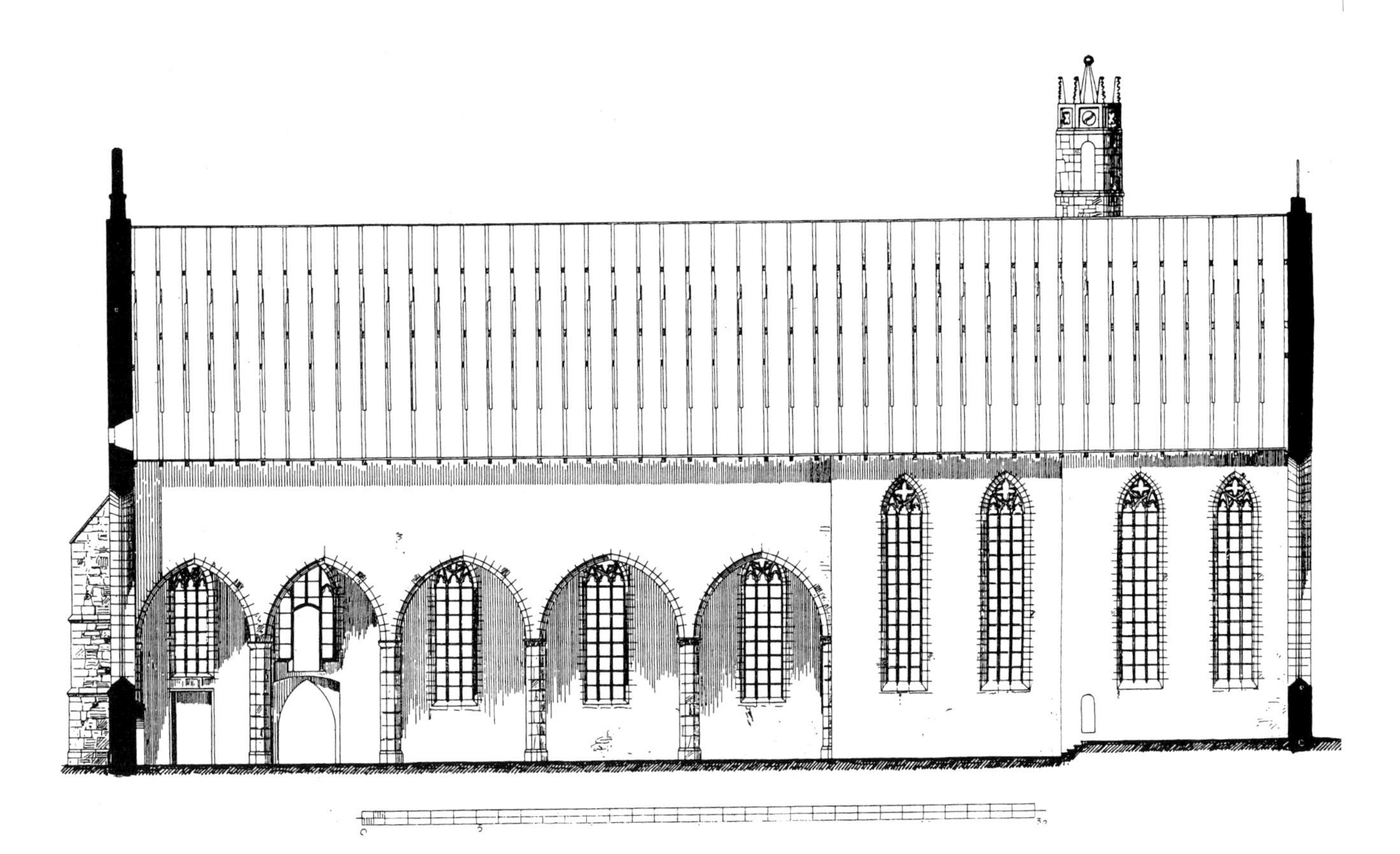

Ehemalige Franziskanerklosterkirche St. Martin. Längsschnitt mit Blick nach Norden von Adolf Zeller aus dem Jahr 1911, damals Roemer-Museum
Aus: Zeller, Kirchliche Bauten 1911, Fig. 209

Diese Kapelle hatten die Benediktiner Franziskus überlassen, der sie selbst wieder aufbaute und dort seinen Orden gründete. Um die Pilgermassen aufzunehmen, die bis heute alljährlich zum Ablassfest am 2. August strömen, wurde über diese Kapelle im 16. Jahrhundert eine weitere, ausladende Kirche gebaut: Santa Maria degli Angeli. Sie gehört zu den größten Kirchen der Christenheit. Diese Kapelle war Ausgangsstätte der Aussendung zur Predigt, dort trafen sich die italienischen Provinzialminister jedes Jahr zum Generalkapitel.

Tatsächlich birgt die Portiuncula in Hildesheim einige Geheimnisse. Genaugenommen ist die ursprüngliche Funktion dieses Gebäudes nicht bekannt, wenn auch dessen Bezeichnung auf eine Funktion als Ablasskapelle hindeutet. Im 19. Jahrhundert wird die Portiuncula als Kapelle bezeichnet, das Untergeschoss wird aber gleichzeitig vom Waisenhaus als Viehstall bzw. Waschküche genutzt.[29] Doch wenn die Portiuncula als Kapelle errichtet worden war, warum ist sie nicht geostet? Das wäre die übliche Vorgehensweise gewesen, zumal räumlich lösbar.

Eine Kapelle gab es mit Sicherheit, sie wird in den Quellen bereits um 1450 genannt, die Portiuncula besitzt aber auf dem mittleren westlichen Strebepfeiler eine Inschrift von 1490.[30] Diese Inschrift muss jedoch nicht zwangsläufig die Erbauungszeit des Gebäudes wiedergeben, sondern sie kann auch mit einem Umbau – wie zum Beispiel dem Einbau des Gewölbes – in Verbindung stehen, der tatsächlich stattgefunden hat. Denn zum einen überschneiden die Gewölbekappen im Erdgeschoss die früheren, zugesetzten Fenster und zum anderen wurden bei der Sanierung der Portiuncula im Jahr 1987 regelmäßig angeordnete, nachträglich zugesetzte Öffnungen festgestellt, die auf ein ehemaliges Balkenauflager und damit auf eine flache Balkendecke schließen lassen.[31]

Bei dem Umbau erhielt auch der Zugang zum Obergeschoss ein heute leider stark beschädigtes, neues Portal in typischen spätgotischen Formen, das als Schulterbogenportal mit Hohlkehle und sich überkreuzenden Stäben ausgebildet ist.[32] Die birnenstabförmigen Kreuzrippengewölbe aus Backstein des Erd- und Obergeschosses sind aufgrund ihrer Ausbildung ebenfalls in das ausgehende Mittelalter zu datieren.

Mit Hilfe der Dendrochronologie, der Datierung von Holz durch Jahrringanalyse, konnte der Dachstuhl der Portiuncula auf 1481-83 datiert werden.[33] Er hat sich bis in die Gegenwart erhalten und dürfte damit der älteste Dachstuhl Hildesheims sein.

Wurde das Gebäude tatsächlich erst um 1490 erbaut, kann es sich durchaus um die Bibliothek der Franziskaner gehandelt haben, denn die wurde genau zu diesem Zeitpunkt als Neubau errichtet.[34]

Zusammengefasst kann grob umrissen folgende Hypothese aufgestellt werden: Die Portiuncula wurde vermutlich um 1450 als zweigeschossige Kapelle errichtet und besaß zunächst eine Holzbalkendecke. Um 1490 erfolgte ein Umbau, bei dem die Gewölbe eingezogen wurden und das erhaltene Kehlbalkendach mit seinen Linkskrempern entstand. Möglicherweise konnte das Untergeschoss nun als Bibliothek und das Obergeschoss als Kapelle genutzt werden. Nach den im Jahr 1910 posthum veröffentlichten Aufzeichnungen des Bistumsarchivars Johann Michael Kratz (1807-1885) diente das obere Geschoss ursprünglich als Portiuncula-Kapelle, die später den Waisen für ihren Gottesdienst zur Verfügung stand.[35] Von 1863 bis 1873 nutzte es die Freimaurer-Loge „Zum Stillen Tempel" zum Gottesdienst, das profane Untergeschoss war zur gleichen Zeit Viehstall bzw. Waschküche.[36] Eine frühe weltliche Nutzung des Untergeschosses würde zumindest erklären, weshalb sich dort im 17. Jahrhundert ein Kamin befand, dessen Schornstein noch auf Fotos vor 1983 zu sehen ist (s. S. 53).

Der Glockenturm

Der seitlich stehende Glockenturm gibt ebenfalls Rätsel auf. Er ist um etwa 9° im Uhrzeigersinn gegenüber der Hauptachse der Kirche verdreht. Dagegen steht der

Das Augustiner-Kloster in Erfurt (Langhaus 1340 vollendet). In seinem Erscheinungsbild ist die Kirche der Martinikirche sehr ähnlich. Sammlung Maike Kozok

Die ehemalige Klosterkirche St. Martin von Nordosten. An den Chor mit hohen spitzbogigen Fenstern schmiegt sich der Glockenturm. Seine Bekrönung mit Fialen erhielt er im März 2000 zurück. Durch den hellgelben Ockeranstrich bildet die Kirche ein harmonisches Gesamtbild mit dem Neubau von 2000.
Aufnahme Maike Kozok 2006

innere Raum des Turmes winklig zu den Achsen der Kirche, er macht also die Verdrehung des Turmes im Außenbereich nicht mit.[37] Der Turm ist quadratisch und geht dann in das Achteck über. Im unteren Bereich steht das Mauerwerk des Turmes noch im Verband mit den Chormauerwerk, auf Höhe der gotischen Spitzbogenfenster ist es durch eine Baufuge von ihm getrennt. Zudem nimmt der Turm mit seinen schräg gearbeiteten Eckquadern bewusst bezug auf das – demnach schon bestehende – Chorfenster. Demzufolge wurde offenbar beim Neubau der gotischen Kirche der bis in unbekannte Höhe bestehende Turm dem neuen Mauerwerk und den Fenstern angepasst. Der Turm wurde also nicht in einem Zuge errichtet, sondern in unterschiedlichen, zeitlich nicht näher zu bestimmenden Bauphasen.

Da, wie beschrieben, die Öffnung vom Chor zum Turm leicht spitzbogig, also typisch spätromanisch ist, datiert das Untergeschoss sehr wahrscheinlich bereits in

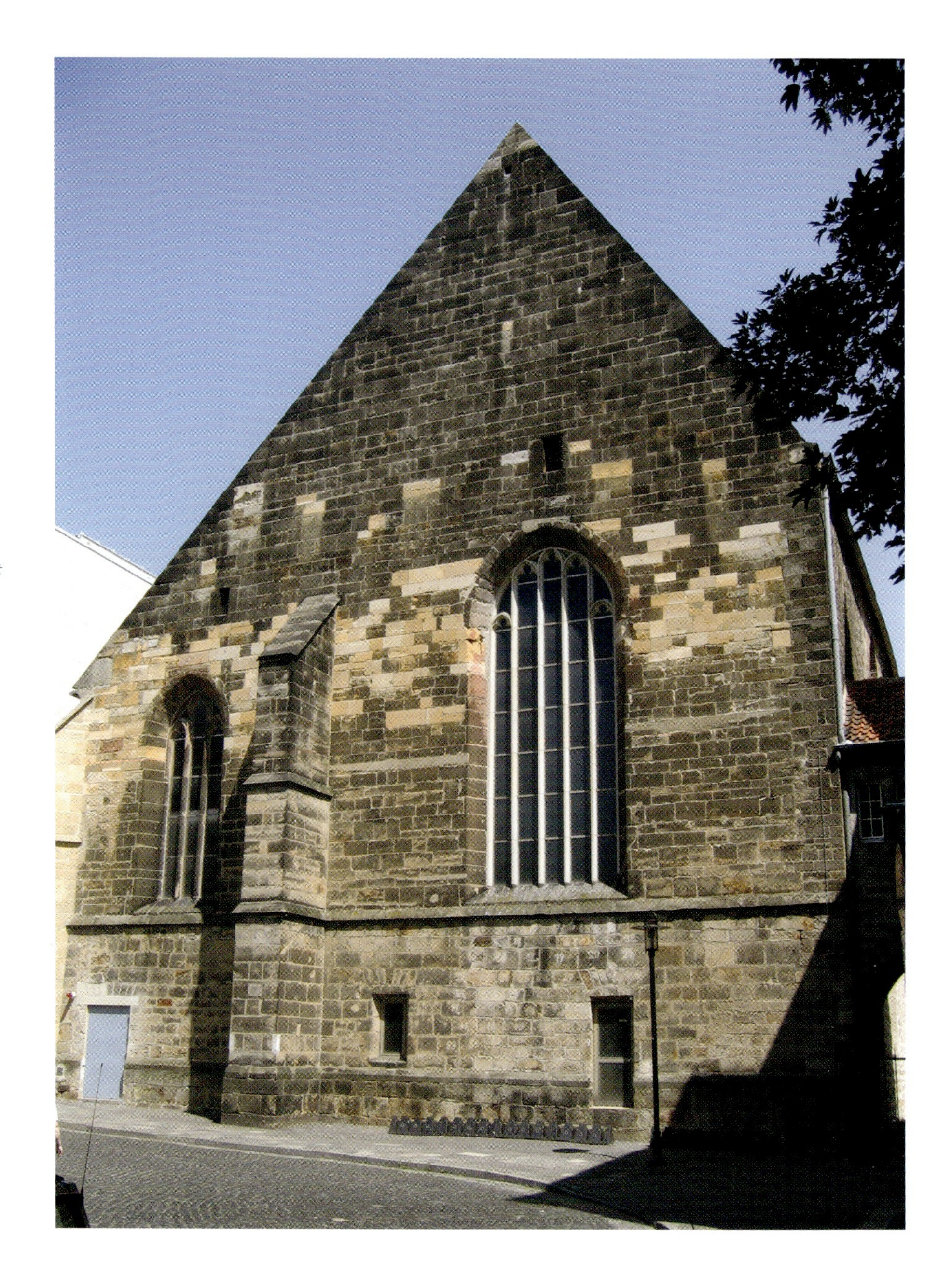

Die Westfassade der Martinikirche wurde 1945 nicht zerstört. Im Gegensatz zu den anderen Fassaden der Kirche ist diese Fassade nicht in Bruchstein, sondern vollständig in Sandsteinquader errichtet worden. Eine vertikale Baufuge ganz rechts im Mauerwerk auf der Höhe des Fensters stammt aus der Zeit nach dem Umbau zum Museum. Da hier noch bis 1865 das Pfarrhaus stand, wurde nach dem Abbruch das Mauerwerk ergänzt. Wie anhand der ebenfalls ausgebesserten Steine im Erdgeschoss deutlich wird, drohten die Steine abzusacken, die daher mit Eisenankern gesichert wurden. Aufnahme Maike Kozok 2007

das 13. Jahrhundert. Erst im 16. Jahrhundert wird der Glockenturm seine überlieferte Gestalt mit den acht Fialen und der kegelförmigen Spitze erhalten haben. Nicht nur seine Beziehung zum umgebenen Mauerwerk deutet auf verschiedene Bauphasen hin, sondern auch die schriftlichen Baunachrichten.[38] Ein im Winkel von Chor und Seitenschiff stehender schlanker Turm war offenbar ein Charakteristikum von Minoritenkirchen, zu finden ist er auch bei der Franziskanerkirche St. Crucis in Mühlhausen, der Augustinerkirche und der Franziskanerkirche in Erfurt.[39]

Schalltöpfe

Wer im heutigen Museum den Blick nach oben wendet, wird sich über seltsame, unregelmäßig angeordnete Löcher wundern, die sich im Inneren der Chormauern

1999 wurde das ehemalige gotische Eingangsportal freigelegt, das nach 1857 einen Vorbau erhalten hatte und 1885/87 umgebaut worden war. Die darüber liegende Öffnung diente seit 1887 als Durchgang zu der Galerie in der Martinikirche. Aufnahme Adelbert Ständer 1999

befinden. Dabei handelt es sich um sogenannte „Schalltöpfe". Sie sind mit ihren Öffnungen zum Kircheninneren bündig mit der Innenwand der Kirche vermauert und als zeitgleich mit der Errichtung der Kirchenmauer zu sehen. Das heißt, dass es sich um von Anfang an im gotischen Mauerverband eingebaute Kugeltöpfe des hohen Mittelalters handelt.

Derartige Schalltöpfe wurde vom 13. bis zum 15. Jahrhundert in die Kirchengewölbe oder um die Kirchenfenster in das Mauerwerk eingesetzt. Dazu verwendeten die Erbauer ganz gewöhnliche, alltägliche Gebrauchskeramik. Die Funktion solcher Schalltöpfe ist relativ gut überliefert. Ihre Aufgabe bestand darin, zum Verstärken oder Nachhallen der Musik oder der Sprache beizutragen, sie sollten also die Akustik verbessern. Tatsächlich kann in einem Fall der Schalltopf den Ton einzelner Frequenzen verstärken und den Nachhall verlängern, in einem anderen Fall gerade den Nachhall verkürzen und den Ton dämpfen.[40]

Zumindest zeigt der Einsatz derartiger Schalltöpfe, ungeachtet dessen, ob sie ihren Zweck erfüllten oder nicht, dass es den Franziskaner sehr an einer Klangverstärkung ihrer liturgischen Lesungen gelegen war. Noch 1854 können wir im Sonntagsblatt lesen: *Es wird anerkannt, daß man die Predigt in der Kirche gut verstehen kann; in keiner anderen hiesigen Kirche beßer.*

Die Lage des Klosters

Auffallend ist, dass viele Klostergründungen der Bettelorden außerhalb der Stadtmauern erfolgten. Die Gründe wurden darin vermutet, dass hier zum einen noch genügend unbebauter Raum vorhanden war und dass zum anderen an den Randgebieten eher ärmliche Einwohner, gewerbliche Unter- und Mittelschichten, zu Hause waren, um die sich die Franziskaner kümmern konnten.[41] In Hildesheim

Die gleiche Situation heute. Bewusst wurden die historischen Veränderungen und Schäden sichtbar gelassen. Links steht das 1895 angefertigte Standbild Hermann Roemers.
Aufnahme Maike Kozok 2006

So wie auf diesem Idealplan eines Franziskaner-Klosters können wir uns ungefähr das Martinikloster im Mittelalter vorstellen: eine schlichte, und dennoch monumental wirkende Kirche mit Glockenturm.
Typisch ist der Verzicht auf das Querhaus und hochaufragende Westtürme. Angeschlossen sind kompakte Konventgebäude mit einem zweigeschossigen Kreuzgang. Vor allem die Südfassade der Kirche im Bereich des Kreuzgartens verdeutlicht die Situation in Hildesheim vor 1828, als noch oberhalb des Pultdachs kleinere Obergadenfenster bestanden.
Aus: Ernst Badstübner, Klosterkirchen im Mittelalter, München 1985

lag das Kloster westlich der Dommauer und nördlich der in Resten erhalten Stadtmauer, die von der Domburgmauer zum Pantaleonstor reichte. Demnach hatte es innerhalb der Stadtmauern gelegen. Gehen wir allerdings davon aus, dass eine nördlich der Martinikirche verlaufende Mauer, die bereits von Zeller als Stadtmauer bezeichnet worden war und auch noch auf Stadtplänen aus dem 19. Jahrhundert eingetragen ist, zu einer frühen Stadtbefestigung gehörte, stellt sich die Sachlage entschieden anders dar.

Die westliche Verlängerung dieser Mauer konnte offenbar auch bei Grabungen im Jahr 1978 erfasst werden. Wie die archäologischen Untersuchungen ergaben, wurde sie erst im Zuge des gotischen Neubaus abgebrochen, der in der Zeit um 1370 erfolgt sein dürfte.[42] Demzufolge müsste der heute noch vorhandene Mauerverlauf im Süden des Klosters nicht wie bisher angenommen um 1167, sondern erst später entstanden sein, und zwar im Jahr 1366, als der Konvent seinen Garten an der Innerste dem Rat zur Verstärkung der Stadtbefestigung verkaufte, der außerhalb der Mauern lag: *bi der Indersten buten der muren to Hildensem.*[43] Der Klosterkonvent lag zur Zeit seiner Gründung demnach nicht innerhalb, sondern außerhalb der Stadtmauern.[44]

Doch das Klosters befand sich nicht etwa abseits des städtischen Treibens, sondern südlich der Straße „Am Steine“, die offenbar bereits in karolingischer Zeit mit Steinen gepflastert war und seit 1211 als *super lapides* (auf den Steinen) bezeichnet wird.[45] Als Hauptverkehrsweg stellte sie den unmittelbaren Zugang vom Dammtor zur Domburg dar. Das Kloster lag also direkt an der viel bevölkerten Zufahrtsstraße zur Stadt.

Blick von Südosten in den Brunnenhof und auf den Rest des ehemaligen Konventgebäudes, der früher „Fachwerkflügel" genannt worden war. Hinter den spitzbogigen Fenstern befindet sich die Sakristei. Davon rechts ist ein Portal zu sehen, über das die Brüder zur sogenannten „Schlaftreppe" gelangten, die in das Dormitorium, den Schlafsaal im Obergeschoss führte. Die Treppe ist heute verschwunden und auch der Vorbau.
Aufnahme Maike Kozok 2007

Reformation und Dreißigjähriger Krieg

Mit der Einführung der Reformation wird das Kloster 1544 aufgehoben und die Kirche erhält 1547 den Status einer protestantischen Pfarrkirche für den Dammtorbezirk.[46] Der Guardian des Klosters, P. Konrad Lüdecke, schloss sich dem neuen Glauben an, heiratete und wurde später Pastor an St. Martini. Die anderen Franziskaner mussten das Kloster vorübergehend verlassen. 1556 erwarb der Rat die Klostergebäude und die Brüder des Martiniklosters übereignen die gesamten Klostergüter den Kastenherren der lutherischen Pfarrkirche zu St. Martini unter Vorbehalt freier Wohnung.[47] Damit änderte sich auch die Nutzung der Gebäude: Die Klostergebäude dienten nun als Wohnung für den Pfarrer und als Hospital.

Während des Dreißigjährigen Krieges (1618-1648) konnten die Franziskaner 1632 erneut in ihr Kloster einziehen, müssen es aber infolge der militärischen Entwicklung nach zwei Jahren wieder verlassen.[48]

Das alte Waisenhaus

Die Folgen des Dreißigjährigen Krieges und der Pestepidemien waren auch in Hildesheim spürbar, die Stadt verarmte, Krankheit und Verwahrlosung traf die Kinder am härtesten, ganz besonders die Waisenkinder. Zu dieser Zeit war es häufig üblich, dass ein Waisenhaus einem Hospital angegliedert wurde. So auch in Hildesheim. 1691 beschloss der Magistrat im Hospital des Klosters ein Waisenhaus einzurichten.[49] Nach Vorbild des Braunschweiger Waisenhauses wurde in jenem Jahr der Umbau des Südflügels begonnen und 1692 mit einem kleinen Glockenturm versehen.[50] Mit 22 Kindern wurde das Haus am 8. Oktober 1694 festlich eingeweiht.

Zeitgleich wird das Hospital in die Kramerstraße verlegt, das spätere, bis 1945 erhaltene Martinshospital. Wie die Klausur damals ausgesehen hat, zeigt eine kolorierte, detaillierte Federzeichnung aus dem Stadtarchiv von 1694 (s. S. 56). Das Untergeschoß der Portiuncula wurde offenbar als Brauhaus genutzt, zu sehen sind der Kamin und ein Becken.[51]

Deutlich wird, dass etliche Umbauten stattgefunden haben. Vor allem die Räume im südlichen Flügel, dem Waisenhaus, wurden erheblich vergrößert. Zum einen nach Süden hin zum Mühlengraben, zum anderen nach Norden in den Bereich des Kreuzgartens, der ursprünglich – wie bei dem baulich verwandten Augustinerkloster in Erfurt – quadratisch gewesen sein wird.[52] Auch die Kirche wird umgebaut. Sie erhält 1723 ein Zwerchhaus als Fachwerkkonstruktion oberhalb des westlichen Seitenschiffjochs mit einem neuen Glockenstuhl.[53]

1740 beschloss die Stadt, ein „Zucht- und Irrenhaus" neben der Kirche zu errichten, doch der Bau wurde nach kurzer Zeit wieder eingestellt. Stattdessen zogen die Insassen in den nördlichen Kreuzgangflügel an der Südfassade der Kirche. Er wurde erst 1828, nach Errichtung der Heilanstalt im Michaeliskloster, abgebrochen.[54]

Die ehemalige Sakristei mit Blick nach Süden. Sie wird bis heute als Ausstellungsraum genutzt, hier für die Jubiläumsausstellung „Welten in Vitrinen – 150 Jahre Roemer-Museum" von 1995.
Bildsammlung Roemer-Museum

Mit den Jahren war das Waisenhaus baufällig geworden, zudem lagen die Räume *tief und feucht, daher ungesund.*[55] 1748 entschloss sich die Waisenhausverwaltung somit zu einem Neubau. Doch nicht wie bisher der mittlere, sondern der östliche, an die Martinikirche anstoßende Flügel des Klosters sollte nun die Waisenkinder aufnehmen. Hier befanden sich ehemals die Sakristei, der Kapitelsaal und im Obergeschoss das Dormitorium. Während die Sakristei unverändert stehenblieb, wurden sämtliche andere Räume vollständig erneuert.

Nach einer heute verlorenen Inschrift wurde das Waisenhaus 1749 erbaut und am 19. November 1750 geweiht.[56] Es erhielt ein steinernes Erdgeschoss mit schlichten rechteckigen Fenstern und ein – 1945 zerstörtes – Obergeschoss in Fachwerk. Zudem erhielt der Neubau einen Keller unterhalb des ehemaligen Kreuzgangs *in welchem sich ein noch jetzt vorhandenes in Stein gehauenes Marienbild und auf die Wände gemalt die Apostel befanden.*[57] Aufgrund dieser Wandmalereien hatte der Kreuzgang einst den Namen „Apostel-Gang“ erhalten.

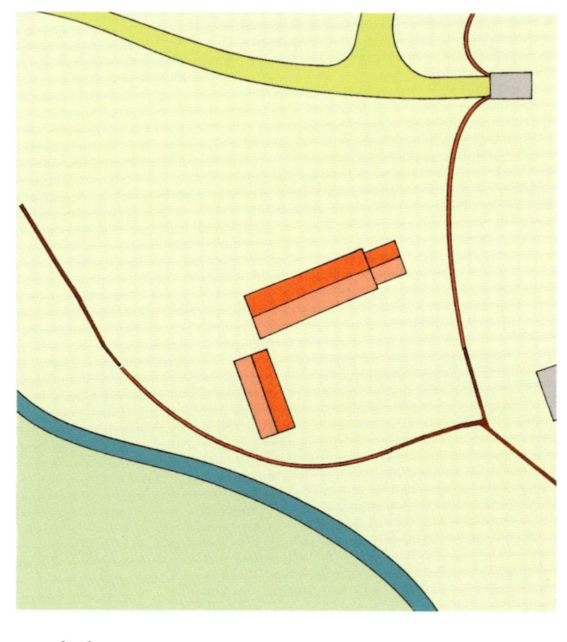

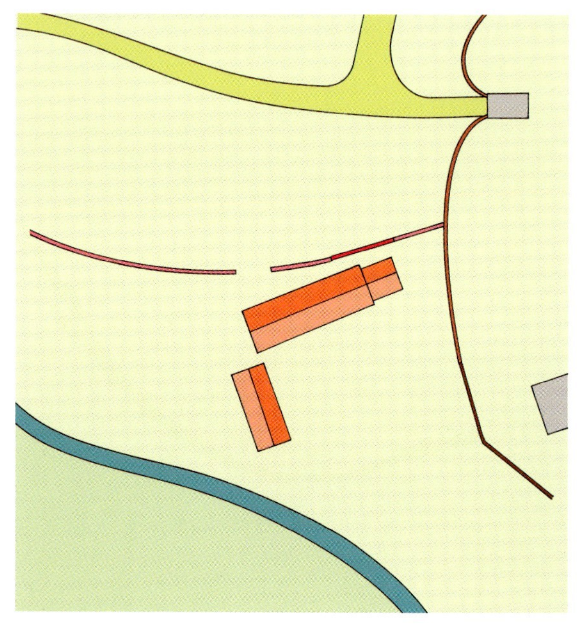

von links:
Das Klosterareal um 1240.

Das Klosterareal um 1240
mit alternativem Verlauf der Stadtmauer.

Das Klosterareal um 1260.

Zeichnungen Maike Kozok 2007

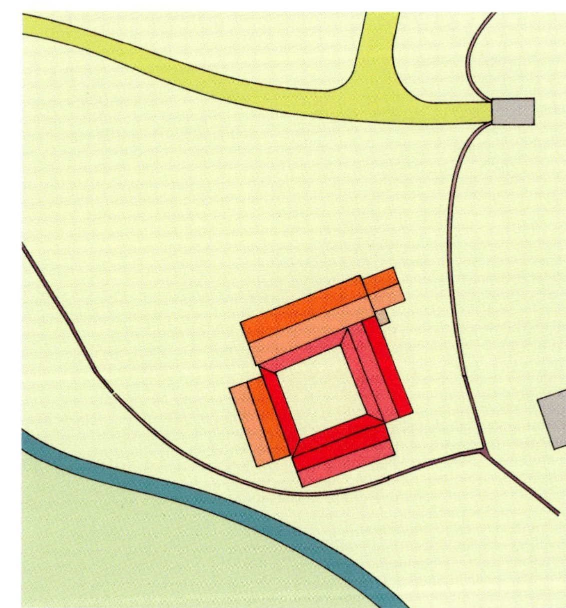

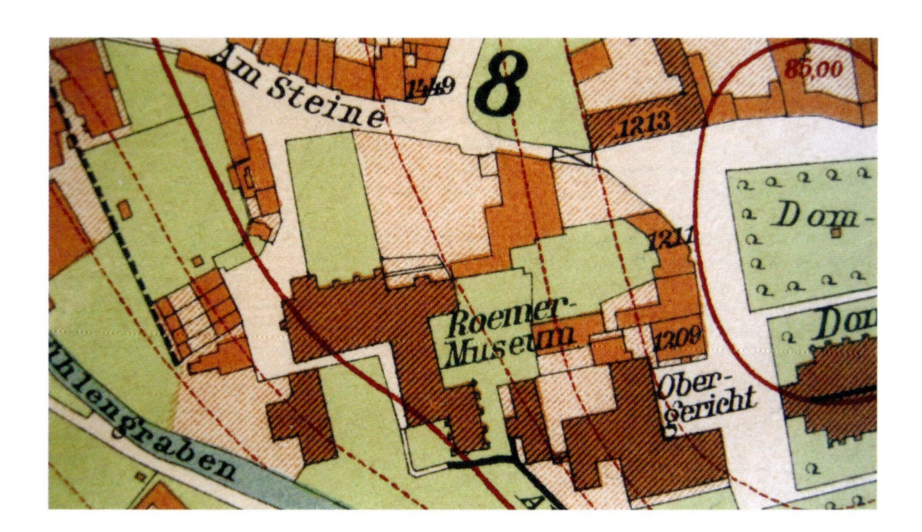

Das ehemalige Klosterareal nach einem Kataster von 1875, 1933 umgezeichnet. Aus: Städteatlas 1933

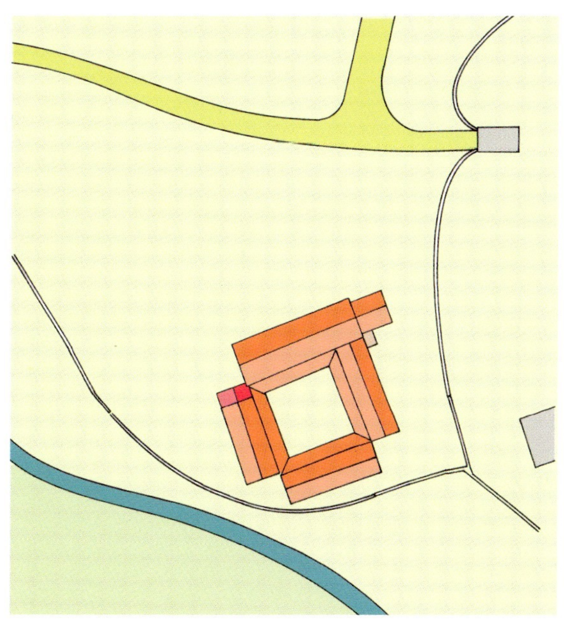

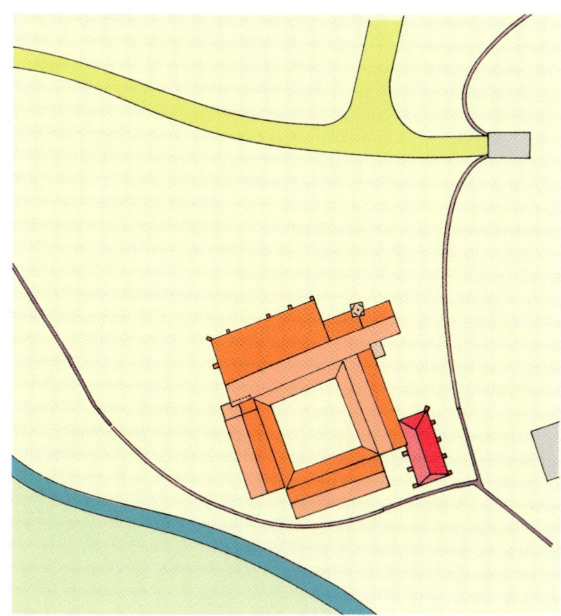

von links:
Das Klosterareal im 13. Jahrhundert.

Das Klosterareal um 1370.

Das Klosterareal im 15. Jahrhundert.

Zeichnungen Maike Kozok 2007

Blick auf die Portiuncula von Süden. Das Dachwerk ist dendrochronologisch auf 1481-83 datiert. Aufnahme Maike Kozok 2007

1758 musste das Waisenhaus geräumt werden, weil es die französische Besatzung im Siebenjährigen Krieg (1756-1763) als Lazarett in Anspruch nahm. Die Verstorbenen wurden im Waisengarten und im Kirchhof bestattet.[58]

Für die Verlags- und Zeitungsgeschichte Hildesheims sind die Klostergebäude besonders interessant, denn in den nicht mehr vom Waisenhaus genutzten zweigeschossigen Südflügel zog 1754 die Ratsdruckerei. Das Waisenhaus erhielt auf diese Weise eine jährliche Einnahme von 200 Talern. 1807 pachtete der Verleger Johann Daniel Gerstenberg die Druckerei und schuf damit einen Grundstein für das heutige Verlagshaus in der Rathausstraße. Sogenannte „Waisenhaus-Druckereien" waren keine Seltenheit, es gab sie beispielsweise auch in Braunschweig, Hanau und Halle. Nach dem Auszug der Druckerei im Jahr 1828 wurde das obere

Blick auf die Portiuncula von Norden mit dem Brunnenhof im Vordergrund. Aufnahme Maike Kozok 2007

Geschoß zu einer Mietwohnung umgebaut und der untere Raum *theils zu Fabrikgeschäften und, theils als jüdischer Tempel verwandt.*[59] Der westliche Flügel, in dem seit der Reformation der Pfarrer wohnte, erhält einen Anbau, das Pastoratshaus.[60] Hier lebten noch nach Aussage der Waisenkinder bis 1865 im Untergeschoss ein „Invalider“ und später ein Schuhmacher.[61]

Doch der Zahn der Zeit nagte immer mehr an den bewohnten Gebäuden. Mittlerweile stand das Erdgeschoss des Westflügels *wüst und leer* und der Südflügel war dem Zusammensturz nahe.[62] Im Juni 1865 erwarb die Waisenhausverwaltung das Pastoratsgrundstück und riss noch im gleichen Jahr die Gebäude, also die ehemaligen westlichen Konventräume ab, um einen Neubau für die Waisen zu errichten.[63]

Das Erdgeschoss der Portiuncula. Aufnahme Maike Kozok 2002

Die damalige Situation ist heute noch gut zu erahnen. Vom Südflügel hat sich bis in die Gegenwart der Rest der östlichen Außenwand erhalten, die offenbar erst Mitte des 19. Jahrhunderts mit dem noch stehenden Teil der Stadtmauer verbunden wurde, so dass ein kleiner malerischer Hof vor der Portiuncula entstand. Und genau an der Stelle, an der eine in den Kreuzgarten gezogene Mauer liegt, wurde 1976 ein begehbarer Heizungskanal gezogen. Er ist sehr gut zu sehen, wenn der gefallene Schnee zu tauen beginnt (s. S. 58).[64]

Blick in das Obergeschoss der Portiuncula nach Süden. Die Farbigkeit wurde nach Befund rekonstruiert. Aufnahme Maike Kozok 2007

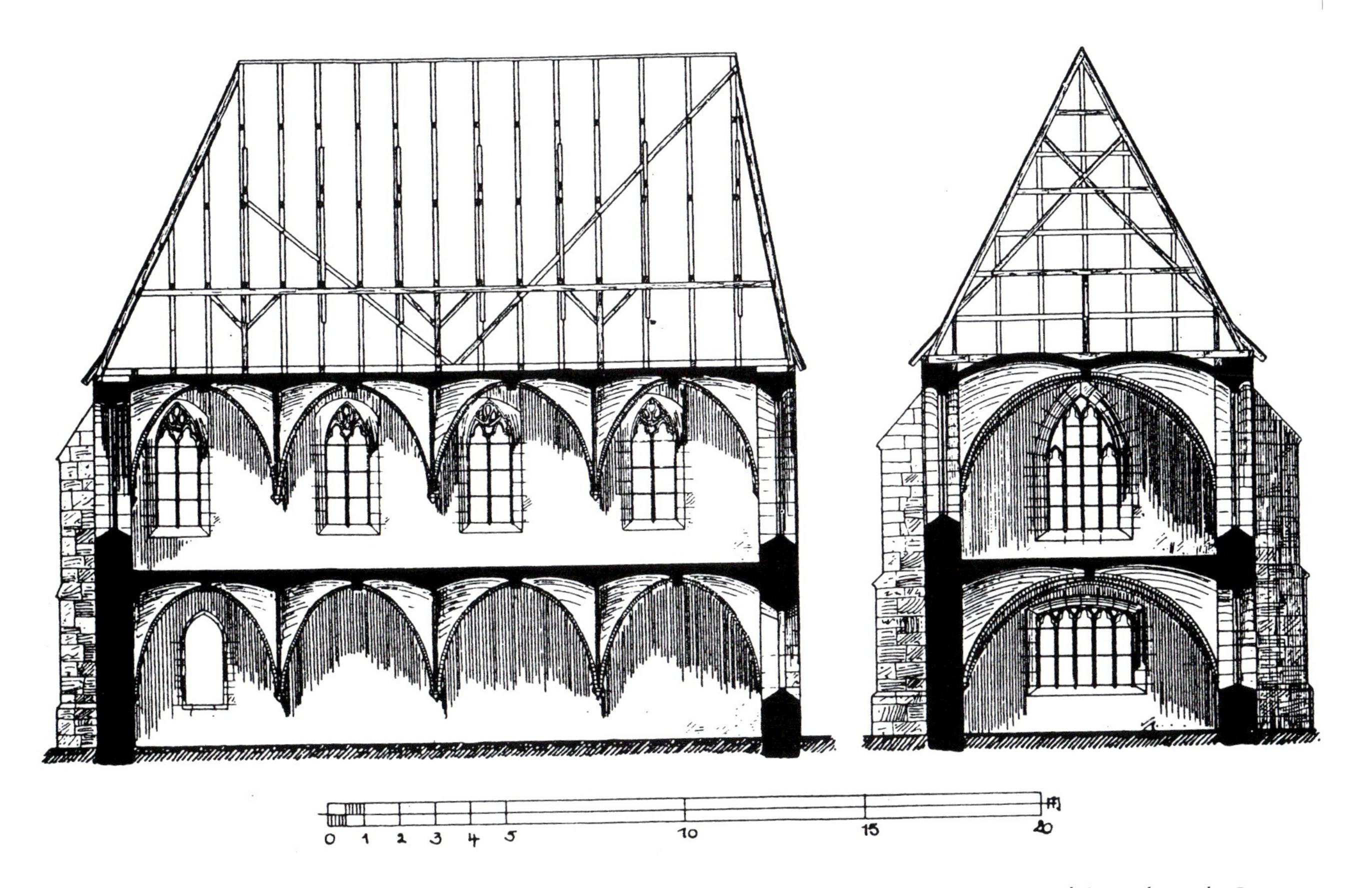

Längs- und Querschnitt der Portiuncula von Adolf Zeller aus dem Jahr 1911, damals Roemer-Museum. Aus: Zeller, Kirchliche Bauten 1911, Fig. 211

Der Friedhof

Der Friedhof der Martinigemeinde lag nördlich der Martinikirche zur Straße Am Steine an der Stelle, an der 1885-1887 der Neubau des Museums errichtet wurde. Zu jenem Zeitpunkt wurde der Friedhof bereits seit einigen Jahrzehnten nicht mehr genutzt.[65] Aufgrund der Forderung seitens der Bürger, das Bestattungswesen nicht mehr der Kirche zu überlassen, sondern selbst in die Hand zu nehmen, wurde seit 1812 niemand mehr auf dem Friedhof bestattet.

Mit der allgemeinen Verlegung der Bestattungsplätze außerhalb der alten Stadtbefestigung wurde 1813 die Schanze vor dem Dammtor der evangelischen Martinigemeinde zur Verfügung gestellt, heute der Johannisfriedhof.[66] Bereits 1816 wurde der Kirchhof der Martinikirche planiert und mit den dort befindlichen Leichensteinen gepflastert.[67]

Archäologische Grabungen – zahlreiche Wasserläufe

Im Areal des ehemaligen Martiniklosters konnten 1978 durch die Archäologin Gisela Schulz und dann zwischen 1992 und 1998 durch die Archäologin Ingeborg Schweitzer verschiedene Grabungskampagnen durchgeführt werden. Dabei kamen spannende Erkenntnisse für die Stadtgeschichte an den Tag.

Nördlich der Martinikirche stieß Ingeborg Schweitzer im Frühjahr 1992 bei einer Sondierungsgrabung auf einen bis dahin nicht bekannten Wassergraben. Das Ufer des Grabens, der um die Jahrtausendwende datiert wird, war mit einer doppelten Holzpfostenreihe befestigt. An die Uferbefestigung schloss sich eine Steinsetzung an, deren Funktion nicht bekannt ist.[68]

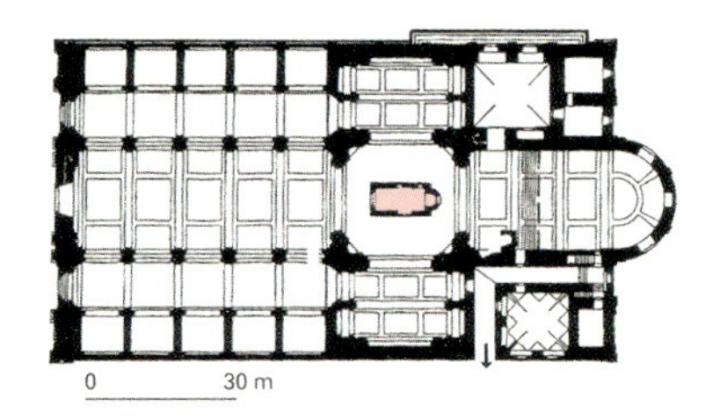

Grundriss der Kirche Santa Maria degli Angeli bei Assisi. In der Vierung befindet sich die Portiuncula (rosa eingetragen), unten in der Ansicht. Aus: Zimmermanns, Umbrien, 2000

Bereits vor und während des Umbaus der Martinikirche von 1974 bis 1976 und von 1977 bis 1979 konnte bei Bauarbeiten südlich der Martinikirche, aber auch innerhalb der Kirche Faulschlamm festgestellt werden, der auf einen Wasserlauf hindeutete. Er erstreckte sich unterhalb der Fundamente von Kirche und Kreuzgang, und damit, zum großen Erstaunen der Archäologen, unterhalb der gesamten Klosteranlage, quer zur Achse von Kirche und Kreuzgang.[69] Auch bei den Grabungen 1998 kam dieser Faulschlamm zutage. Demnach wurde das Kloster auf einem ehemaligen Wassergraben oder Bachlauf gegründet. Ob er zur Zeit des Neubaus im 13. Jahrhundert bereits versiegt war oder ob das Wasser kanalisiert wurde, ist nicht bekannt. Für die Stadtgeschichte Hildesheims ist diese Erkenntnis sehr aufschlussreich, denn offenbar war schon zur Zeit Bischof Bernwards die Mauer der Domburg nicht nur im Osten und Süden von der Treibe umgeben, sondern auch im Westen von einem Wasserlauf umflossen.

Freigelegt werden konnten bei der Sondierungsgrabung von 1996 zudem verschiedene Kanäle, unter anderem wurde ein Kanalsystem für Frischwasser angeschnitten. Es besteht aus glatt bearbeiteten, mit einer abdichtenden Lehmschicht versehenen Sandsteinen, die über- und nebeneinander gesetzt sind. Er verläuft in Nordsüd-Richtung und wurde vermutlich von der Sültequelle gespeist.

Deutlich wird, dass dieses Gebiet durchzogen ist von Wasserläufen, die erst nach und nach, bis in das 19. Jahrhundert hinein, kanalisiert wurden: Urkundlich überliefert ist, dass im Jahr 1422 Zimmerleute einen Wasserkanal herstellten, der das Wasser aus der Burgstraße in die Innerste leitete, also durch unser Klosterareal hindurch.[70] Auch ein Wasserkanal aus Ziegelsteinen aus dem 19. Jahrhundert konnte bei den Grabungen freigelegt werden.

Noch im 18. Jahrhundert wird berichtet: *Man zählt überhaupt einige siebenzig Brunnen, wovon auch viele ihre eigenen Quellen haben, wie uns die Keller der Häuser auf dem sogenannten S t e i n e zeigen, worin Quellen ausbrechen, und welche fast täglich von dem überhand nehmenden Wasser gereinigt werden müssen. Überhaupt*

Jahreszahl auf dem westlichen Strebepfeiler der Portiuncula: „1490“. Aufnahme Maike Kozok 2007

Blick von Südwesten auf die Portiuncula. Sehr schön zu sehen ist, dass genau an der Stelle, an der sich einst ein Kamin befand, noch bis 1983 ein Schornstein stand.
Aufnahme von Theo Wetterau aus der Zeit um 1967, Archiv der Hildesheimer Allgemeinen Zeitung, (Stadtarchiv Hildesheim, Best. 979-3, Nr. 571)

Nordseite und Glockenturm der ehemaligen Martinikirche. Ansichtskarte um 1910. Bildsammlung Roemer-Museum

führen alle Brunnen eine Duchserde bey sich; dies beweißt die Kruste genug, die sich stark an den Wänden der Kessel, in welchen Wasser gekocht wird, ansetzt.[71]

Dramatisch liest sich auch die Beschreibung der Martinikirche im Sonntagsblatt vom 3. Dezember 1854: *Bitte treten wir unsere Wanderung an. Wir befinden uns also in der St. Martinikirche. Es sind fast lauter Klagen die wir hören. Die allgemeine Klage ist die über dumpfe Luft in der Kirche. Ihre Wahrheit ist unverkennbar. Es wird dabei hingewiesen auf die tiefe Lage des Fußbodens, der sich fast an jeder Stelle als feucht erkennen läßt. Die Mauern, besonders an der Nordseite, sind hier und da mit grünem Schimmel bedeckt. Wirklich alles recht unangenehm.*

Die Kirche bis zum Kauf durch den Museumsverein im Jahr 1855

Wie sich die Klostergebäude um 1820 darstellten, beschreibt anschaulich der städtische Archivar Ignatz Zeppenfeldt (1760-1831): „*Das ganze Wesen an Gebäuden hinter der Martinskirche bildet ein Quadrat. Gegen Ost liegt das Waisenhaus, gegen Nord das Zucht- und Irrenhaus, gegen Süd die Buchdruckerei, gegen West das Vorhaus. Hinterm Waisenhause an der Ecke liegt eine Kapelle, unter welcher ein Gewölbe ist, welches die Franziskaner ehemals wahrscheinlich als Brauhaus benutzten.* [...] *Vor dem Vorhause liegt die Wohnung des Pfarrers. Das Waisenhaus ist in der unteren Etage mit massiven Umfassungswänden, in der oberen Etage mit hölzernen, eingeschlossen,*

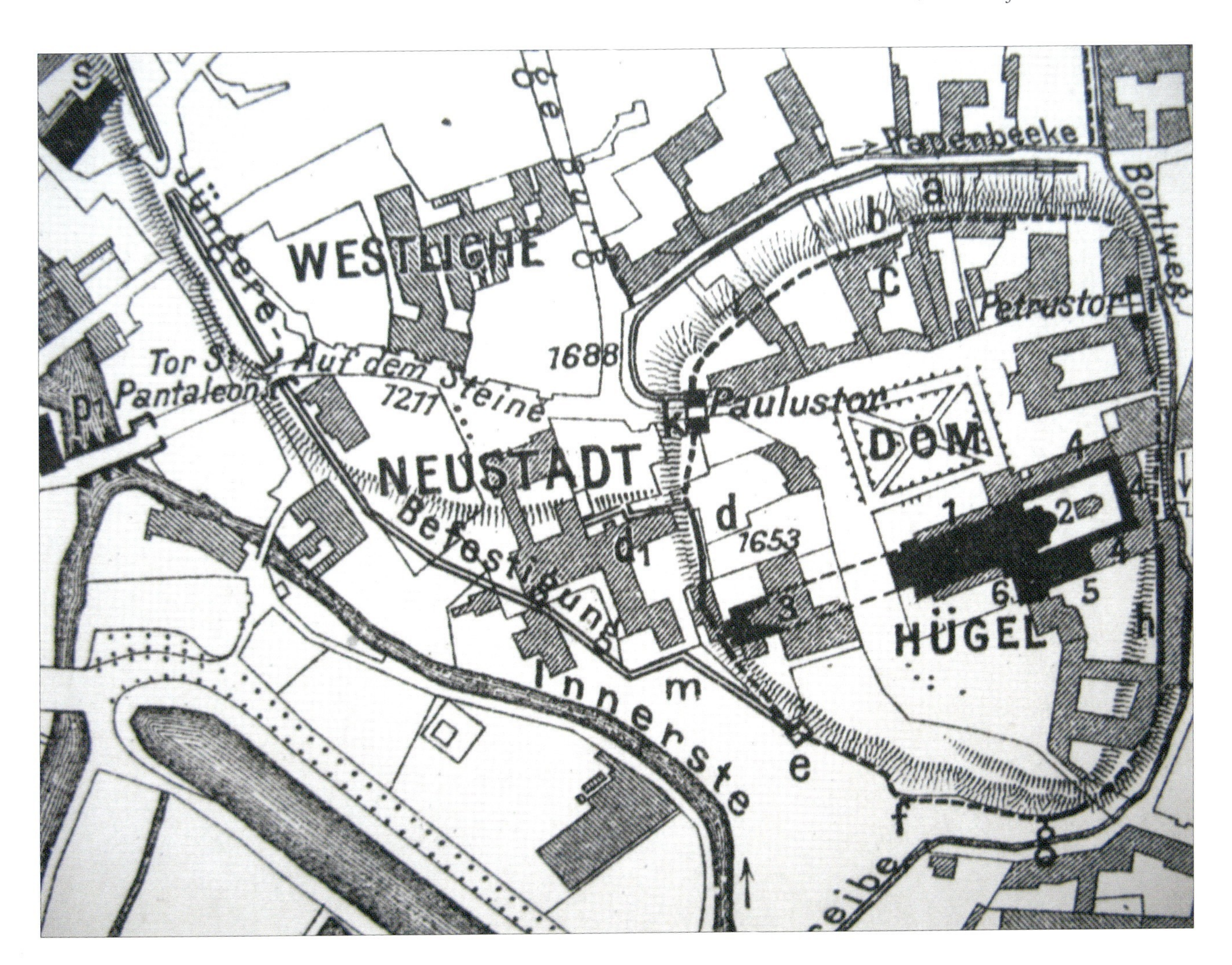

Rekonstruktion der Stadtmauerverläufe von Adolf Zeller für die Zeit um 1250. Mit „d1" ist die Stadtmauer nördlich des Chores der Martinikirche bezeichnet.
Aus: Zeller, Die romanischen Baudenkmäler, 1907, Tafel 1

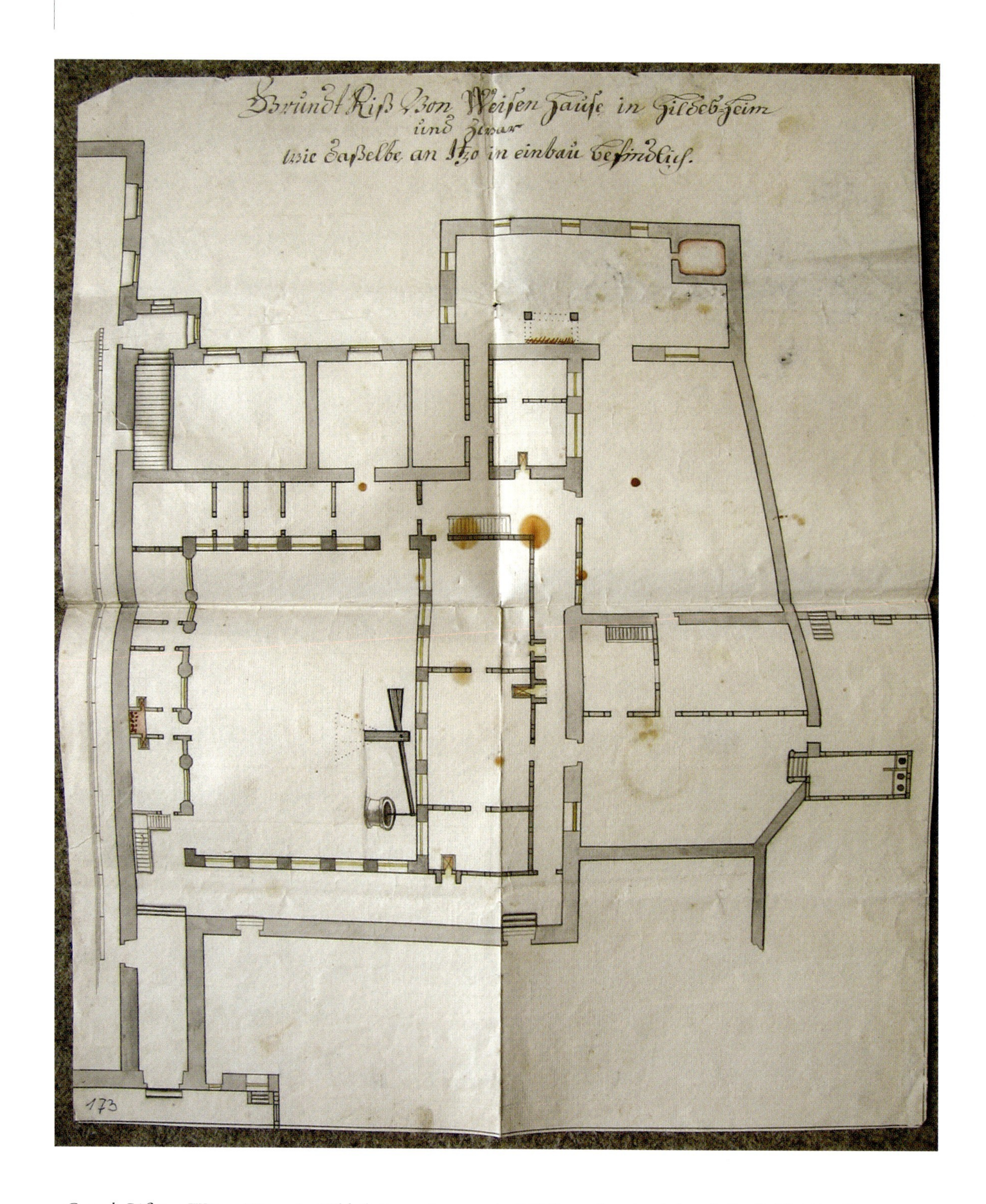

„Grundt Riß von Weisen Hause in Hildesheim und zwar wie daßelbe an Itzo in einbau befindlich". Diese lavierte und kolorierte Federzeichnung mit Darstellung des Kreuzgangs nach dem Umbau zum Waisenhaus ist in der Zeit um 1694 angefertigt worden, als das Hospital in die Kramerstraße verlegt wurde. Die östlichen und südlichen Konventräume werden nun als Waisenhaus genutzt. Links angeschnitten ist die Südseite der Klosterkirche. Oben befindet sich der noch heute stehende Teil mit der Sakristei.
Die Zeichnung zeigt einige wichtige Details, wie z.B. die Schlaftreppe südlich des Chors und den gesamten Südtrakt des Klosterkonvents. Das Untergeschoß der Portiuncula wurde übrigens damals offenbar als Brauhaus oder Waschküche genutzt, zu sehen sind ein Kamin und ein Becken.
Stadtarchiv Hildesheim Best. 950 Nr. 173

der dabei befindliche Garten ist etwa 31/2 Morgen groß. Das Zucht- und Irren-Haus hat zwei Etagen mit massiven Umfassungswänden. Da diese Anstalt in der tiefsten und feuchtesten Gegend der Stadt liegt, so sind die Keller nicht trocken.“[72]

Aber auch wie die Martinikirche Mitte des 19. Jahrhunderts, also vor dem Umbau zum Museum ausgestattet gewesen war, dokumentiert eine Zeichnung aus dem Jahr 1841 von W. Jörn (s. S. 61).[73] Demnach besaß sie mehrere Reihen Kirchenbänke, ein Taufbecken im Westen und im Presbyterium einen Altar mit einem sechssäuligen Aufbau. An der Nordwand befanden sich Treppenaufgänge, die zu den Priechen führten und auf der Empore an der Westseite stand die Orgel. Die Kanzel war an der Südseite des Mittelschiffs aufgestellt worden.

Noch bis 1857 diente die Martinikirche der Michaelisgemeinde zum Gottesdienst. Der Einsatz Hermann Roemers ermöglichte es, dass die Michaeliskirche von 1855 bis 1857 durch den Architekten Conrad Wilhelm Hase instandgesetzt wurde. Damit konnte die Michaelisgemeinde wieder ihre frühere Kirche in Besitz nehmen. Diese erfolgreiche Wiederherstellung brachte Roemer 1855 auf den Gedanken, die Martinikirche zu erwerben und sie zum Museum auszubauen. Somit konnte die Kirche vom Museumsverein erworben werden und stand 1857 zum Umbau zur Verfügung. Am 26. April 1857 fand in der Martinikirche der letzte Gottesdienst unter Pastor Hardeland statt.[74]

Teile der Ausstattung der Kirche, wie Monstranzen oder Grabsteine, gingen in den Besitz der Michaelisgemeinde über, andere kamen in den Bestand des Museums oder gingen mit Einrichtung des Andreas-Museums 1893 in dessen Bestand über.[75]

Wir kehren nun zu dem Zeitpunkt zurück, an dem 1855 der Museumsverein die Martinikirche erwarb, um sie zum Museum umzubauen. Während seit 1857 in die umgestaltete Kirche die Besucher strömen, bewohnen die Waisenkinder weiterhin den östlichen Kreuzgang, der restliche verfällt zusehends.

Diese seltene Aufnahme zeigt den sogenannten „Fachwerkflügel“ von Westen. Der Blick fällt in den Innenhof südlich der Martinikirche. Aufnahme aus der Zeit vor 1945. Stadtarchiv Hildesheim Best. 950 Nr. 3713

Der „Fachwerkflügel“ heute. Aufnahme Maike Kozok 2007

Blick in den Innenhof des Roemer- und Pelizaeus-Museums, dem ehemaligen Kreuzgarten des Martiniklosters. Wo heute Bäume stehen, befand sich einst der Südflügel der Klausur.
Aufnahme Maike Kozok 2007

Auf dieser barocken Stadtansicht von Friedrich Bernhard Werner aus dem Jahr 1729 ist die zweigeschossige Klausur sehr gut zu sehen.
Verlagsarchiv Gebrüder Gerstenberg

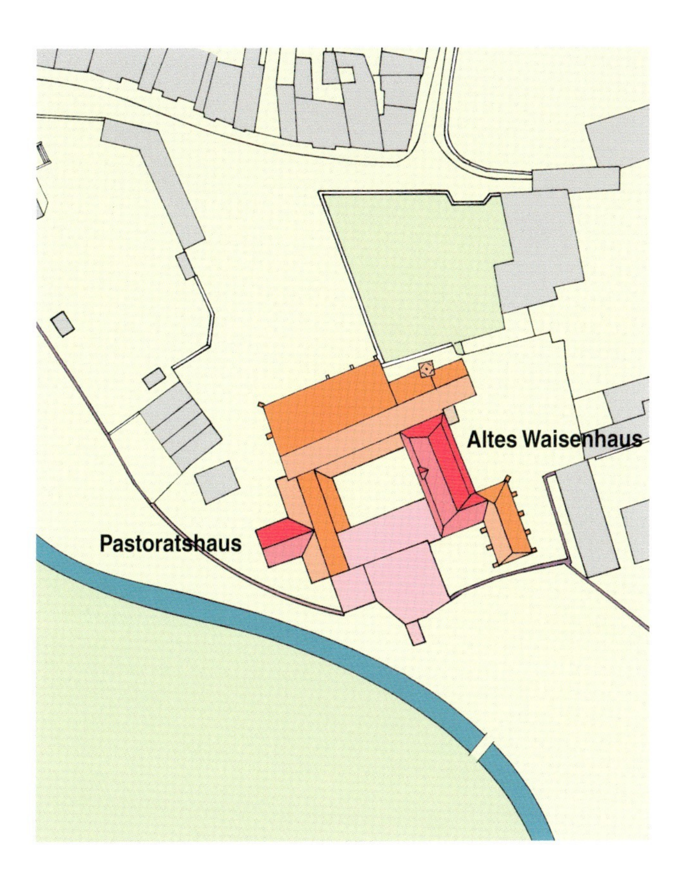

Das Klosterareal um 1800.
Die Bauphase im Süden ist nur schematisch dargestellt.

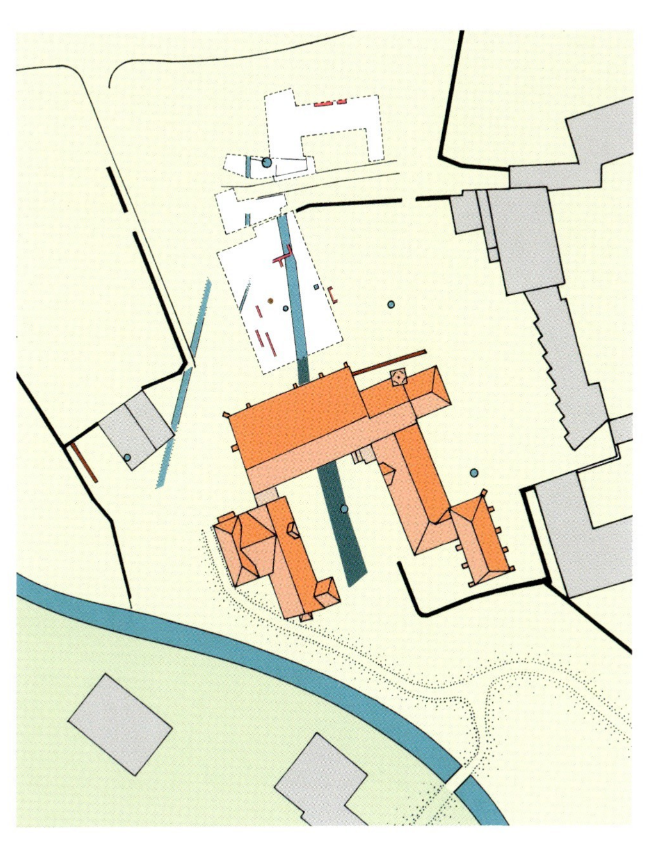

Übersicht über die Befunde der archäologischen Grabungen der Jahre 1992 bis 1998. Zahlreiche Wasserläufe durchziehen das ehemalige Klosterareal.
Zeichnungen Maike Kozok 2007

<
Grabung 1996. Eine mit Steinen abgedeckte Wasserrinne wird nördlich des Roemer- und Pelizaeus-Museums freigelegt.
Bildsammlung Roemer-Museum

Grabung 1996. Ein steinerner Brunnen mit Wasserzulauf aus Eichenholz neben der Wasserrinne.
Bildsammlung Roemer-Museum.

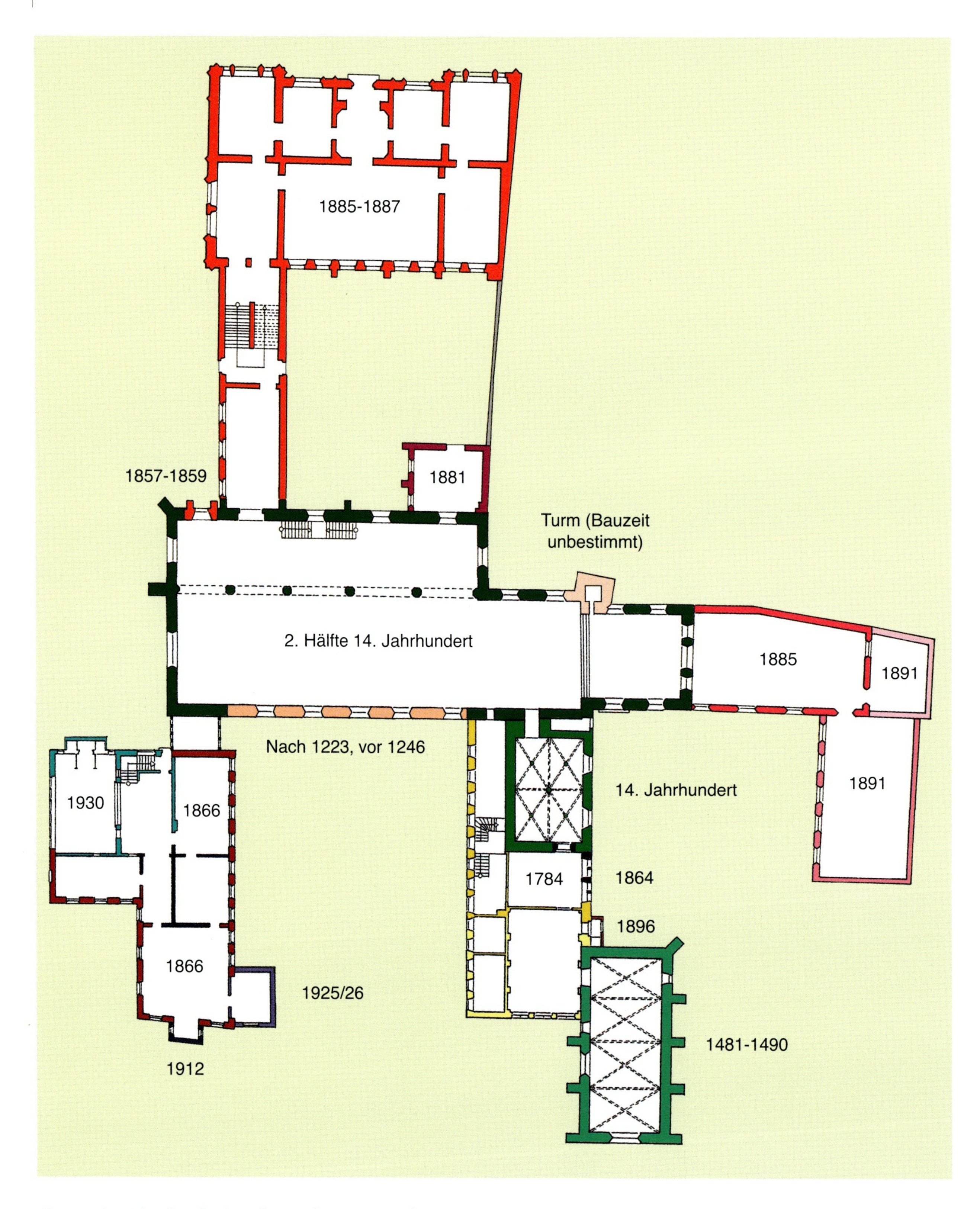

Gesamtübersichtsplan der Bauphasen: das Roemer-Pelizaeus-Museum bis 1945. Zeichnung Maike Kozok 2007

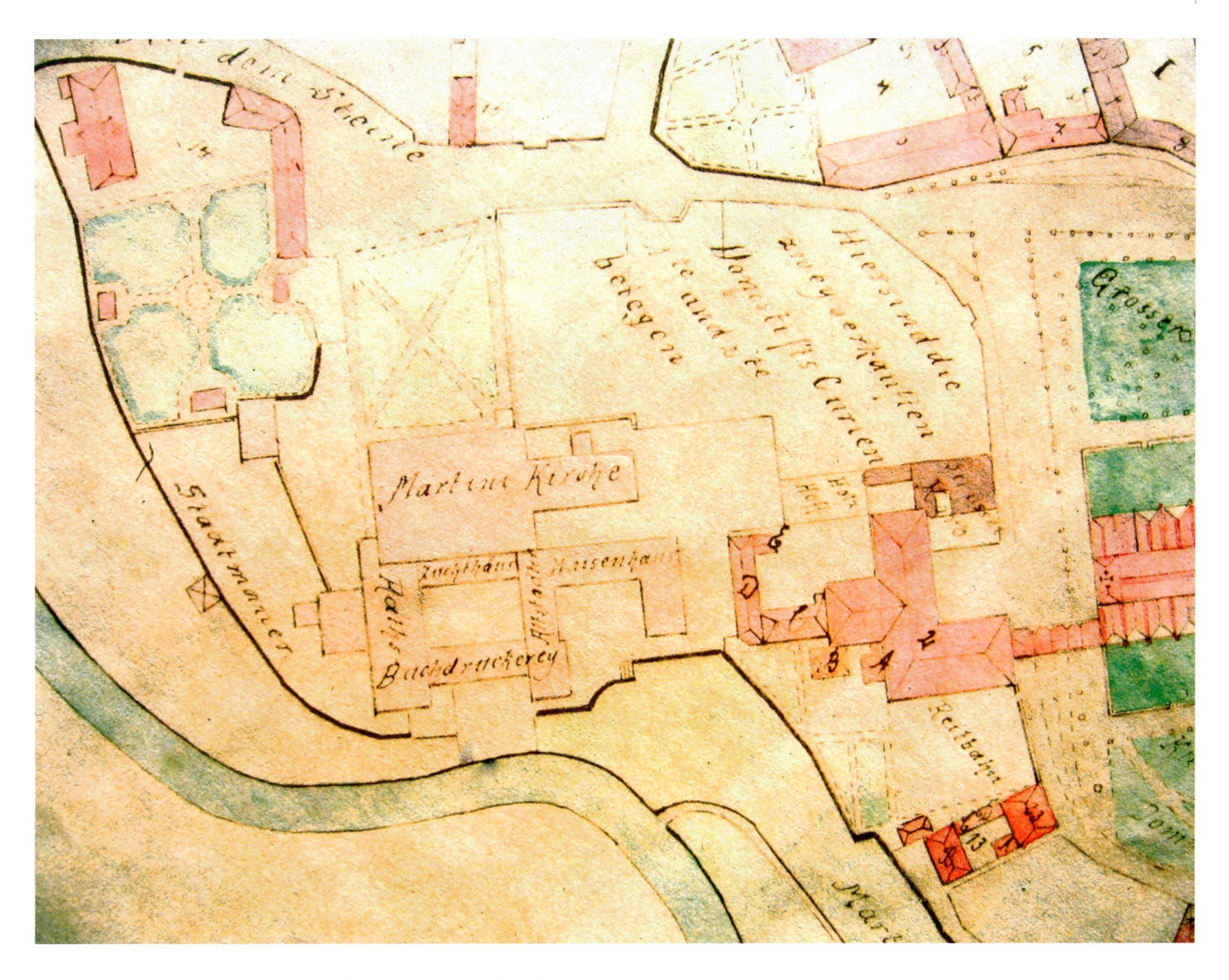

Das ehemalige Martinikloster im Jahr 1820. Die südlich der Kirche gelegenen Konventgebäude werden von 1828 bis 1865 nach und nach fast ganz abgerissen. Die verschiedenen Nutzungen sind hier eingetragen, wenn auch nicht immer ganz richtig. Im westlichen Flügel befand sich nicht die „RathsBuchdruckerey“, sondern das alte Pfarrhaus und das neue Pastoratshaus. Sie wurden 1865 abgerissen und durch das noch heute stehende Gebäude, das ehemalige „neue“ Waisenhaus ersetzt. Kolorierter Druck von 1820, kopiert 1897.
Stadtarchiv Hildesheim Best. 950 Nr. 424

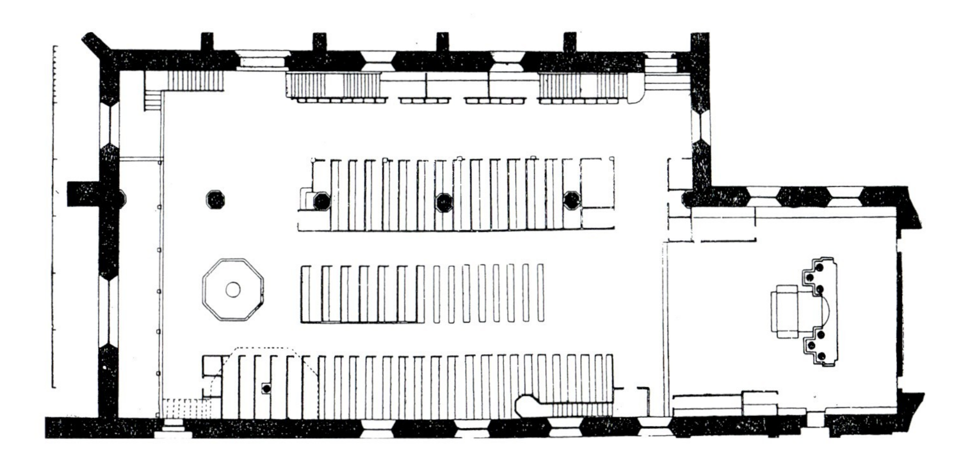

Grundriss der Martinikirche nach einer Zeichnung von W. Jörn aus dem Jahr 1841
Aus: Bleibaum, Bildschnitzerfamilien, 1924

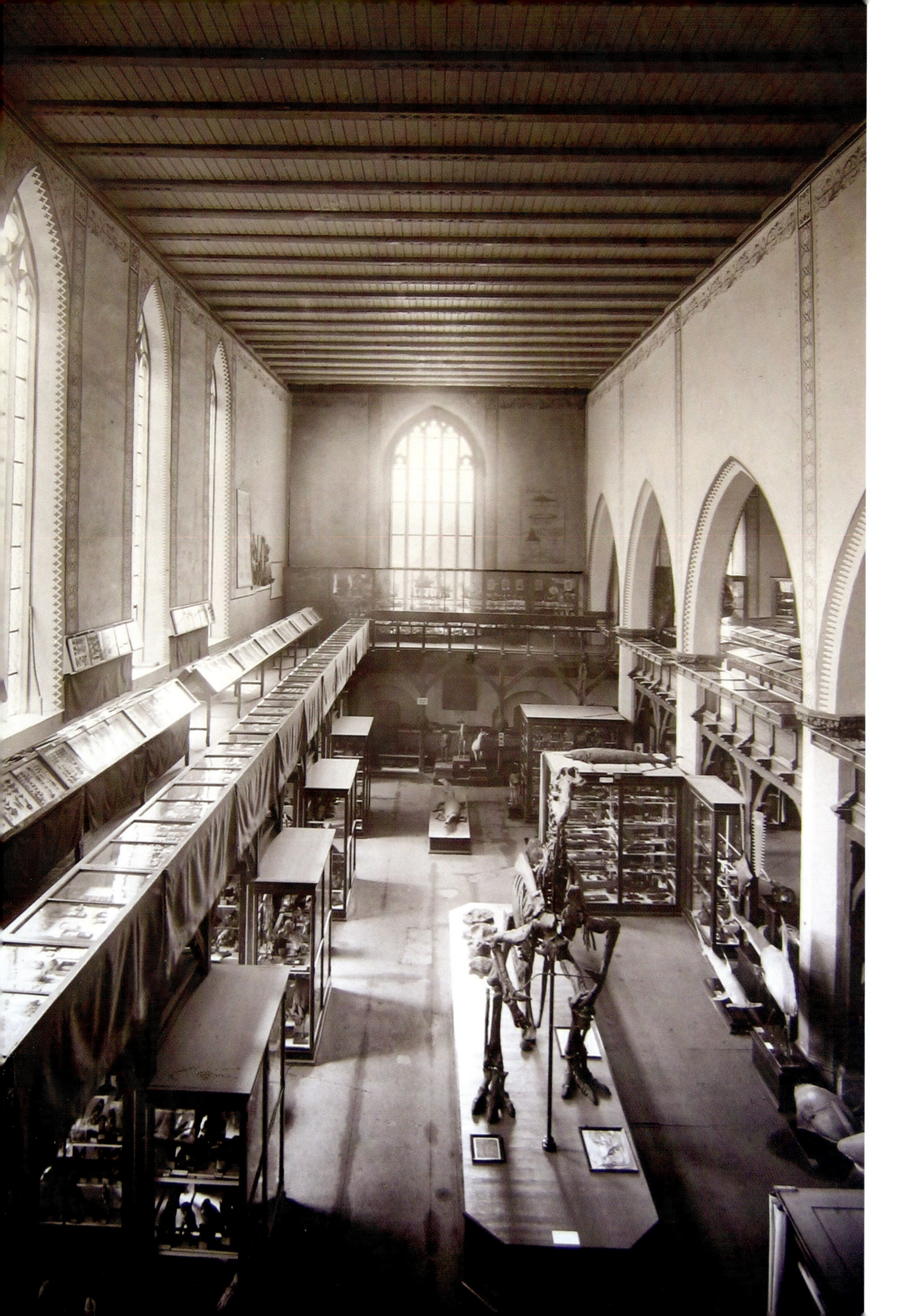

„Martinikirche – Museum". Diese Lithographie von W. Clemann aus der Zeit um 1855 stammt aus einer Sammelansicht von Hildesheim und zeigt die Martinikirche während des Umbaus zum Museum. Der Druck ist sehr aufschlussreich, denn er zeigt einige interessante Details, wie rechts das Pfarrhaus mit dem Durchgang zum Waisenhaus und daneben das neue Pastoratshaus mit dem qualmenden Schornstein. Beide Gebäude werden 1865 abgerissen. Auch der hölzerne Anbau vor der Westfassade lässt sich heute noch am Mauerwerk ablesen. Oberhalb des westlichen Seitenschiffjochs befindet sich ein Zwerchhaus mit Uhrwerk.
Bildsammlung Roemer-Museum

„Die ganze Welt in Hildesheim"

Der Umbau der Martinikirche zum „Städtischen Museum" (1857-1859)

Mit der Wahl der Martinikirche als Museumsgebäude war Roemer nicht ganz zufrieden, denn ihm wäre ein Neubau am Paradeplatz lieber gewesen. Doch dafür reichten die vorhandenen Mittel nicht. Noch im dritten Jahresbericht des Museumsvereins von 1847 hieß es: *Die Kirche aus der zweiten Hälfte des fünfzehnten Jahrhunderts ist durchaus unregelmäßig, hässlich und ungesund.*[1] Und auch schon 1829 hatte der Archivar Ignatz Zeppenfeldt sich über den Bau nicht gerade positiv geäußert: *Die Lage der Martini-Kirche, die auch wenige zu öffnende Fenster hat, macht es, daß die Luft darin zu viel Stickstoffgas und zu wenig Sauerstoffgas enthält.*[2]

Diese Einschätzung hing mit der Tatsache zusammen, dass die Kirche – wie beschrieben – im 13. Jahrhundert nicht nur in einer der feuchtesten Gegenden der Stadt errichtet worden war, sondern auch unmittelbar über einem ehemaligen Flusslauf. Mit den damit verbundenen Problemen hat das Museum seit dieser Zeit bis in die Gegenwart zu kämpfen.

Der spätere Direktor des Roemer-Museums Rudolf Hauthal (Direktor von 1905 bis 1917) beklagte sich 1912: *Die Ankaufsumme betrug nur 5000 Taler, für den großen Platz mit dem großen Kirchengebäude gewiß nicht viel. Aber die Lage am tiefsten, feuchtesten Punkte Hildesheims, die dauernden stets wachsenden Kosten, die die Instandhaltung der alten Martinikirche verursacht, zeigen, daß ein Museumsgebäude auf dem trockenen, hochgelegenen, zentraleren Paradeplatze nicht nur vorteilhafter, sondern im Laufe der Jahre auch billiger geworden wäre.*[3]

Trotz dieser widrigen Umstände konnte im Mai 1857 unter der Leitung des hannoverschen Architekten und Professors für Baukunst Conrad Wilhelm Hase

<

Blick in das Langhaus der ehemaligen Martinikirche mit der zoologischen Sammlung. Dieses Foto zeigt den Zustand der Martinikirche um 1903, also nachdem bereits mehrfach die Sammlungen völlig neu aufgestellt wurden. Dennoch gibt es einen guten Eindruck von der umgebauten Martinikirche. Auf der umlaufenden hölzernen Galerie standen die Vitrinen mit Insekten, Fischen, Korallen und der Eiersammlung.
Prunkstück war die Nachbildung eines Dinosaurierskeletts (Iguanodon). Aufnahme von Franz Heinrich Bödeker um 1903.
Stadtarchiv Hildesheim Best. 979-2 Nr. 2/3

Conrad Wilhelm Hase (1818-1902). Aus: Kokkelink/Lemke-Kokkelink, Baukunst, 1998

(1818-1902) mit dem Ausbau der Martinikirche begonnen werden. Zu diesem Zeitpunkt war Hase noch als Baurat und als Lehrer für Baukunst (1849-1894) an der Polytechnischen Schule (seit 1873 Technische Hochschule) in Hannover tätig. Mit seinen Schülern unternahm er zahlreiche Studienreisen nach Hildesheim, unter denen auch die später in Hildesheim am Museum tätigen Architekten Gustav Schwartz, Georg Schulze und Wilhelm Knoch waren.

Hase war den Beschreibungen der genannten Schüler zufolge eine ausgenommen charismatische Persönlichkeit. Er pflegte ein ungezwungenes und herzliches Verhältnis zu seinen Schülern. *Wer ihn gesehen, war in hohem Grade gefesselt, wer ihn gehört, wer sein Schüler gewesen, hat ihn geliebt und verehrt* schrieb Wilhelm Knoch.[4] Sein Nachfolger auf dem Professorenstuhl an der Hochschule, Karl Mohrmann, charakterisierte seinen Lehrer ähnlich begeistert *er war im Schaffen ein Mann, im Frohsinn ein Jüngling und im Gemüthe ein Kind.*[5]

Von 1853 bis 1855 hatte Hase das Museum für Kunst und Wissenschaft in der Sophienstraße in Hannover errichtet.[6] Er besaß also bereits Erfahrungen in der Errichtung eines Museums und war daher für den Auftrag bestens geeignet. Zur gleichen Zeit war Hase aber auch in Hildesheim bereits als Architekt tätig. Von 1853 bis 1854 errichtete er die Superintendentur in der Schuhstraße.

Für den Umbau der Martinikirche mussten etliche Veränderungen vorgenommen werden, die in einer undatierten Zeichnung aus dem Nachlass Hases im Stadtarchiv Hannover in Bleistift eingetragen sind. Im Inneren des Langhauses sollten ursprünglich die alten Priechen stehen bleiben, stattdessen wurde jedoch eine neue Galerie aus Holz eingezogen.[7] Mit dem Einzug einer Zwischendecke war der ehemalige Chor jetzt zweigeschossig. Durch diese Maßnahmen musste das Erdgeschoss stärker belichtet werden. Dazu wurde in diesem Bereich eine neue Fensterreihe im Süden und Norden in Backstein eingearbeitet.

Um eine bessere Belichtung des Gesamtraumes zu erreichen, wurden auf der Südseite – wo bis 1828 der Kreuzgang stand – die Obergadenfenster weit nach unten gezogen, so dass sie erst jetzt die schlanke, hochreichende Gestalt bekamen, wie die Fenster des Chores und der Nordseite.

Im Westen grenzte noch an der Südseite der Kirche der Westflügel mit dem Pfarrhaus, wie auf einem Druck aus der Zeit vor 1865 zu sehen ist (s. S. 63). Er

Das Museum für Kunst und Wissenschaft in Hannover, das heutige „Künstlerhaus", erbaut von Conrad Wilhelm Hase. Aus: Schnell, Das Museum für Kunst und Wissenschaft, 1858.

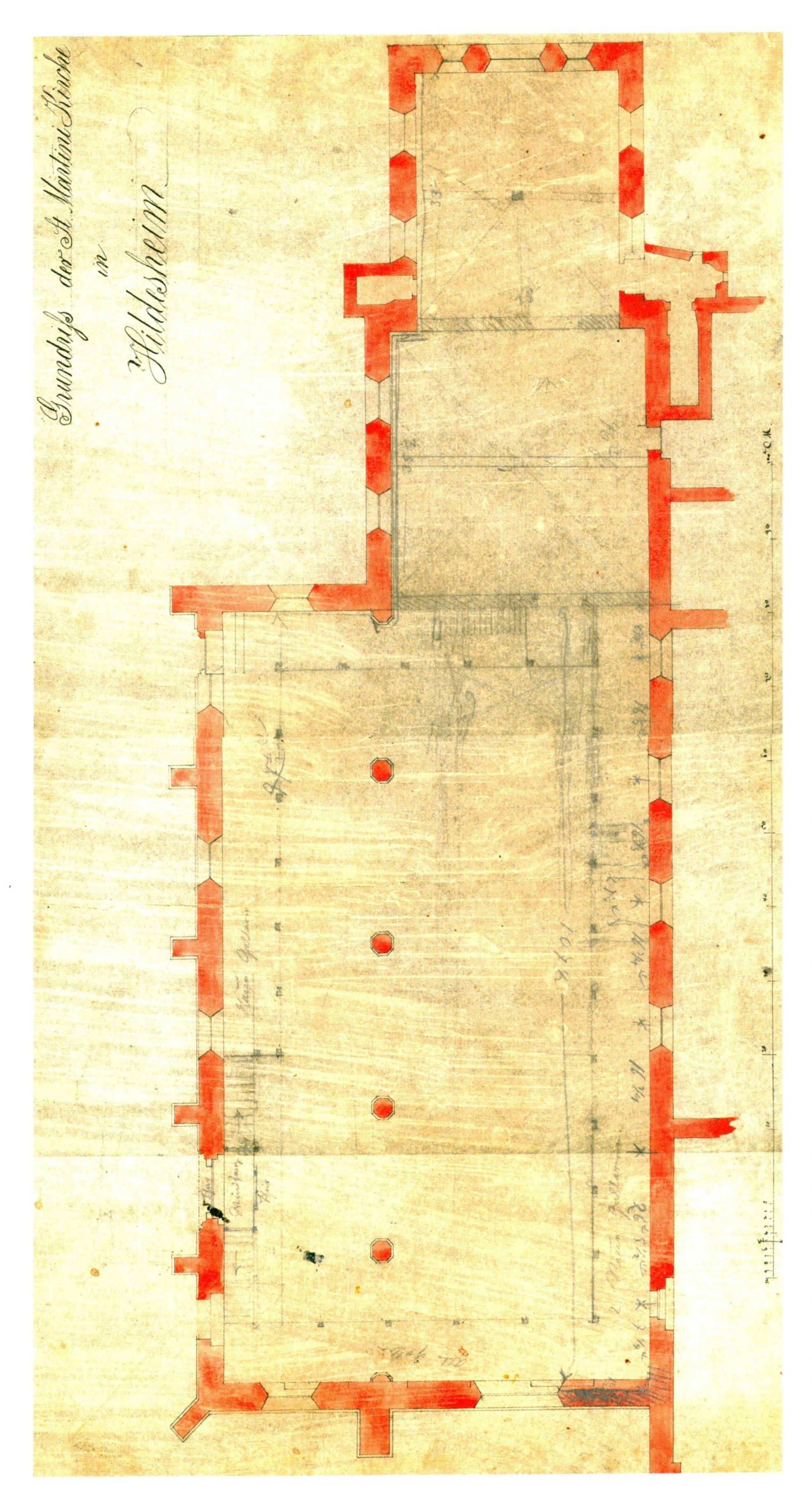

„Grundriss der St. Martini-Kirche in Hildesheim". Aquarellierte Bleistiftzeichnung (um 1857) von Conrad Wilhelm Hase für den Umbau der Kirche zum Museum. Für die Nutzung der Kirche zu musealen Zwecken mussten etliche Veränderungen vorgenommen werden, die hier in Bleistift eingetragen sind. Um möglichst viel Platz zu schaffen, wurde in das Kirchenschiff eine umlaufende hölzerne Galerie eingezogen und die ehemaligen Chor- und Altarräume zweigeschossig ausgebaut. Gut zu sehen sind auf dieser Zeichnung viele ältere Details, die später verändert wurden, wie zum Beispiel der kleine Raum zwischen der südlichen Chorwand und dem Fachwerkflügel, also der Bereich durch den die Brüder nach den nächtlichen Stundengebeten über die Schlaftreppe in den im Obergeschoss gelegenen Schlafsaal (Dormitorium) gelangten. Aber auch der Anschluss des westlichen Konventgebäudes, in dem der Pfarrer seine Wohnung hatte, ist mitsamt des Kirchenportals noch vorhanden.
Stadtarchiv Hannover, Nachlass Hase Nr. 302

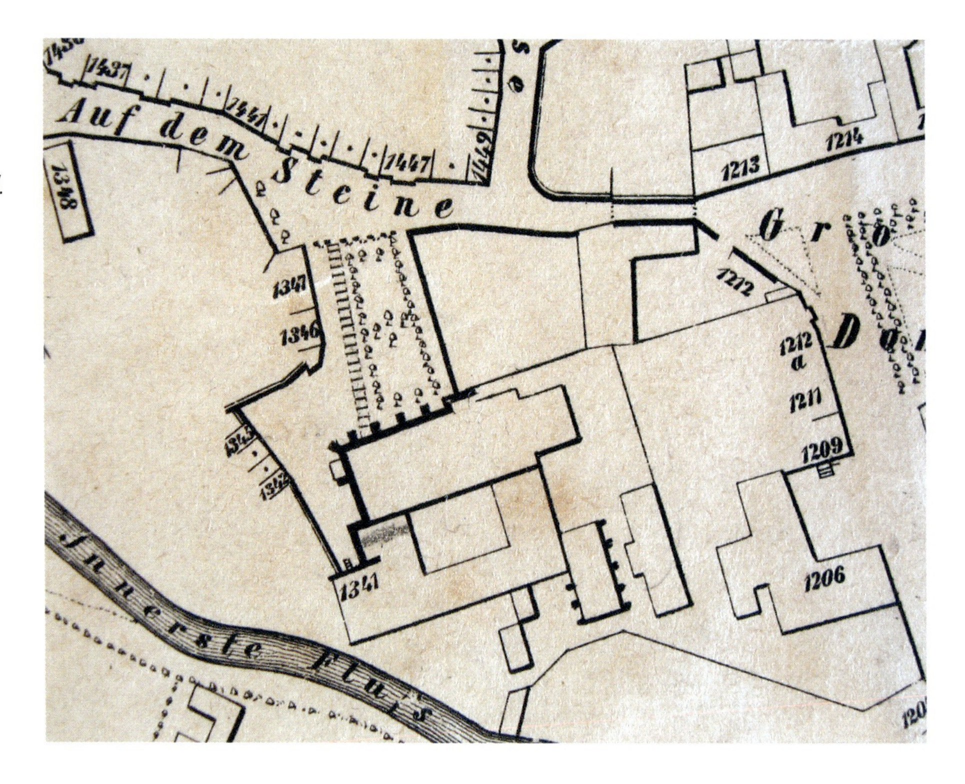

Ausschnitt aus einem Stadtplan aus der Zeit um 1856. Gut zu sehen ist, wie das Pfarrhaus an die Martinikirche anschließt. Links daneben (Nr. 1341) wohnte Pastor Hardeland. Selbst der kleine Anbau an der Westfassade der Martinikirche neben dem Strebepfeiler ist eingetragen. Stadtarchiv Hildesheim Best. 950 Nr. 66 b

wurde in jenem Jahr abgerissen, wobei dessen Nordwand, die im 14. Jahrhundert ein Teil der Kirche geworden war, stehenblieb. Sie ist noch heute vorhanden und durch Maueranker mit dem Westgiebel der Martinikirche gesichert. Im Erdgeschoss ist das Mauerwerk fassadenseitig erneuert worden, so dass der Zugang zum Westflügel hier nicht mehr auszumachen ist.

Zum neuen Museum gehörte auch die ehemalige Sakristei, die unmittelbar südlich an den Chor der Kirche schließt und nun instandgesetzt wurde. Sie erhielt ein neues, höher gelegenes Portal zur Kirche. Hier sollte die Sammlung prähistorischer Altertümer ausgestellt werden.

Um einen repräsentativen Eingang zu schaffen, errichtete Hase vor dem nördlichen Hauptportal einen Vorbau in gotischen Formen. Es besaß die für die Zeit typischen Zinnen und einen Zugang mit Schulterbogen. Das Portal wurde nach 1945 einige Meter westlich versetzt und befindet sich seit der 1979 erfolgten Wiedereinrichtung der Martinikirche zum Museum südlich des Chores.

Der Umbau der Martinikirche war erheblich teurer geworden, als ursprünglich veranschlagt, da während der Bauarbeiten wiederholt Veränderungen anstanden. Allein der Bau der Emporen, der Vorhalle, der Wendeltreppe, die Vergrößerung der Fenster und weitere bauliche Maßnahmen hatten die Summe um rund 2500 Taler überschritten.[8] Durch diesen finanziellen Engpass verzögerte sich die Vollendung des Baus um ein Jahr. Ermöglicht wurde der Umbau schließlich aber auch, weil Hase ihn als einen Freundschaftsdienst ansah, wie Roemer im Jahresbericht notierte: *Es ist hier aber auch der Ort, der Uneigennützigkeit des Herrn Baurath Hase in Hannover zu gedenken, welcher ungeachtet vieler Mühewaltungen und vielfacher Belästigungen auf die ihm zustehende Honorarforderung verzichtete* [...].[9]

Nach zwei Jahren Bauzeit, am 10. April 1859, konnte das neue Museum eröffnet werden. Abgesehen von der wenig schmeichelhaften Schilderung des französischen Gelehrten E. Del Monte von 1883, haben wir nur spärliche Beschreibungen, wie die Bestände geordnet waren.[10] Leider sind aus dieser frühen

Vorzeichnung in Bleistift für ein Aquarell aus dem Jahr 1868. Der Haupteingang war von Hase mit einem Vorbau versehen worden. Zu erkennen sind ein Schulterbogenportal und ein Türmchen mit Zinnen. Das Zwerchhaus mit dem Glockenstuhl auf dem Dach stammt aus dem Jahr 1723. Rechts ist noch ein Fachwerkhaus zu sehen, das zur Bocholtzschen Kurie gehörte und 1885 abgerissen wurde.
Bildsammlung Roemer-Museum Inv. Nr. H 8031

Zeit auch keine Fotos bekannt, die über die Konzeption der Ausstellung Auskunft geben können. Aufnahmen des bekannten Architekturfotografen Franz Heinrich Bödeker (1836-1917) dokumentieren jedoch den Zustand der Martinikirche um 1903, also erheblich später, als Hermann Roemer bereits verstorben war und der neue Direktor Achilles Andreae (1859-1905), ein Professor für Geologie aus Heidelberg, bereits mehrfach eine neue systematische Ordnung der Sammlungen vorgenommen hatte. Dennoch geben diese Fotos einen guten Eindruck von der umgebauten Martinikirche. Im Mittelschiff befand sich die zoologische Sammlung und auf der sämtliche vier Wände umlaufenden hölzernen Galerie standen die Vitrinen mit Insekten, Fischen, Korallen und der Eiersammlung. Die nördliche Galerie war erst in der Zeit zwischen 1880 und 1883 von drei Metern bis zu den Pfeilern auf 6,60 m verbreitert worden, um mehr Ausstellungsfläche zu erhalten.[11]

Der ehemalige Chor wurde vom Mittelschiff durch eine Wand getrennt und zweigeschossig ausgebaut, wodurch mehrere neue Räume geschaffen werden konnten. Hier standen jetzt Tischvitrinen mit den Versteinerungen.

Aus Geldmangel war es nicht möglich, die neuen Museumsräume so opulent auszuschmücken, wie es damals dem Zeitgeist entsprach. Doch gerade diese schlichte Ausstattung gefiel dem Redakteur der Deutschen Bauzeitung, K. E. O. Fritsch, die er 1888 rühmte: *Für eine künstlerische Ausstattung der so gewonnenen Räume fehlte es an Mitteln. Man beschränkte sich auf einfache Abfärbung der Wände und sparsamste Verzierung der mit geputzten Zwischenfeldern versehenen Balkendekken durch farbige Linien usw.; dem Gallerie-Bau im Hauptschiff der Kirche wurde seine schlichte Konstruktions-Form gelassen. Aber wenn es eines Beweises dafür bedurft hätte, dass Sammlungs-Räume einer anspruchsvollen Dekoration, welche die Aufmerksamkeit von dem Inhalte derselben nur gar zu leicht ablenkt, überhaupt nicht bedürfen, so ist er in Hildesheim geliefert worden: Niemand wird hier nach einem andern Schmuck verlangen, als ihn die zur Schau gestellten Gegenstände an sich den Räumen gewähren. Die Beleuchtung, welche dieselben durch die hohen Kirchenfen-*

ster erhalten, ist die denkbar vorzüglichste; namentlich in dem zerstreuten Licht des großen Haupt-Saals kommen dieselben in einer Weise zur Geltung, dass man nur wünschen kann, noch andere überflüssig gewordene Kirchen-Gebäude in gleicher Weise nutzbar gemacht zu sehen.[12]

Erste Erweiterungen – Umbau des alten lutherischen Waisenhauses und Bau des neuen Waisenhauses

Über die Jahrhunderte war das alte, 1750 umgebaute Waisenhaus im Ostflügel des ehemaligen Martiniklosters baufällig und marode geworden. Um die Kinder in angemessenen Verhältnissen unterbringen zu können, musste etwas geschehen. Bereits 1856 hatte das „Armen-Administrations-Collegium“ erwogen, das alte

Von dem Umbau unter Conrad Wilhelm Hase hat sich noch das Eingangsportal erhalten, das nach 1977 an die Südwand verlegt wurde. Unmittelbar links, zwischen Portal und Fallrohr, ist als vertikale Baufuge der ehemalige Zugang von der Kirche zum Dormitorium zu erkennen. Er führte jedoch nicht nach außen, sondern in einen kleinen Vorbau, der sich hier noch bis 1857 befand. Aufnahme Kozok 2007

„Museum". Diese um 1859 oder 1870 entstandene Lithographie von Robert Geissler zeigt die Martinikirche nach ihrer Einrichtung als Museum. Der baumbestandene Friedhof ist mit einem Jägerzaun eingefasst. Davor ist der „Stein" zu sehen, auf dem ein Wandersmann sitzt. Den Eingang zum Museum hatte Hase mit einem neugotischen Vorbau versehen, deren Schulterbogenportal und Zinnenkranz hier gut zu erkennen sind. Stadtarchiv Hildesheim Best. 951 Nr. 397

Pfarrhaus, das der Vorstand der Martinikirche zum Verkauf angeboten hatte, zu erwerben, *um entweder die baufälligen und feucht belegenen Wohnlokale des jetzigen Waisenhauses in das Pfarr-Gebäude* [zu] *verlegen, oder nach dessen Abbruch auf dem Bauplatze ein neues Waisenhaus ausführen zu können.*[13] Doch noch 1861 war nichts geschehen, der Waisenhausvater beklagt sich: *Dieser schlechte Zustand der Baulichkeit wirkt sich in hohem Grade nachtheilig auf die ganze Anstalt ein, giebt ihr den Anschein des Verfalls und der Vernachlässigung* [...].[14] Die Entscheidung fiel schließlich zugunsten eines Waisenhausneubaus und Abriss des Pfarrhauses.

Somit stand das alte Waisenhaus, also der südlich an das Kirchenschiff angrenzende, sogenannte „Fachwerkflügel", zum Verkauf. Damit ergab sich 1865 eine Möglichkeit zur Erweiterung des Museums. Der Museumsverein zögerte nicht lange, kaufte trotz des schlechten baulichen Zustands den „Fachwerkflügel" samt der Portiuncula im August 1865 für 2500 Taler an und ließ ihn von dem Hildesheimer Architekten Georg Schulze (1837-1871) zu Museumsräumen ausbauen.[15]

Bei dem sogenannten „Fachwerkflügel" handelte es sich, wie beschrieben, um den ehemaligen östlichen Konventflügel des Klosters. Seinen Namen hatte der Flügel aufgrund seiner Fachwerkausführung des Obergeschosses erhalten. Hier befanden sich die Sakristei und weitere Räume, die 1750 zum Waisenhaus umgebaut worden waren.

Weshalb der Museumsverein trotz finanziellen Risikos die Gelegenheit beim Schopfe packte und beherzt das Kaufangebot annahm, obgleich er sich wieder

Blick in das Mittelschiff nach Osten. Der ehemalige Chor wurde vom Mittelschiff durch eine Wand abgetrennt und zweigeschossig ausgebaut, wodurch mehrere neue Räume geschaffen worden waren. Aufnahme von Franz Heinrich Bödeker um 1903. Stadtarchiv Hildesheim Best. 953 Nr. 2406

Der ehemalige Chor war nun zweigeschossig. Wir blicken in den Saal 25 (Geologie), also in das neue Obergeschoss. Hier standen die Tischvitrinen mit den Versteinerungen. Die ursprünglichen Ostfenster der Kirche waren erst durch einen Anbau von 1885 als Durchgang konzipiert worden. Aufnahme von Franz Heinrich Bödeker um 1903. Stadtarchiv Hildesheim Best. 953 Nr. 2405

Im Mittelschiff konnten hochaufragende Exponate ausgestellt werden, wie die 6 m hohe Riesengiraffe aus Südwestafrika. Aufnahme von Franz Heinrich Bödeker um 1903.
Stadtarchiv Hildesheim Best. 953 Nr. 2483

Im Chor der Martinikirche (Obergeschoss) befand sich die Geologie mit der Gesteinssammlung. Vor dem Riesenammonit von Seppenrade stehen der Schmetterlingsforscher Augustus Radcliff Grote (links) und Professor Achilles Andreae (rechts). Andreae war bis zu seinem Tod 1905 Leiter des Museums. Aufnahme von Franz Heinrich Bödeker um 1903.
Stadtarchiv Hildesheim Best. 953 Nr. 2387

Ein fränkischer Krieger und ein römischer Legionär „bewachen" regelrecht den Zugang zur Sakristei. Wir stehen hier im Saal 9, dem ersten prähistorischen Saal im ehemaligen Chor der umgebauten Martinikirche (Erdgeschoss). Rechts im Bild ist noch der einstige Zugang zum Kreuzgang zu erkennen. Aufnahme von Franz Heinrich Bödeker um 1903.
Stadtarchiv Hildesheim Best. 953 Nr. 2407

verschuldete, lesen wir im Jahresbericht. Auf die Möglichkeit die Räume des Museums erweitern zu können, hätte *für alle Zukunft verzichtet werden müssen.* Zudem bestand die Befürchtung, *daß dem Museum in jedem anderen Erwerber jenes Gebäudes leicht ein sehr unbequemer oder gar gefährlicher Nachbar werden könne.*[16]

Georg Schulze ist wie viele andere Hildesheimer Architekten dieser Zeit eher unbekannt. Auf Norderney 1837 geboren, hatte er von 1853 bis 1858 an der Polytechnischen Hochschule Hannover Architektur studiert und *ging aus derselben als einer der tüchtigsten Schüler seines genialen Lehrers Hase hervor,* wie es in seinem Nachruf hieß.[17] Er war 1859 mit der Bauleitung der Godehardikirche betraut worden, dessen Restaurierung Conrad Wilhelm Hase damals in Angriff genommen hatte. 1862 ließ sich Schulze als selbständiger Architekt in Hildesheim am Godehardikirchhof Nr. 1171 nieder.[18] Zu dieser Zeit begann seine Lehrtätigkeit an der von ihm errichteten Höheren Gewerkeschule am Dammtor, das spätere Real-Gymnasium. 1869 siedelte er nach Kassel über, um dort das Amt des Stadtbaumeisters zu übernehmen. Dort verstarb er 1871.

Schulze begann 1865, wie es damals hieß, *Unter dem Beirath* Hases das alte Waisenhaus umzugestalten: *So sind die hintersten Säle im städtischen Museum unter anderm mit einer prachtvollen Holzdecke und manchem schönen Inventarstück ausgestattet worden.*[19]

Zeitgleich mit dem Umbau des Ostflügels begann Schulze 1865 mit dem Bau des neuen Waisenhauses im neugotischen Stil auf den Fundamenten des abgerissenen Westflügels. Dort hatten – wie beschrieben – ursprünglich das westliche Konventgebäude des ehemaligen Martiniklosters, in das später der Pfarrer der Martinikirche einzog, sowie das Pastoratshaus gestanden.[20] Diese Gebäude muss-

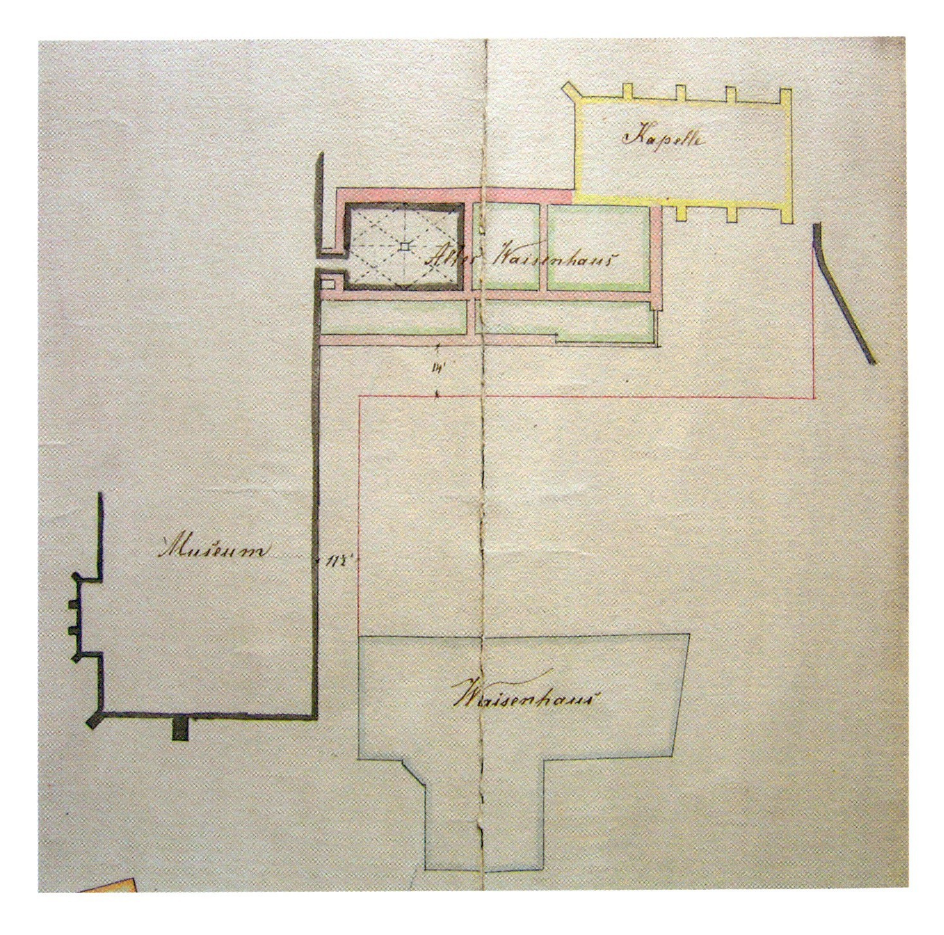

„Situationsplan über den, dem Museo verkauften Theil des lutherischen Waisenhauses". Diese 1865 angefertigte kolorierte Federzeichnung stellt sowohl das alte, als auch das neue Waisenhaus dar. Sie verdeutlicht die Situation: grau umrandet ist das Museum mit der Sakristei und rosa gekennzeichnt sind die neu hinzugekommenen Räume des alten Waisenhauses.
Stadtarchiv Hildesheim Best. 950 Nr. B7 / 10

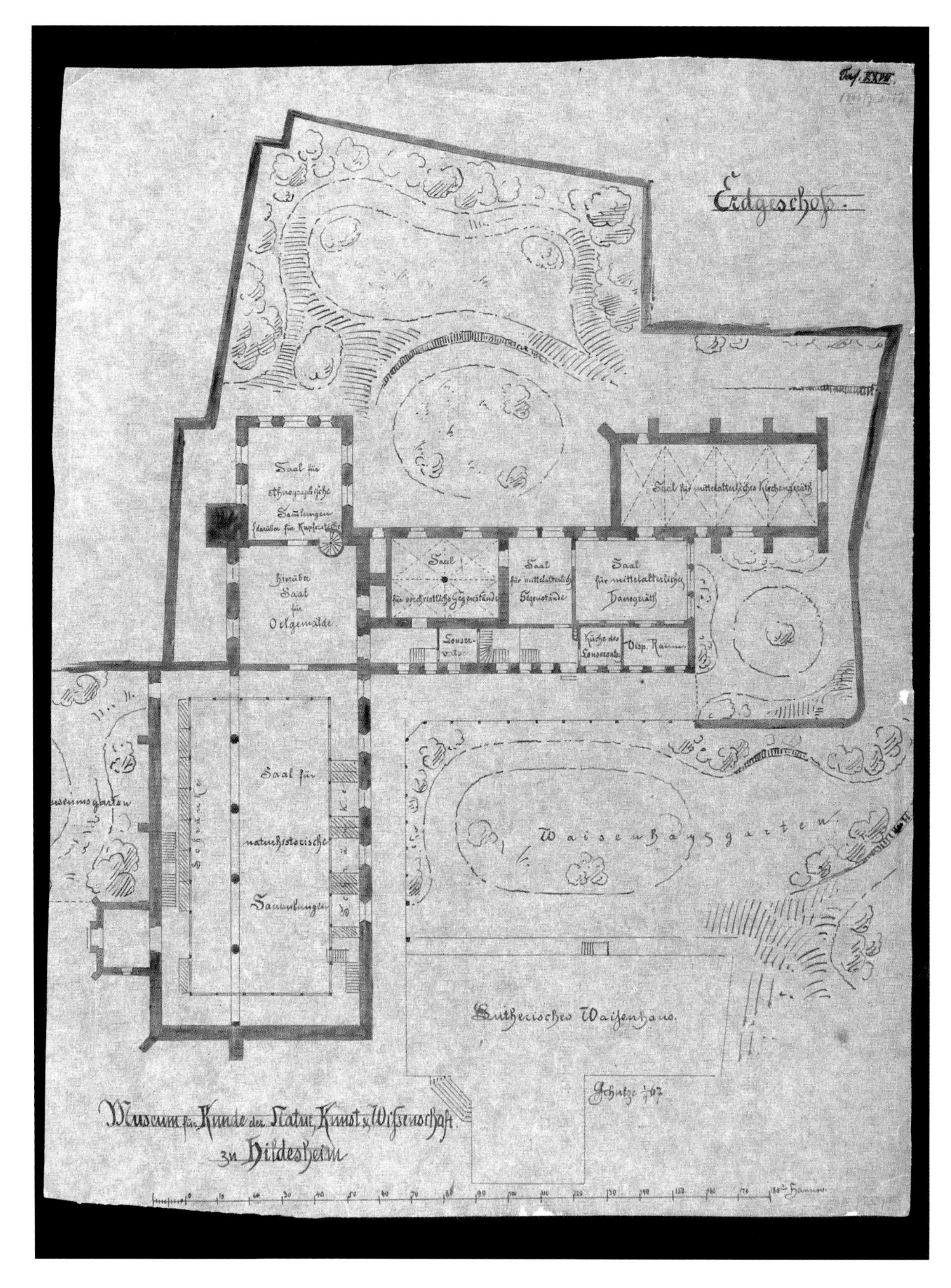

Entwurf für den Umbau und die neue Nutzung des Museums von Georg Schulze aus dem Jahr 1867. Lavierte Federzeichnung, geostet. Niedersächsisches Hauptstaatsarchiv Hannover, Karte 250 B /35 pm

Blick von Osten auf den Fachwerkflügel mit dem Eingang zur Sakristei. Rechts schließt die Martinikirche an. Aufnahme von Franz Heinrich Bödeker um 1903.
Stadtarchiv Hildesheim Best. 953 Nr. 2532

Die ehemalige Sakristei (Saal 14) mit der prähistorischen Sammlung. Zu sehen sind unter anderem Tontöpfe, Vasen und ein Bohlweg. Aufnahme von Franz Heinrich Bödeker um 1903. Stadtarchiv Hildesheim Best. 953 Nr. 2385

ten nun dem Neubau weichen. Schulze verwendete die massiven Kellermauern des Westflügels wieder und auch die Fundamente des Pastoratshauses, wodurch sich die verschachtelte Grundrissgestalt ergab. Das aus dem Abbruch der alten Gebäude gewonnene Baumaterial wurde sowohl verkauft als auch für den Neubau verwendet. Der Eingang zum Waisenhaus lag nun eingebettet im Winkel von zwei Flügeln, über dem sich ein großes spitzbogiges Fenster und ein kleiner Turm mit hoher Haube erhoben. Wie damals üblich, bestand das Mauerwerk aus Backsteinen mit einer Außenschale aus Werksteinen.

Nachdem der Bau des neuen Waisenhauses 1866 fertiggestellt war, zogen die Waisenkinder aus dem unmittelbar gegenüberliegenden Gebäudetrakt um. Am 9. September 1866 erfolgte die feierliche Einweihung mit einem Festzug vom alten zum neuen Haus.[21]

Eine von Georg Schulze signierte und in das Jahr 1867 datierte, bisher unveröffentlichte Zeichnung (s. S. 76) hat sich im Stadtarchiv Hannover erhalten, die den Zustand nach dem Umbau sehr schön zeigt. In den einzelnen Räumen ist jeweils eingetragen, was ausgestellt werden sollte: der südlich der Sakristei folgende *Saal für mittelalterliche Gegenstände* und der danach anschließende dritte Raum *im gothischen Style* war für mittelalterliche Hausgeräte vorgesehen. Unter anderem finden wir dort Waffen, Ton- und Glasgefäße, Schmucksachen, Mineralien, Inkunabeln, Urkunden und Siegel.[22] Im ehemaligen Kreuzgang, dem sogenannten

Im Anschluss an die Sakristei folgten südlich zwei Säle mit romanischen Kunstdenkmälern, wie hier der Saal 16. Es handelte sich um nachbehandelte Gipsabgüsse des Bildhauers Helfried Küsthardt. Zu sehen sind hier die Nachbildungen des Braunschweiger Löwen und der Chorschranke der Michaeliskirche. Für die Kinder waren oftmals Miniaturausgaben der Exponate angefertigt worden, die direkt unterhalb der größeren Vorbilder standen, wie zum Beispiel die Figur des Löwen mit seinem passenden Sockel. Aufnahme von Franz Heinrich Bödeker um 1903. Stadtarchiv Hildesheim Best. 953 Nr. 2397

„Apostelgang", waren Räume für den Konservator und ein „Dispositions Raum" vorgesehen. Interessant ist, dass Schulzes Konzept für die Gestaltung der Freiflächen damals umgesetzt wurde und zum Teil noch heute vorhanden ist.

Wer also heute südlich des Roemer- und Pelizaeus-Museums am still dahinfließenden Mühlengraben den Palandtweg entlanggeht, dem ist möglicherweise nicht bekannt, dass das steinerne neugotische Gebäude über viele Jahre – von seiner Erbauungszeit im Jahr 1866 bis 1909 – Waisenkinder beherbergt hat. Nach dem Auszug der Waisenkinder in den Neubau von Stadtbaurat Hermann Seevers in der Tappenstraße wurde das Gebäude zum Ägyptischen Museum umgebaut und damit der Grundstein für das so ungemein erfolgreiche Pelizaeus-Museum gelegt. Heute befinden sich hier die Verwaltung, die Werkstatt und die Bibliothek des Museums.

Die Neuaufstellung in der Portiuncula

Die „gothische Capelle", also die Portiuncula, sollte kirchliche Gegenstände aufnehmen, sie wurde jedoch zunächst vom Museumsverein noch bis 1873 an die Loge zum Stillen Tempel vermietet.[23] Erst von 1880 bis 1882 erfolgte schließlich die Neuaufstellung in der Portiuncula.

Im Obergeschoss der Portiuncula (Saal 21) befand sich die Sammlung mit den sakralen Altertümern, wie dem Altar aus dem Trinitatishospital an der Stirnwand oder der Nachbildung des Grabes Bischof Godehards. Aufnahme von Franz Heinrich Bödeker um 1903. Stadtarchiv Hildesheim Best. 953 Nr. 2377

Der Anbau von 1879

Ein großes Problem war das Fehlen von beheizbaren Arbeitsräumen, und so entstand auf der Nordseite der Kirche 1879 ein erster Anbau. Mit zwei übereinander liegenden Räumen besaß das Museum nun ein Sitzungszimmer und einen Packraum. Der Anbau war so konzipiert, dass er im Fall eines Neubaus auf dem Areal des ehemaligen Friedhofs im Norden der Kirche hätte verlängert werden können, was tatsächlich aber nie geschah.

Das Museum wächst weiter

Die Sammelleidenschaft der Hildesheimer Bürger war ungebrochen. Mittlerweile waren aus den unterschiedlichsten Ländern der Erde die wertvollsten Geschenke eingetroffen. Eines der bedeutendsten Stücke, die dem Museum eine ungemeine Belebung brachte, war der römische Silberfund. Am 17. Oktober 1868 hatten Soldaten eines preußischen Infanterie-Regiments bei Einrichtung eines Schießstandes am Fuße des Galgenbergs ein fast 80-teiliges Tafelsilber aus der frühen Kaiserzeit gefunden. Es handelte sich unter anderem um Prunkschalen, Maskenbecher, Krater, Dreifüße und Teller, sowie getriebene, gegossene und ziselierte Arbeiten von höchster Qualität. Durch die Auszahlung des Finderlohns war nach

Roemer-Museum, Saal 17: Die von Kaiser Wilhelm I. der Stadt Hildesheim 1871 geschenkte Nachbildung des Silberfundes aus der Werkstatt der Gesellschaft Christoffle. Aufnahme von Franz Heinrich Bödeker um 1903. Stadtarchiv Hildesheim Best. 979-2 Nr. 2/3

dem Gesetz der Schatz für Hildesheim verloren, daher kam der Fund bereits nur einen Monat später in die Antikensammlung nach Berlin. Kaiser Wilhelm I. schenkte jedoch der Stadt Hildesheim 1871 eine in Paris angefertigte Nachbildung des Silberfundes aus der Werkstatt der Gesellschaft Christoffle.[24]

Angekauft wurde in der Zeit zwischen 1871 und 1874 das prachtvolle Exemplar eines ausgestorbenen Riesenhirsches für 2063 Mark, *welcher für alle Zeiten eine der größten Zierden unseres Museums bilden wird* [...].[25] Durch derartige Exponate waren weitere Anbauten dringend notwendig geworden.

Die Anbauten im Osten der ehemaligen Kirche (1885 und 1891)

In östlicher Verlängerung der Martinikirche errichtete 1885 Stadtbaumeister Gustav Schwartz einen neuen Flügel. Dabei wurde das mittlere gotische Ostfenster der Kirche zu einem Durchgang umgestaltet. In seiner Formensprache wird der Anbau so geschickt gehalten, dass er sich kaum von dem mittelalterlichen Original unterschied.

Nur wenige Jahre später wird 1891 ein weiterer Anbau rechtwinklig nach Süden angelegt, auch er entspricht in seinen neugotischen Formen den bestehenden Bauten. Im Inneren der Anbauten befand sich die bedeutende Sammlung der Gipsabgüsse antiker Skulpturen, auf die das Museum besonders stolz war. Der

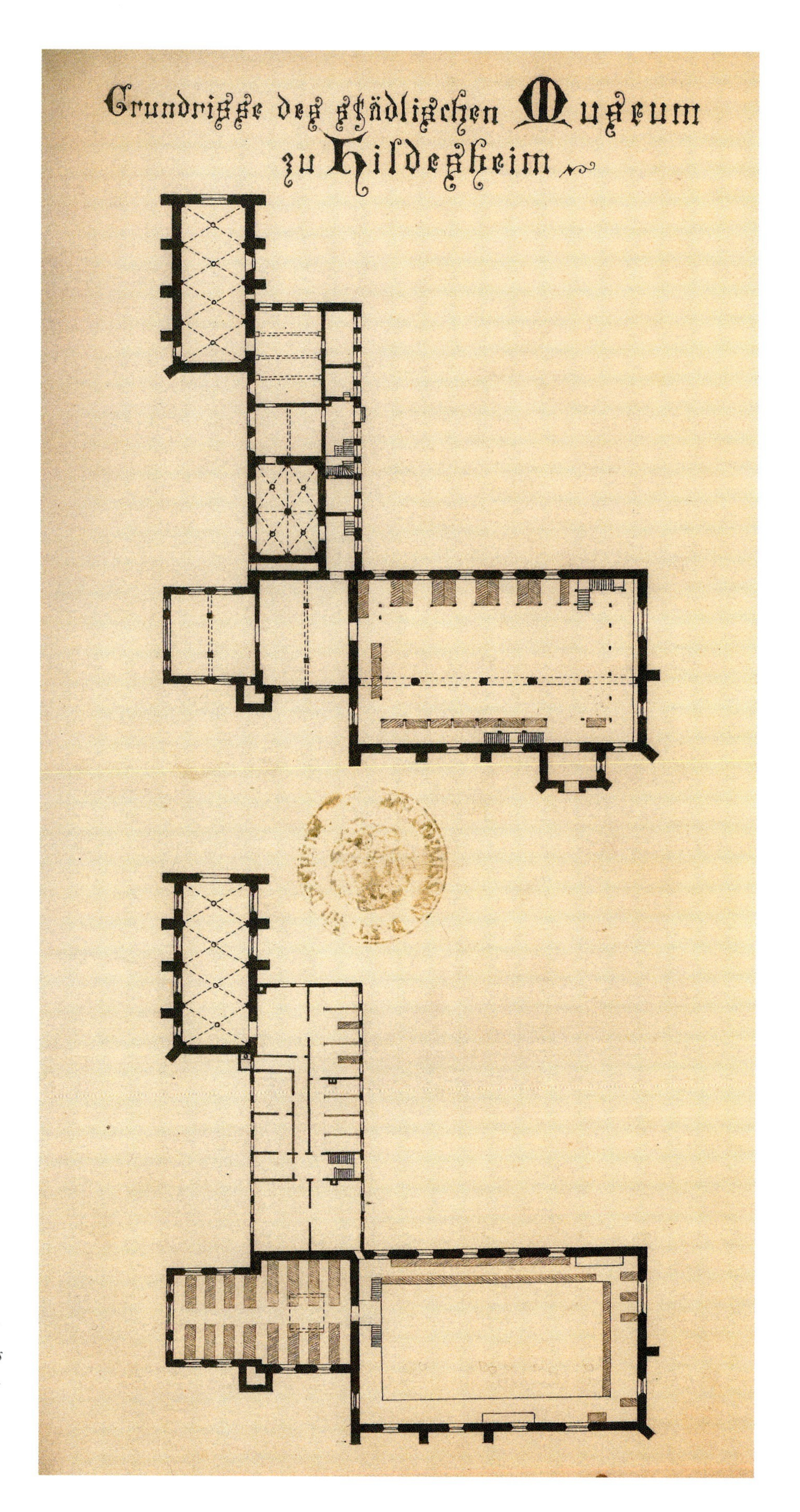

„Grundrisse des städtischen Museums zu Hildesheim". Tuschezeichnung aus der Zeit um 1880. Erd- und Obergeschoss, gesüdet.
Stadt Hildesheim, Bauverwaltung, Hausakte „Am Steine 1 und 2"

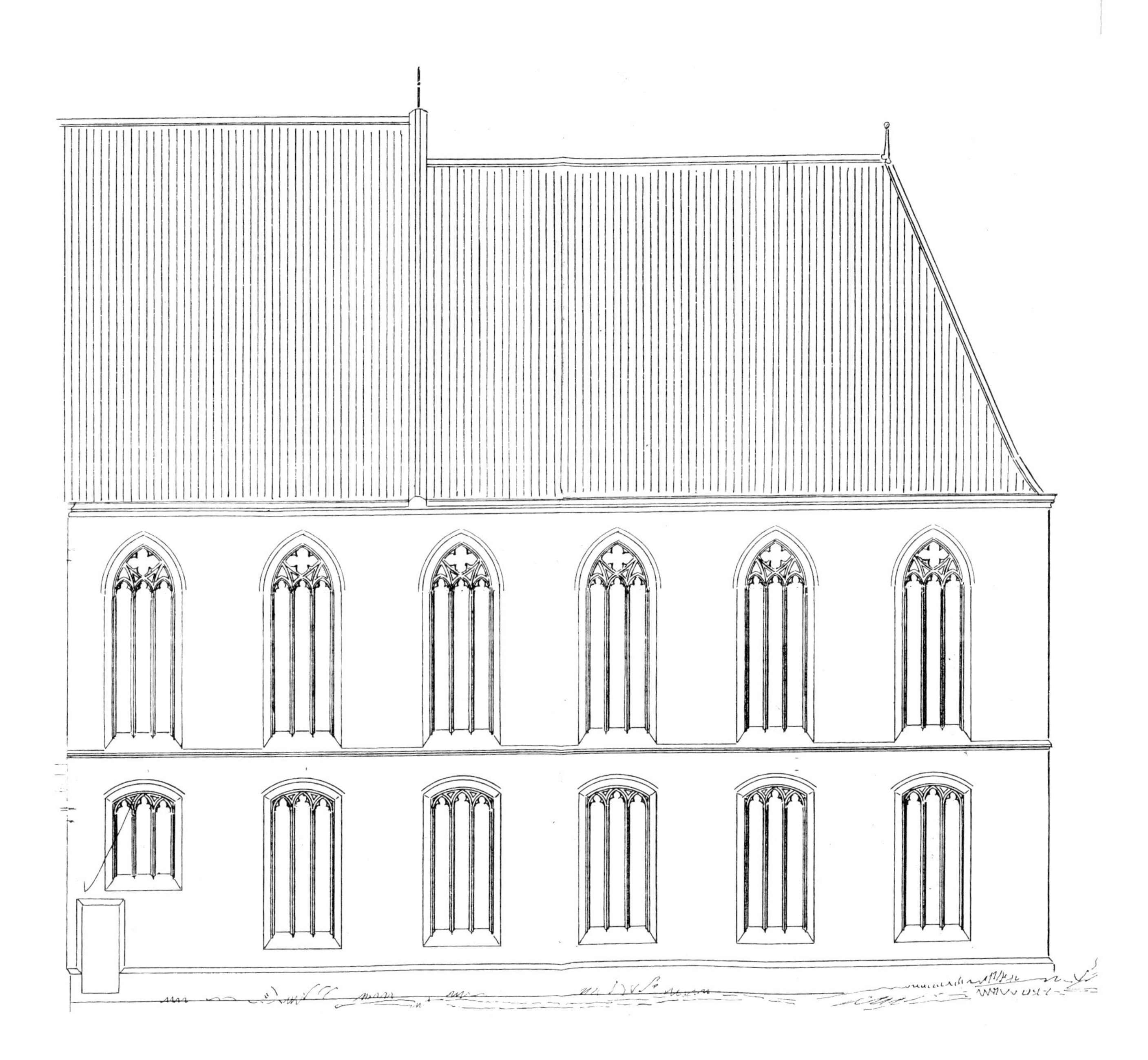

„Erweiterung des Museum zu Hildesheim. Chorflügel". Diese Zeichnung von Stadtbaumeister Gustav Schwartz aus dem Jahr 1885 verdeutlicht, wie sehr er sich an den bestehenden Bauformen der Martinikirche orientierte. Links: der Chor der Martinikirche, rechts der Neubauentwurf. Stadtarchiv Hildesheim Best. 102 Nr. 8390

zweite Anbau stand nach 1945 noch viele Jahre als Ruine, erst 1972 wurde er abgetragen. Heute führt hier ein Fußweg entlang.

Doch trotz der Erweiterungen platzte das Museum aus allen Nähten. Das lag zum einen daran, dass in dieser Zeit die Hildesheimer im großen Umfang ihre Fachwerkhäuser abrissen, um sie durch moderne Geschäftshäuser zu ersetzen. Die aufbewahrten, reich geschnitzten Füllbretter und Konsolen wanderten ins Museum und trugen ebenfalls zur Überfüllung bei. Zum anderen kamen aus der königlichen Gemäldesammlung in Berlin Ölgemälde als Leihgabe nach Hildesheim. In den bisherigen beengten Räumen konnten die großformatigen Exponate nicht zur Geltung kommen, so dass ein Neubau unvermeidlich war.

In östlicher Verlängerung der Martinikirche wird 1885 von Gustav Schwartz ein neuer Flügel angesetzt. Nur wenige Jahre später erhält er 1891 einen weiteren, rechtwinklig nach Süden angelegten Anbau. Wir stehen im heutigen Brunnenhof. Links ist der Chor der Martinikirche angeschnitten. Dann folgen rechts die Neubauten.
Das rechte Gebäude stand noch bis 1972 als Ruine. Heute führt hier ein Fußweg entlang. Aufnahme von Franz Heinrich Bödeker um 1903.
Stadtarchiv Hildesheim Best. 953 Nr. 2393

Im Erdgeschoss des 1891 errichteten Anbaus (Saal 13) standen die Gipsabdrücke griechischer Statuen. Nach Roemers Vorstellung sollte „die ganze Welt in Hildesheim im Museum" dargestellt werden. Es ging ihm nicht nur darum, die Zeugnisse der Vergangenheit zu bewahren, sondern ein breites Publikum aus allen Schichten zu erreichen und im Sinne einer Volksbildung die Bildung der Besucher in einer Art „Schule der Anschauung" zu formen. Die einzelnen aufgestellten Gegenstände repräsentierten die Phasen der Weltgeschichte. Ein Gang durch das Museum war ein Gang durch die Kulturgeschichte der Menschheit. Was also nicht im Original vorhanden war, wurde in Gips nachgebildet.
Stadtarchiv Hildesheim Best. 953 Nr. 2574

Die Figuren waren so aufgestellt, dass sie Seitenlicht erhielten. Auf diese Weise wirkten sie erheblich plastischer. Hier konnten die Besucher die Gewandfalten der Karyatiden der Akropolis in Athen oder die Haarlocken des Diskuswerfers von Myron mit Muße studieren. Aufnahme von Franz Heinrich Bödeker um 1903.
Stadtarchiv Hildesheim Best. 979-2 Nr. 2/3

Das „Städtische Museum", später „Roemer-Museum" genannt, mit dem „Stein" im Vordergrund. Errichtet wurde es in den Jahren von 1885 bis 1887 vom Stadtbaumeister Gustav Schwartz unter Mitwirkung Hermann Roemers. Rechts ist der Westbau der Martinikirche und im Hintergrund mit dem Eckturm das 1866 errichtete Lutherische Waisenhaus zu erkennen. Aufnahme von Franz Heinrich Bödeker zwischen 1895 und 1902.
Stadtarchiv Hildesheim Best. 953 Nr. 13

<
Im Saal 27 stand das beeindruckende Skelett eines ausgestorbenen Riesenhirsches, „welcher für alle Zeiten eine der größten Zierden unseres Museums bilden wird." Im Vordergrund: versteinerte Mammutknochen. Aufnahme von Franz Heinrich Bödeker um 1903.
Stadtarchiv Hildesheim Best. 979-2 Nr. 2/3

Das neue Vordergebäude Am Steine (1885-1887)

Die Hände schnell in einem nahen Brunnen gesäubert, traten wir dann in das Museum. Wohl Mancher hatte von uns geglaubt, irgend eine unbedeutende Provinzial-Sammlung dort zu finden, aber – weit gefehlt. 60 Jahre hat unser Führer, Herr Senator Roemer, gesammelt und zusammengetragen, aufgekauft und herangeschleppt, gleichviel, woher es stammte, wie er selbst sagte, wenn es nur schön und lehrreich war. Was er nicht im Original herbeischaffen konnte, mußte in getreuen Abbildern nachgeahmt werden, und wahrlich, jedem grösseren Museum kann sich das Hildesheimer, nicht in seiner Reichhaltigkeit, wohl aber in den gediegenen Glanzstücken würdig zur Seite stellen.[1] So erlebten die Teilnehmer der Studienreise des Kunstgewerbe-Vereins zu Hamburg ihren Besuch des Roemer-Museums im Juni 1891, das damals bereits einen repräsentativen Neubau erhalten hatte.

Im Juli 1885 war mit dem Bau eines neuen monumentalen Museumsgebäudes begonnen worden, der unmittelbar an der Straße Am Steine lag. Architekt ist auch hier, wie bei den östlichen Anbauten, Stadtbaumeister Gustav Schwartz. Roemer selbst hatte für den neugotischen Bau *unter Zuziehung des Stadtbaumeisters Schwartz den Plan entworfen.*[2]

Das neue Museum trat als kompakter rechteckiger Baukörper in Erscheinung. Ganz geschickt war das Treppenhaus in den Neubau mit einbezogen worden,

„Neues Museum zu Hildesheim“. Entwurfszeichnung für einen Neubau des Städtischen Museums (Roemer-Museums) aus der Zeit um 1884/85. Aquarellierte Tuschezeichnung.
Bildsammlung Roemer-Museum Inv. Nr. H 6650

indem es gleichzeitig als schmaler Verbindungsgang zum älteren Museum in der Martinikirche diente. Die Fassadenfront zur Straße am Stein war symmetrisch angelegt und besaß seitliche Risalite.

Hinter hohen Fenstern befand sich im Erdgeschoss nun die Sammlung der Gipsabgüsse der ägyptischen, assyrischen, griechischen und römischen Kunst ausgestellt.

Die Sammlung von Gipsabgüssen spielte eine zentrale Rolle in der inhaltlichen Konzeption der Museen zu jener Zeit. Vorbild waren die Berliner Museen mit ihrer möglichst chronologischen Abfolge der Skulpturen. Die Gesamtkonzeption des Roemer Museums stellte eine lückenlose Darstellung der Entwicklungsgeschichte der Kunst dar. Ein Rundgang durch das Museum bedeutete ein Rundgang durch die Kulturgeschichte der Menschheit. Was also nicht im Original vorhanden war, wurde in Gips nachgebildet.

Wie in einem kleinen von Roemer und seinem Nachfolger Andreae herausgegebenen Führer zu lesen ist, dienten die Gipsabgüsse dazu, die Besucher an der Schönheit der Meisterwerke der Griechen zu erfreuen. Sie sollten anhand dieser Sammlungen die Entwicklung der Kunst von den ältesten Zeiten bis in die ersten Jahrhunderte der christlichen Zeitrechnung verfolgen können. Doch der Hauptzweck bestand darin, *in jedem Besucher den Sinn für Schönheit anzuregen und zu fördern.*[3] Der Museumsleitung ging es also auch darum, mit den Gipsabdrücken ästhetische und wissenschaftliche Werte zu vermitteln: erst zu erfreuen, dann zu belehren.

Von der Straße aus nicht sichtbar war das Glasdach, das die Gemäldegalerie überdeckte und eine ausreichende Belichtung schuf. Hier befanden sich nun im

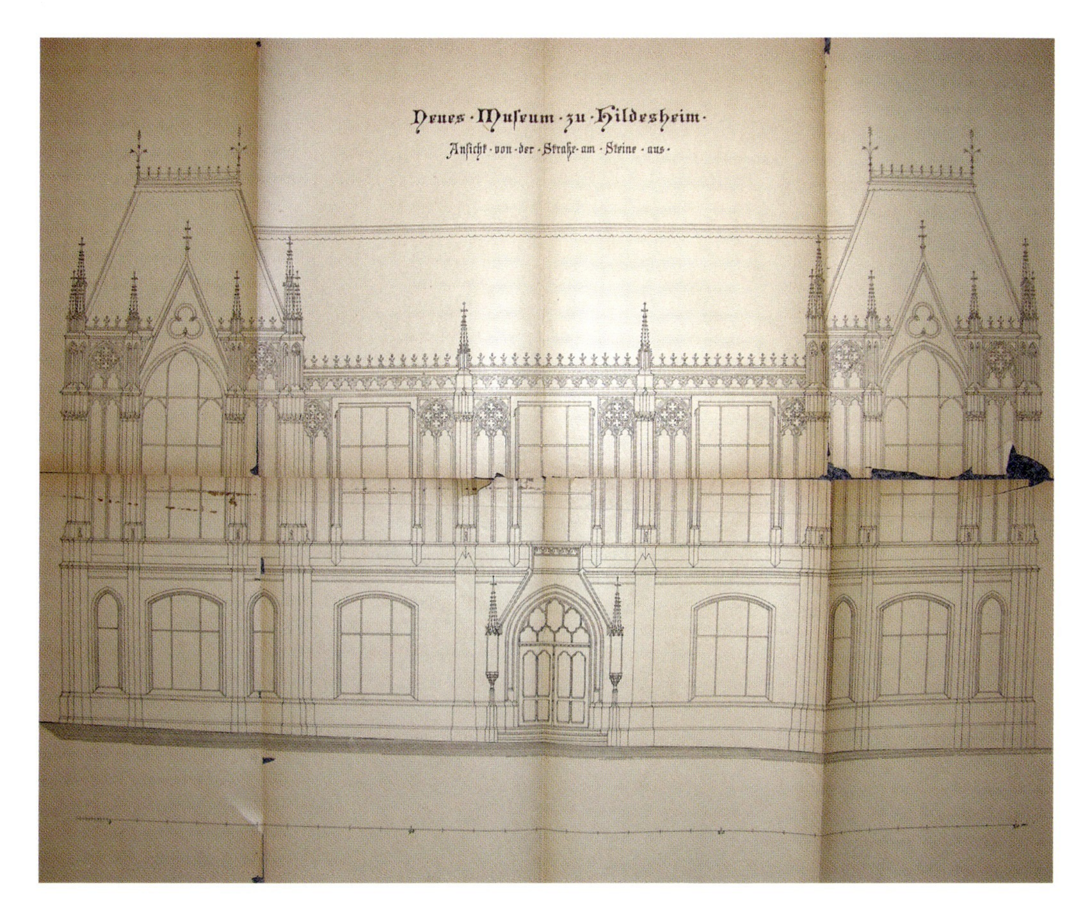

„Neues Museum zu Hildesheim. Ansicht von der Straße am Steine aus“. Nicht realisierte Entwurfszeichnung für den Neubau des Städtischen Museums (Roemer-Museum) aus dem Jahr 1885. Tuschezeichnung. Stadt Hildesheim, Bauverwaltung, Hausakte „Am Steine 1 und 2“

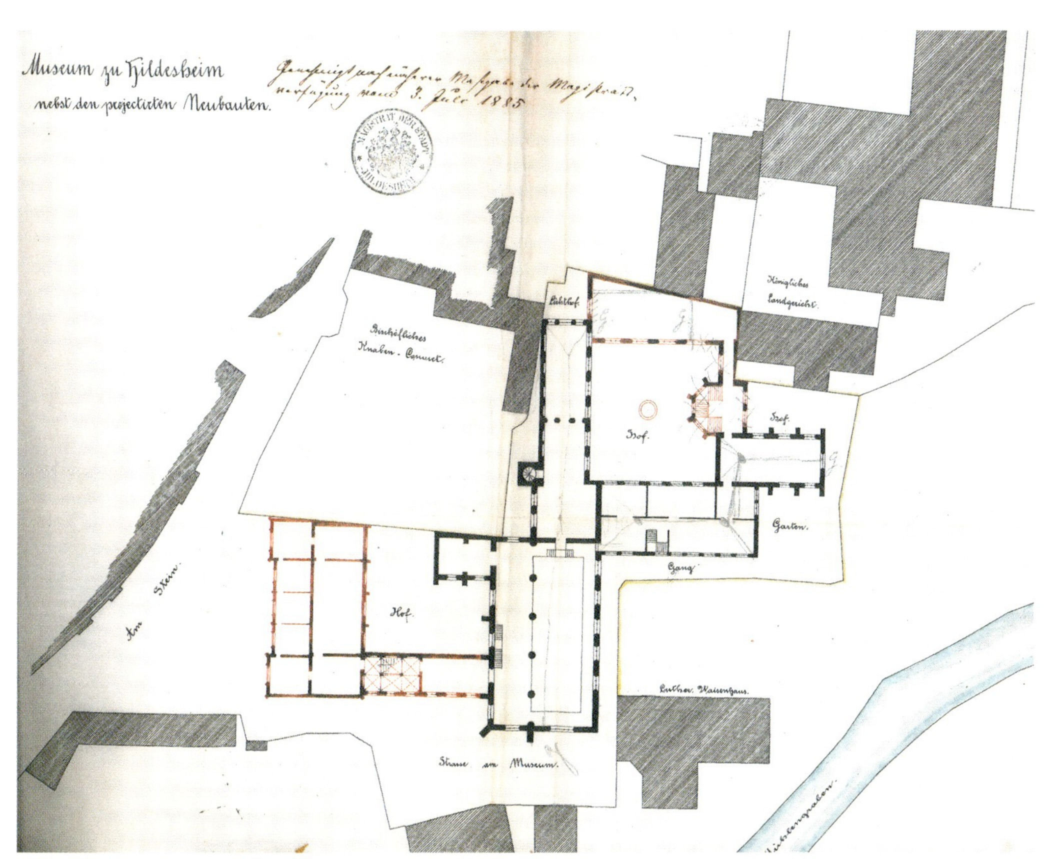

„Museum zu Hildesheim nebst den projectirten Neubauten.“ Gesamtgrundriss des Museums mit den geplanten Gebäuden aus dem Jahr 1884. Östlich des Fachwerkflügels war ein weiterer Innenhof mit einem Treppenhaus geplant, der jedoch bereits 1885 verworfen wurde. Kolorierte Tuschezeichnung. Stadt Hildesheim, Bauverwaltung, Hausakte „Am Steine 1 und 2“

Saal 31: Marmorstatue einer gefesselten griechischen Sklavin von dem Bildhauer Joseph von Kopf aus Rom. Kopf zählte im Deutschen Kaiserreich zu den bekanntesten Künstlern. Sowohl Adel als auch das betuchte Bürgertum schätzten seine naturalistischen Plastiken. Von dieser 1868 angefertigten Statue waren die Besucher besonders angetan, wie alten Stadtführern zu entnehmen ist. Es handelte sich nicht um ein für damalige Vorstellungen historisches Kunstwerk, sondern um „moderne Kunst." Diese Statue mit ihrem vornehmen fließenden Gewand ist ein schönes Beispiel dafür, dass im Laufe des 19. Jahrhunderts die Geschichte der Kunst an Aktualität gewonnen hatte. Sie wurde als zeitgemäß empfunden, sie galt es zu entdecken, zu erforschen und zu analysieren. Geschichte war für die Künstler eine nie versiegende Inspirationsquelle. Das Museum war mit derartigen Exponaten das, was es ursprünglich sein wollte: ein Musentempel. Ein Ort an dem ästhetische und wissenschaftliche Werte vermittelt wurden – erst erfreuen, dann belehren. Leider hat sich nur der Kopf der Statue erhalten.
Aufnahme von Franz Heinrich Bödeker um 1903
Stadtarchiv Hildesheim Best. 953 Nr. 2417

Vorbild für den Oberlichtsaal war der Gemäldesaal des Alten Museums in Berlin. Vielleicht können wir uns so das Gedränge im Roemer-Museum vorstellen. Holzstich von 1884. Aus: Museumsinsel Berlin, 2004

Saal 30, der „Oberlichtsaal", im ersten Obergeschoss des 1887 fertiggestellten Neubaus mit der Gemäldesammlung: Geschichte der Ölmalerei. Ein langgestrecktes – von der Fassadenfront aus nicht erkennbares – Oberlicht schuf eine ausreichende Belichtung für die in schweren Rahmen aufgehängten Ölbilder. Aufnahme von Franz Heinrich Bödeker um 1903. Stadtarchiv Hildesheim Best. 953 Nr. 2392

Obergeschoss die in schweren Rahmen aufgehängten Ölgemälde aus Berlin. Vorbild für den Oberlichtsaal war der Saal des Alten Museums in Berlin, wie Schwartz beschrieb: *Die Räume des zweiten Geschosses sind nach den neuesten Erfordernissen, und zwar in ihrer Form den vor kurzem umgebauten entsprechenden Räumen des Berliner Museums projektiert. Die fünf kleineren, an der Nordseite belegenen Räume haben Seitenlicht, die dahinterliegenden Oberlicht.*[4]

Die Ausstattung der Innenräume war einfach gehalten, *dagegen ist der im Werksteinbau und gothischen Stilformen ausgeführten Fassade, die mit ihren großen Fenster-Oeffnungen echtes Museum-Gepräge zeigt, darauf Rücksicht genommen, dass dieselbe die Würde und Bedeutung der Anstalt fortan nach außen zu vertreten hat* hieß es 1888 in der Deutschen Bauzeitung.[5]

Der neugotische Museumsbau, in Sand- und Kalksteinquaderverblendung ausgeführt, orientierte sich ganz am Erscheinungsbild der bestehenden Bauten, der Martinikirche und dem neuen Waisenhaus. Damit war bewusst ein harmonisches einheitliches Gesamtbild erreicht, das Museum als Gesamtkunstwerk.

Mit einer bestehenden Grenzmauer zum bischöflichen Knabenkonvikt bildete sich durch den Neubau ein geräumiger Hofraum zwischen den Gebäuden. In diesem Innenhof wurde bereits 1887 unter einem Glasdach das beeindruckende Skelett eines Walfisches aufgestellt, so dass der Hof den Namen „Walfischhof" erhielt.

Von größeren Exponaten wurde eigens für Kinder eine Miniaturausgabe angefertigt, wie hier beim Skelett eines Riesenbären mit seinem kleinen Begleiter. Aufnahme von Franz Heinrich Bödeker um 1903 Stadtarchiv Hildesheim Best. 979-2 Nr. 2/3

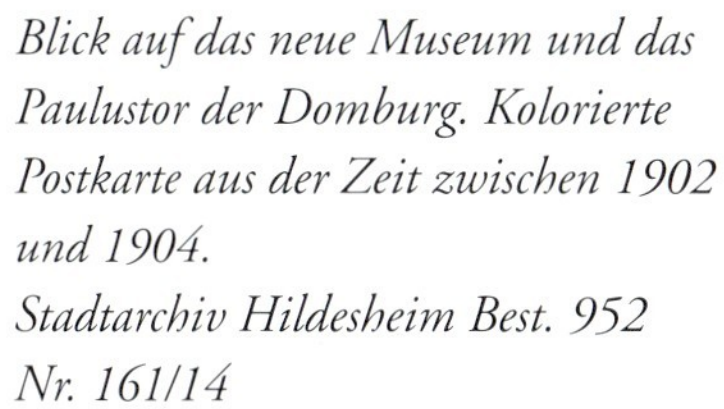

Blick auf das neue Museum und das Paulustor der Domburg. Kolorierte Postkarte aus der Zeit zwischen 1902 und 1904.
Stadtarchiv Hildesheim Best. 952 Nr. 161/14

Der neugotische Museumsbau. Kolorierte Postkarte aus der Zeit zwischen 1902 und 1904.
Stadtarchiv Hildesheim Best. 952 Nr. 161/10

Innerhalb von zwei Jahren war also nördlich der Martinikirche ein repräsentativer Neubau entstanden. Um den Bauplatz zu vergrößern, waren zwei westlich gelegene Häuser erworben worden, um sie abzureißen zu lassen.[6] Damit war auch eine Verlegung der Straße zum Museum weiter nach Westen verbunden. Erst durch den sukzessiven Abriss der hier gelegenen Bauten, die zur ehemaligen, 1715 vom Domherrn Anton von Bocholtz erbauten Kurie gehörten, zu denen neben den genannten zwei Häusern auch der Marstall und das Waschhaus zählten, war der Blick auf das imposante Wohnhaus der Kurie, das „Haus der Landschaft" (heute Stadtarchiv), frei geworden. Die gegenwärtige Mauer zum Parkplatz – Teil der ehemaligen barocken Anlage der Bocholtzschen Kurie – entspricht den Rückwänden der abgetragenen Gebäude.

Mittlerweile besaß das Museum, einschließlich der Martinikirche, die stattliche Anzahl von 40 Sälen. Sie waren als Rundgang durch die Menschheitsgeschichte und die Erdepochen angelegt. Um alles betrachten zu können, brauchten die Besucher mehrere Stunden. Problematisch war allerdings die Tatsache, dass es noch keine Heizung gab. Im Winter waren daher die Räume bitterkalt, dementsprechend blieben die Besucher fern, zum großen Bedauern Roemers.[7]

1894 stirbt Hermann Roemer im Alter von 78 Jahren. Ihm zu Ehren wird das Museum, das bislang „Städtisches Museum" hieß, in „Roemer-Museum" umbenannt. Vor dem Haupteingang stellt der Museumsverein 1895 ein Denkmal mit

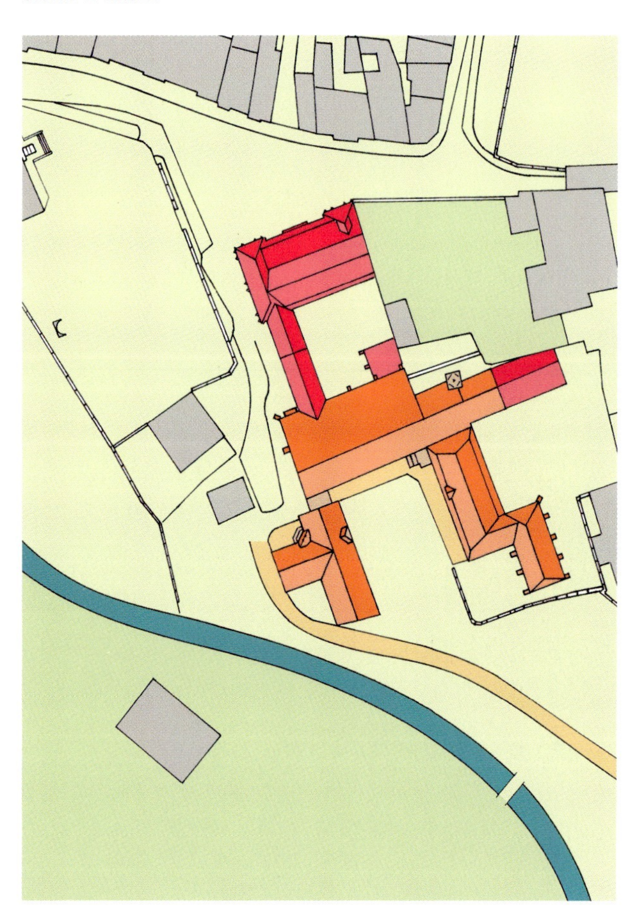

Die Museumsgebäude im Jahr 1887. Zeichnung Maike Kozok 2007

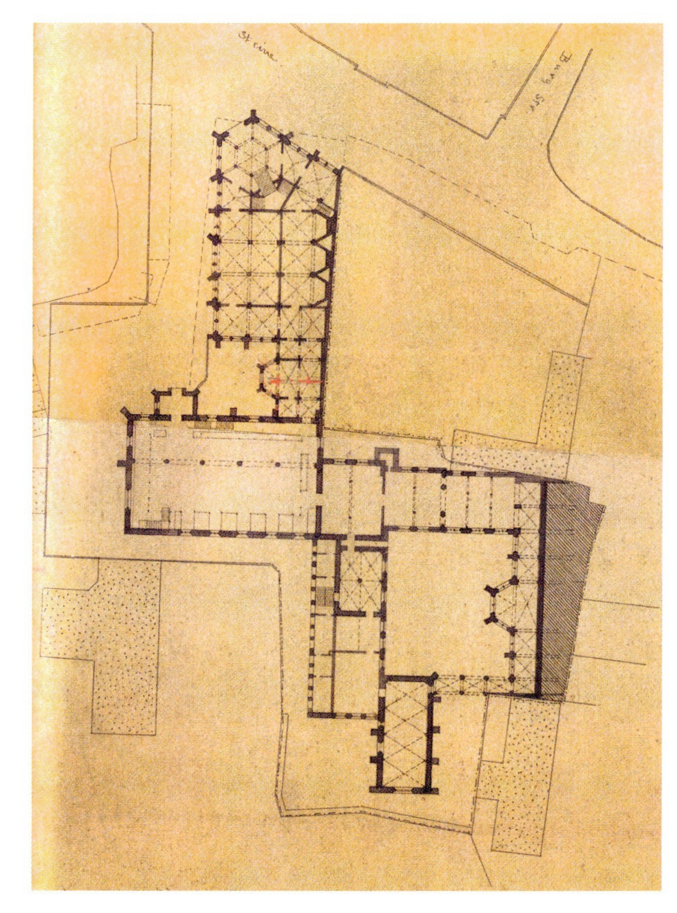

>

Entwurf für einen Neubau Am Steine. Stadt Hildesheim, Bauverwaltung, um 1880. Hausakte „Am Steine 1 und 2"

Südlich des Museums war mit einer bestehenden Gartenmauer ein geräumiger Hofraum zwischen den Gebäuden gebildet worden. In diesem Innenhof wurde unter einem Glasdach das beeindruckende Skelett eines Walfisches aufgestellt, so dass der Hof den Namen „Walfischhof" erhielt. Hier standen auch die beliebten Vivarien. Bei den gestapelten Kugeln handelt es sich um Kanonenkugeln, die bei Fundamentarbeiten nach Abbruch von Fachwerkhäusern gefunden worden waren. Aufnahme von Franz Heinrich Bödeker. Stadtarchiv Hildesheim Best. 953 Nr. 2381

1912 wurde das Walfischskelett im ehemaligen Mittelschiff der Martinikirche aufgehängt. Aufnahme von Franz Heinrich Bödeker. Stadtarchiv Hildesheim Best. 953 Nr. 2485

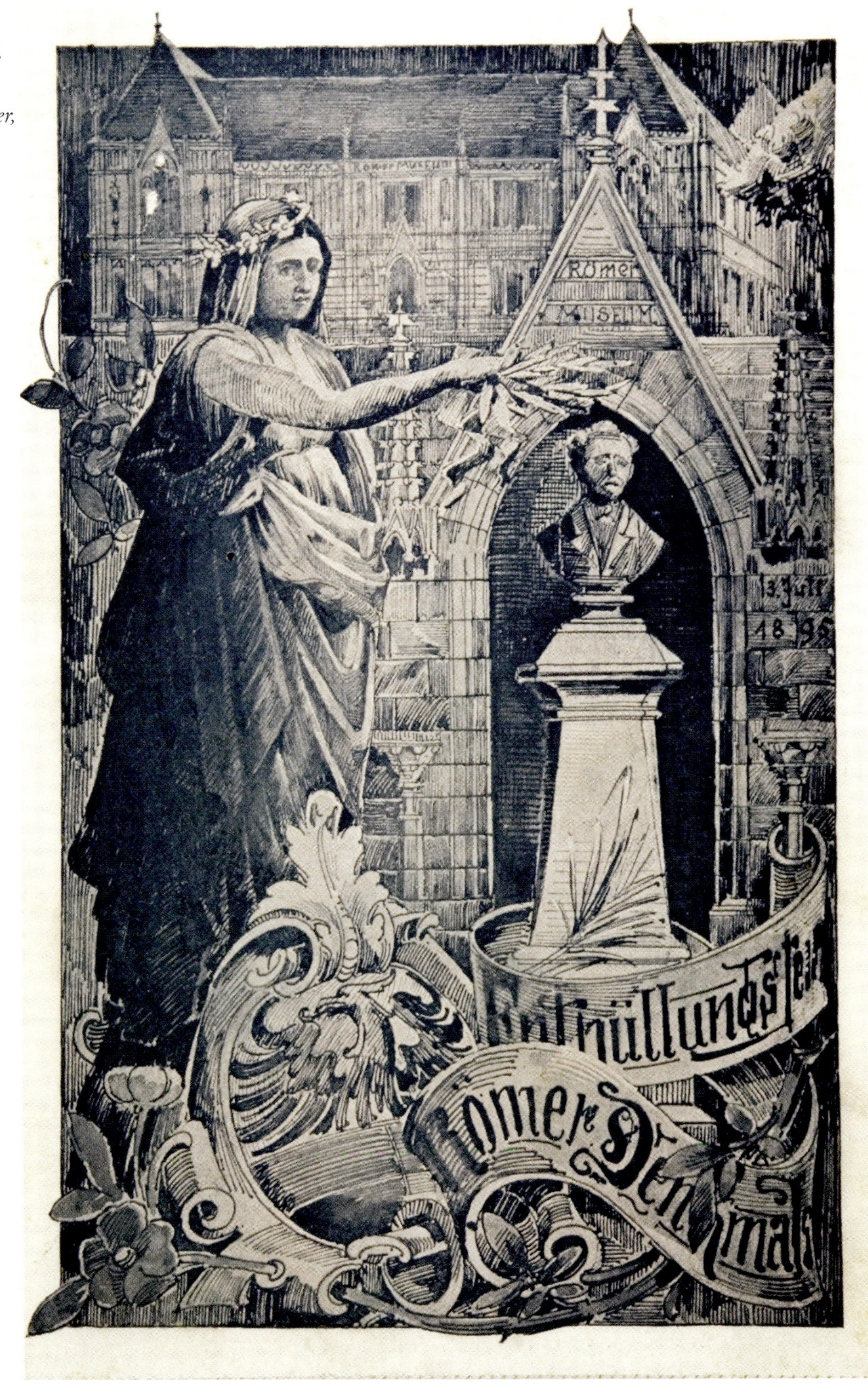

Einladung zur Enthüllungsfeier des Roemer-Denkmals am 3. Juli 1895. Gespielt wurde zu dieser Feier „Tafelmusik“: Lohengrin von Wagner, Klänge aus Ungarn, Schubert, Studentenlieder
Bildsammlung Roemer-Museum Inv. Nr. H 5821

der Büste Roemers auf, das der Bildhauer Ferdinand Hartzer angefertigt hatte, sie steht heute im Verbindungsgang des Museums.

Neuer Direktor wird der bereits genannte Achilles Andreae, der jedoch 1905 nach nur zehn Jahren Amtszeit stirbt. Seine Nachfolge tritt Rudolf Hauthal an, ein Hamburger Geologe, der bis 1917 die Leitung des Roemer-Museums übernimmt.

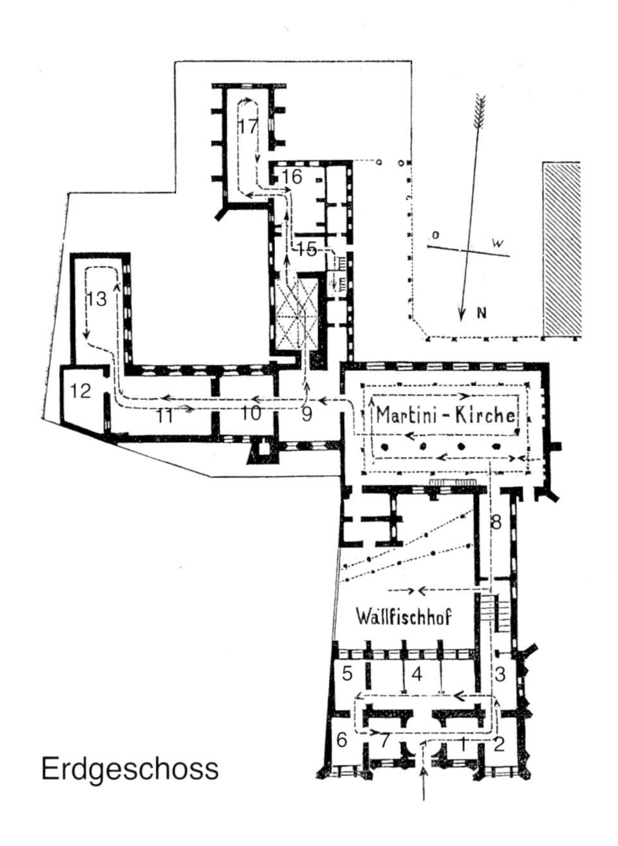

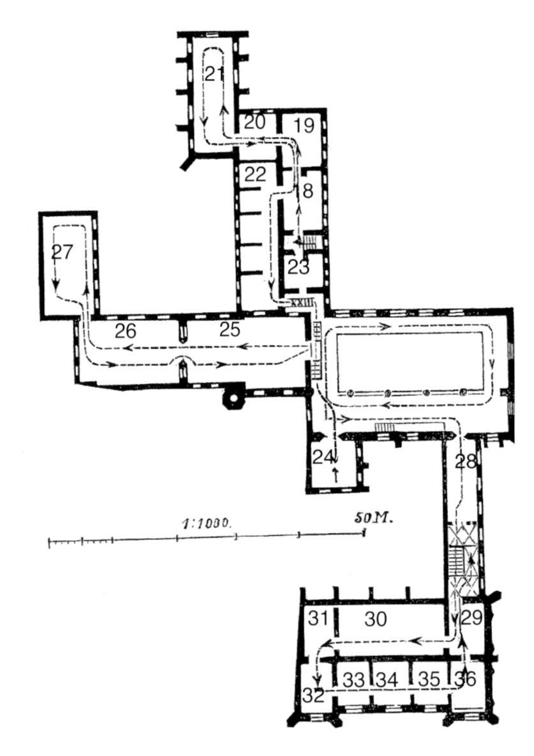

Grundriss des Roemer-Museums im Jahr 1895. Erd- und Obergeschoss. aus: Jahresbericht 1895

Säle des Roemer-Museums 1895

Erdgeschoss, Säle 1 bis 17

Saal 1: Assyrer
Saal 2: Ägypter
Saal 3: Griechen, archaische Kunst
Saal 4: Griechen, Blütezeit
Saal 5: hellenistisch-römische Epoche
Säle 6 u. 7: desgleichen und Daktyliothek (geschnittene Steine)
Saal 8: Skelette, Geweihe, Missgeburten
Martinikirche (Hauptschiff): Zoologie, Wirbeltiere
Saal 10: Völkerkunde Amerika und Afrika
Säle 11 u. 12: Ozeanien, Südsee, Indonesien
Saal 13: Asien und Ohlmersche Sammlung
Saal 9 und 14: Prähistorische Sammlung und römische Altertümer
Säle 15 u. 16: Romanische Kunst
Saal 17: Gotik

Obergeschoss, Säle 18 bis 36

Saal 18: Kupferstiche
Saal 19: Münzen
Saal 20: Keramik und Hildesheimer Silberfund
Saal 21: Renaissance
Saal 22: Kunstgewerbe
Martinikirche-Galerie: Eiersammlung und Zoologie nebst Paläontologie, wirbellose Tiere
Saal 23: Mineralogie
Saal 24 bis 27: Geologie und Paläontologie
Saal 25: rechts Gesteinsammlung, Allgemeine Geologie, Formationssammlung, links: Geologie der Umgegend;
Saal 26: rechts: Fortsetzung der Formationssammlung, links fossile Fische, Amphibien, Reptilien, Vögel,
Saal 27: fossile Säugetiere
Saal 28: Botanik
Saal 29 bis 36: Gemälde
Saal 30: Alte Meister Italiener und Niederländer,
Saal 31: Bilder des niedersächsischen Malers Raphon und Marmorstatue „Die griechische Sklavin“ von Prof. Kopf,
Saal 32: Hildesheimer Saal
Saal 33 und 35: Neuere Meister
Saal 34: Wechselnde Ausstellungen
Saal 29 und 34: Knille Mittelalter und Kartons von Kaulbach, Cornelius etc.

Friedrich Adolph Roemer (1809-69). Aufnahme von Fr. Zirkler, Clausthal. Bildsammlung Roemer-Museum Inv. Nr. H 5823

Die Standfiguren der Fassade

Betrachten wir Fotos des Museums aus der Zeit um 1900 und nach 1905 fällt auf, dass sich auf den späteren Aufnahmen Standfiguren in den Nischen befinden. Im Entwurf von 1885 waren solche Figuren noch nicht vorgesehen (s. S. 88). Es sind zwar sechs Nischen geplant, doch erst im Jahr 1901 beschließt der Museumsvorstand Standfiguren anzufertigen. Der Museumsvorstand war *einhellig der Ansicht, dass Statuen alter (nicht moderner) Persönlichkeiten gewählt werden müssten, die in Beziehung zu Hildesheim u. zugleich zu Kunst u. Wissenschaft gestanden haben.*[8] Es sollten demnach keine „moderne", also offenbar noch lebende Personen als Vorbild dienen. Genannt wurden die Bischöfe Bernward, Godehard und Hezilo, sowie Albertus Magnus und Ludolf van Coilen.

Eine besonders sorgfältige Ausführung erforderten die zwei Figuren zu Seiten des Eingangsportals, da sie dem Beschauer sehr nahe standen. *Vielleicht würden sich hierfür gerade die beiden erstgenannten Bischöfe eignen u. könnten dann die 2 schönen Holzstatuetten im hiesigen bischöflichen Palais möglicherweise vergrößert copiert werden.*[9]

Doch weil sich vermutlich keine geeigneten Vorlagen für die Ausarbeitung fanden, wich der Museumsvorstand von diesem Vorhaben ab. Nach erneuter Diskussion beschließt er im Juli 1901 zunächst unter den Baldachinen neben dem Portal die Standbilder von Leunis und Friedrich Adolph Roemer anzubringen. *Für die 4 oberen Nischen könnten dann für später Vertreter der Kunst und des Kunstgewerbes gewählt werden, als geeignet wurden empfohlen, einerseits Phidias u. Michel-Angelo, andererseits Dürer u. Peter Vischer.*

Als erste Figur sollte links neben dem Hauptportal zunächst der Mitbegründer des Museums, der Lehrer für Naturkunde am Josephinum, Johannes Leunis, als Vertreter der Zoologie und Botanik als Figur aufgestellt werden. Rechts vom Portal folgte der Direktor der Bergakademie Clausthal, Friedrich Adolph Roemer, als

Johannes Leunis (1802-1873). Kupferstich nach einer Zeichnung von C. Bütger. Bildsammlung Roemer-Museum

Diese Fotografie wurde im Jahr 1875 aufgenommen und zeigt die fünf Söhne von Friedrich und Helene Küsthardt: ganz links Helfried, der sämtliche Brüder fast 50 Jahre überlebte, dann folgen Albert, Friedrich, Erwin und Georg. Stadtarchiv Hildesheim Best. 301 Nr. 68

Vertreter der Geologie und Mineralogie. Er war ein Bruder Hermann Roemers und hatte über viele Jahre das Museum tatkräftig unterstützt. Später sollten im Obergeschoss vier weitere Figuren als Vertreter der Kunst und des Kunstgewerbes aufgestellt werden. Für geeignet hielten der Vorstand Phidias und Michelangelo. Phidias ist ein bedeutender griechischer Bildhauer der Antike. Er gilt als der Schöpfer der Zeusstatue in Olympia und des Skulpturenschmucks am Parthenon auf der Akropolis in Athen. Von ihm waren im Museum Gipsnachbildungen seiner Werke ausgestellt. Michelangelo (1475-1564) ist uns allen bekannt. Als Bildhauer, Maler und Architekt der Hochrenaissance übernahm er die bildhauerischen Traditionen der Antike.

Selbstportrait des Bildhauers und Erzgießers Peter Vischer (um 1460-1529) vom Sebaldusgrab in der Kirche St. Sebald in Nürnberg. An einer der Schmalseiten hat sich der Meister selbst im Lederkittel dargestellt.
Aus: Hans-Martin Barth, Die Sebalduskirche in Nürnberg, 1988

Standfigur des Johannes Leunis am Hauptportal des Roemer-Museums. Aufnahme von Theo Wetterau vor 1945. Archiv der Hildesheimer Allgemeinen Zeitung (Stadtarchiv Hildesheim Best. 979-3 Nr. 1674)

Standfiguren von Albrecht Dürer und Peter Vischer im Ratskeller. Aufnahme Maike Kozok 2007

Selbstportrait des Albrecht Dürer (1471-1528) aus dem Jahr 1500 im Alter von 28 Jahren. Dürer war ein bedeutender Künstler aus der Zeit zwischen Spätmittelalter und Frührenaissance.

Dann sollten die Figuren von Albrecht Dürer und Peter Vischer folgen. Auch über Albrecht Dürer (1471-1528) müssen wir nicht viele Worte verlieren. Dieser vielseitige Künstler aus der Zeit zwischen Spätmittelalter und Frührenaissance, war als Vertreter von Malerei, Architektur und Skulptur gewählt worden. Weniger geläufig ist dagegen der Bildhauer und Erzgießer Peter Vischer (um 1460-1529), der erste deutsche Bildhauer der Renaissance. Er lebte wie Dürer in Nürnberg, wo er im 16. Jahrhundert eine Gusswerkstatt besaß, die er zu internationaler Bedeutung führte. Sein Hauptwerk ist das außergewöhnliche Sebaldusgrab in der Kirche St. Sebald in Nürnberg, das Vischer mit seinen sieben Söhnen geschaffen hat. An einer der Schmalseiten hat sich der Meister selbst im Lederkittel dargestellt. Dieses Selbstbildnis diente als unmittelbares Vorbild für die Statue des Peter Vischers.[10]

Der Auftrag zur Anfertigung der Statuen ging an die Werkstatt der Gebrüder Küsthardt. Die Bildhauerfamilie Küsthardt gehört zu den bedeutenden Hildesheimer Künstlerfamilien. Und zwar nicht nur für die Stadt, sondern ganz besonders auch für das Museum, denn zahlreiche Gipsnachbildungen stammten aus ihrer Werkstatt.[11]

Mit dem Namen Küsthardt ist vor allem Professor Friedrich Küsthardt verbunden, der neben seiner Lehrtätigkeit an der Gewerbeschule und an der Handwerkerschule zeitlebens als Bildhauer arbeitete. Vor allem Grabfiguren und Monumente stammen von ihm. In der Zeit von 1862 bis 1870 wurden seine fünf Söhne geboren, die auf einer Fotografie aus dem Nachlass der Familie zu sehen sind.[12] Sie stammt aus dem Jahr 1875 und zeigt die fünf Söhne von Friedrich und Helene Küsthardt: Helfried, der sämtliche Brüder fast 50 Jahre überlebte, dann folgen Albert, Friedrich, Erwin, und Georg. Fast alle waren, wie der Vater, als Bildhauer tätig gewesen. Nicht uninteressant ist in diesem Zusammenhang, dass es Friedrichs großer Wunsch gewesen war, so lesen wir bei seinem ältesten Sohn Helfried 1896: *mit uns fünf Brüdern im Atelier, wie Peter Vischer mit seinen sieben Söhnen, zusammen Werken und Wirken zu können.*[13]

Für die Anfertigung der Statuen wurden zunächst von Georg Küsthardt in seinem Atelier in Hannover Skizzen angefertigt. Dann modellierte er in Ton Hilfsmodelle in halber Größe. Anschließend konnten sie in der Hildesheimer Werkstatt von seinem Bruder Helfried und ihm in Sandstein gemeißelt werden.[14]

1902 sind die ersten Figuren fertig: Johannes Leunis und Friedrich Adolph Roemer, beide in historisierendem Erscheinungsbild. Leunis als Geistlicher mit „Ammauskorn", Eidechse, Farnkrautblättern und Lupe sowie Friedrich Adolph Roemer als Bergmann.[15] Sie werden im Frühjahr 1903 aufgestellt. Als nächstes sollen die Statuen von Michelangelo und Albrecht Dürer folgen. Doch die Ausführung verzögert sich, denn Georg Küsthardt geht es gesundheitlich nicht gut. Im September 1903 beginnt er noch mit der Anfertigung der Figuren, kann sie

Tonmodell für die Standfigur des Michelangelo
Stadtarchiv Hildesheim Best. 102 Nr. 0558

Auf dieser Fotografie des Roemer-Museums sind sämtliche Figuren zu sehen.
Bildsammlung Roemer-Museum

Luftaufnahme des Roemer-Museums. Einen ausgezeichneten Überblick über die verschachtelte Bebauung bietet diese Fotografie, die von einem Luftschiff im Juli 1914 aufgenommen wurde. Das langgezogene Satteldach mit dem Turm stellt die ehemalige Martinikirche dar, an die sich südlich, also nach rechts unten, zunächst das 1866 errichtete Lutherische Waisenhaus (seit 1911 Pelizaeus-Museum) und weiter rechts das alte Waisenhaus (mit der Sakristei im Inneren) und – etwas versetzt – die Portiunculakapelle anschließen. Sämtliche Bauten stehen heute noch und bilden wie damals einen dreiseitigen Innenhof. Nördlich der Martinikirche folgt der „Walfischhof" und der Neubau des 1887 fertiggestellten Roemer-Museums von Schwartz, dessen gläsernes Oberlicht deutlich zu sehen ist. An dessen Stelle befindet sich seit 2000 der gegenwärtige Neubau. Wie das neugotische Roemer-Museum wurde auch der Anbau von 1890/91 östlich der Martinikirche zerstört. Der Innenhof mit dem Rondell in der Mitte ist mit dem heutigen „Brunnenhof" identisch. Ganz oben ist am rechten Bildrand der Dom angeschnitten, dem der Bischofshof, das spätere Generalvikariat, gegenübersteht. Aufnahme von Franz Heinrich Bödeker.
Stadtarchiv Hildesheim Best. 957 Nr. 344

Standfigur des Michelangelo unterhalb einer Treppe des „Fachwerkflügels". Aufnahme Maike Kozok 2007

aber nicht vollenden. Tragischerweise stirbt Georg Küsthardt im Oktober 1903 im Alter von 40 Jahren.

Sein Bruder Helfried übernimmt daraufhin den Nachlass, so dass im Februar 1904 die beiden Figuren aufgestellt werden können. Schließlich folgen die zwei letzten Figuren Phidias und Peter Vischer im September 1905.

Da das Museum im März 1945 fast vollständig, bis auf die Umfassungsmauern zerstört wurde, mutet es beinahe wie ein Wunder an, dass sich fünf dieser sechs Statuen fast unversehrt erhalten haben.

Folgende Figuren konnten im Museumsdepot ausfindig gemacht werden: Johannes Leunis und Friedrich Adolph Roemer – sie sind zwar leicht angestaubt, aber sonst gut erhalten. In noch besseren Zustand befinden sich die Figuren Albrecht Dürers und Peter Vischers, sie stehen im Ratskeller. Die Figur des Michelangelo fristet dagegen in einem Treppenverschlag ein einsames Dasein. Nicht aufzufinden war bislang die Figur des antiken Bildhauers Phidias, von dem auch kein Modellfoto existiert.

Die Standfigur von Johannes Leunis und Friedrich Adolph Roemer heute. Aufnahme Maike Kozok 2007

Tonmodelle von Johannes Leunis und Friedrich Adolph Roemer in halber Größe des Originals aus dem Atelier von Georg Küsthardt. Stadtarchiv Hildesheim Best. 102 Nr. 0558

Professor Dr. Rudolf Hauthal, Direktor von 1905 bis 1917. Bildsammlung Roemer-Museum Inv. Nr. H 4260

Das ferne Fremde in vertrauter Nähe – Sammlungen aus der ganzen Welt im Roemer-Museum

Die Südsee-Sammlung

Besonders stolz war das Museum auf seine Schenkungen aus der Südsee, die aus verschiedene Sammlungen schon früh in den Bestand des Roemer-Museums gelangten. Durch den im holländischen Kolonialdienst stehenden Hildesheimer Arzt Dr. med. Franz Muhlert kamen bereits 1863 Objekte aus Celebes, einer indonesischen Insel zwischen Borneo und Neuguinea (heute Sulawesi) nach Hildesheim. Von den Einwohnern aus dem Südwesten der Insel, den Makassaren und Buginesen, besitzt das Museum bis heute eine herausragende Sammlung von Hausgeräten, Musikinstrumenten, Textilien sowie menschlichen Kultfiguren.[16]

Eine erhebliche Erweiterung erfuhr die völkerkundliche Abteilung insbesondere durch die expansive Kolonialpolitik im Kaiserreich, finanziell ermöglicht durch großzügige Gönner, wie Konsul Dyes oder Kaufmann Machens, der viele Jahre auf den Fidschi-Inseln ansässig war. Die Sammlung *füllt zur Zeit fünfundzwanzig Glasschränke und sind in derselben ganz besonders auch die deutschen Kolonien in West- und Ostafrika, in Neu-Guinea, im Bismarckarchipel, die Salomoninseln etc in reicher Weise vertreten* hieß es damals im Jahresbericht des Museumsvereins.[17]

Die Alt-Peru-Sammlung

Im Frühjahr 1905 wird der Hamburger Geologe Professor Dr. Rudolf Hauthal zum Direktor des Museums ernannt. Hauthal, der seit 1890 sowohl am Museum in La Plata (Argentinien) als auch an der dortigen Universität als Geologie tätig war, brachte eine wesentliche Bereicherung nach Hildesheim, die Alt-Peru-Sammlung.[18] 1906 überreichte er dem Museum seinen umfangreichen Schatz,

Saal 11: Südsee. Einer der Glanzpunkte des Museums sind bis heute die Objekte aus der Südsee, die durch verschiedene Sammlungen bereits früh in den Bestand des Roemer-Museums kamen. Aufnahme von Franz Heinrich Bödeker um 1903. Stadtarchiv Hildesheim Best. 979-2 Nr. 2/3

höchst qualitätvolle Zeugnisse indianischer Hochkulturen des zentralen Andenraumes, die heute zu den wertvollsten Stücken des Hauses zählen.[19] Zu ihnen gehören vor allem Keramiken, Textilien, Perlen und Goldschmiedekunst.

Einzigartige kunstvoll bemalte Tonwaren und Musikinstrumente geben einen ausgezeichneten Einblick in das Leben der alt-peruanischen Kulturen. Faszinierend sind vor allem die erotischen Darstellungen, die noch heute die ungeteilte Aufmerksamkeit der Besucher erlangen und sie immer wieder in den Bann ziehen.

Auch die farbigen Knotenschnüre (Quipu) der Inka, die als Gedächtnisstütze in einer schriftlosen Kultur dazu dienten, Gegenstände und Einheiten rechnerisch festzuhalten, brachte Hauthal bereits 1906 nach Hildesheim.

Mit Hauthal setzte aber auch eine folgenreiche Neuorientierung ein, die ganz allgemein kennzeichnend für die Zeit nach 1905 war: eine ideologische Rückbe-

Altperuanische Gegenstände aus Terrakotta.
Roemer-Museum Inv. Nr. Peru 072, V 5271

Altperuanische Gegenstände aus Terrakotta.
Aufnahme Maike Kozok 2007

Völkerkundliche Abteilung: Altperuanische Keramiken. Aufnahme von Franz Heinrich Bödeker.
Stadtarchiv Hildesheim Best. 953 Nr. 2534

Vor allem durch das Engagement des Hildesheimer Arztes Franz Muhlert waren zahlreiche Objekte aus Celebes (Indonesien) vertreten, wie diese Darstellung einer buginesischen Weberin.
Der Einfluss der dargestellten Kunstgegenstände auf das zeitgenössische Kunstleben war geradezu revolutionär. Geometrische Motive waren um 1900 zunächst im Wiener Sezessionsstil aufgegriffen worden. Nach dem Ersten Weltkrieg erhielten dreieckige Formen, wie wir sie hier sehen, einen maßgeblichen Einfluss auf die Weiterentwicklung der Kunst und Architektur: der sogenannte Expressionismus. Aufnahme von Franz Heinrich Bödeker um 1903. Stadtarchiv Hildesheim Best. 953 Nr. 2394

sinnung auf das nationale kulturelle Erbe. Hauthal richtete eine „Vaterländische Sammlung" ein. *Das Museum muß den lebendigen Kräften des Geistes folgen, sich den die Zeit beherrschenden Ideen anschmiegen [...] mit der Zeit fortschreiten und da müssen wir neben dem wissenschaftlichen Ausbau der alten Sammlungen vor allen Dingen den gesunden Bestrebungen der Jetztzeit Rechnung tragen, die auf die Pflege der Heimatkunde hinzielen* kommentierte Hauthal 1907 seine Überzeugung in einem Vortrag über die Bedeutung des Museums.[20] Er rief die Hildesheimer dazu auf, dem Museum überkommene Gegenstände zu überreichen: *Viele von Ihnen haben gewiß in Ihrem Heim diesen oder jenen Gegenstand, der aus der Vergangenheit Hildesheims stammend, in irgend einer Beziehung, sei es kunstgewerblich, historisch oder sonst wie Interesse hat, z. B. einen Türklopfer, eine Schnupftabaksdose, ein altes Zinngerät oder dergl., kleinere Gegenstände, die oft im eigenen Hause gar nicht beobachtet werden, oder auch ein größeres Hausgerät, eine Kommode, einen Schrank oder dergl.*[21]

Die Sammlung Ohlmer – Chinesisches Porzellan

Durch den ständigen Zuwachs an Objekten musste die Aufstellung in den Räumen stetig verändert werden. Zu diesen hochkarätigen Stücken, die eine Neukonzeption erforderten, gehörte die sogenannte „Sammlung Ohlmer", chine-

Ungemein beliebt waren im Museum die sogenannten „Dioramen". Dabei handelt es sich um effektvoll inszenierte, zu Lehrzwecken zusammengestellte Darstellungen, bei denen die Exponate mit lebensgroßen ausgestopften oder rekonstruierten Menschen und Tieren in ihrer ursprünglichen Umgebung als lebendiges Schaubild dargestellt wurden. Aufnahme von Franz Heinrich Bödeker um 1903. Stadtarchiv Hildesheim Best. 953 Nr. 2490

sisches Porzellan, das der Seezolldirektor Ernst Ohlmer (1847-1927) dem Museum bereits 1898 als Leihgabe übereignet hatte. Viele Jahre standen die Objekte, blau-weiße und farbige Porzellane, in fünf großen Glasschränken im Saal 13. Nach dem Tod Ohlmers im Jahr 1927 ging die Sammlung in den Besitz der Witwe Louise Ohlmer. Sie übergab die kostbaren Vasen, Schalen und Figuren, die sie mit persönlichen Neuerwerbungen erweitert hatte, noch im gleichen Jahr dem Museum als Geschenk. Damit war eine großzügige Neuaufstellung und Neukonzeption von Räumen verbunden, denn die exotischen Schätze bedurften einer besonderen ausstellungsdidaktischen Behandlung. Um einen authentischen Raumeindruck zu schaffen und die Kunstwerke in der Umgebung und der Stimmung zu zeigen, aus denen sie ursprünglich stammten, werden drei Räume, die bislang gotisch orientiert waren, in *stilechte chinesische Gemächer* verwandelt.[22] Eine der zahlreichen Einfälle war, die Fenster mit Papier zu bekleben: *Es ist hierzulande nur Wenigen bewusst, daß über 600 Millionen Menschen hinter Papierfenstern wohnen* so der Kommentar zur Eröffnung der Neuaufstellung im April 1930.[23]

Ein museumsgeschichtlich höchst anschauliches Bild von den Zimmern vermittelt die Darstellung des Chinaexperten Paul Gerhard Freiherr von Puttkamer 1931, der gemeinsam mit dem Direktor des Roemer-Museums, Professor Dr. Friedrich Schöndorf (1884-1941), die Ausstellung konzipiert hatte: *Durch Illusion*

Saal 3: Blauweiße Deckelvase mit Hagedornmuster und Untersatz (16. Jh.). Aufnahme von Franz Heinrich Bödeker um 1903. Stadtarchiv Hildesheim Best. 953 Nr. 2499

Blauweiße Deckelvase aus der Kangxi-Periode (1662-1722). Die Vase ist umlaufend dekoriert mit Lotosblättern und -blüten, Schilf und Reihern. Aufnahme von Franz Heinrich Bödeker um 1903. Stadtarchiv Hildesheim Best. 953 Nr. 2497

wird die Schaulust gehoben. – Zwei Zimmer der Sammlung sind in rein chinesischer Innenarchitektur dargestellt. [...] *Zimmer 1 stellt einen chinesischen Palastraum dar – es dürften die ersten stilechten chinesischen Zimmer in Deutschland sein. Im wesentlichen soll es den freudigen Farbensinn der Chinesen zeigen. Die Decke – Kobaltblau mit stilisierten Wolkenmotiven – bedeutet der Himmel, eine rote Sonne färbt die Wolken rosa, der Mond weiß. Der Drache als Wappentier des „Himmelssohnes", des Kaisers von China, schwebt in den Wolken, desgleichen das Wappen der Kaiserin, der Königsreiher. Die Wand zeigt das Kaisergelb, eine Farbe, welche dem Bürger in Haus und Kleidung anzuwenden verboten war.* [...] *Die Wandornamentik zeigt in schöner Linienführung das Swastika-Kreuz (Zeichen eines lamaistischen Ordens).* [...] *Die Fenster, ein ornamentales Gitterwerk, sind mit Papier beklebt und geben dem ganzen Raum ein zerstreutes Atelierlicht, das die scharfen Schlagschatten des eindringenden Sonnenlichts teils aufheben, teils abschwächen soll.*[24]

Der Hannoversche Kurier vom 12. April 1930 urteilte dazu: *China ist lebendig geworden in Hildesheim.*

Das „Prell-Zimmer" und das Schicksal der „Aphrodite"

1907 war eigens für den Dresdener Künstler Hermann Prell (1854-1922) im Roemer-Museum ein Zimmer für seine Gemälde eingerichtet worden: *Eine andere hochbedeutsame Schenkung ist dem Museum durch Herrn Geh. Hofrat Prof. Hermann Prell zu teil geworden. Das Zimmer Nr. 32 in der Gemäldegalerie wurde mit einer Anzahl Skizzen (Kartons, farbige Skizzen) seiner hervorragenden Werke ausgeschmückt. Seine wohlgelungene Büste, auch ein Geschenk des Künstlers, ist im selben Zimmer aufgestellt.*[25] Dieses „Prell-Zimmer" befand sich im ersten Obergeschoss im nordöstlichen Saal, unmittelbar an der Straße Am Steine.

Hermann Prell war Bildhauer sowie Historien- und Monumentalmaler und wurde 1892 zum Professor an der Akademie der Bildenden Künste in Dresden

Saal 13 mit den fünf Vitrinen der „Sammlung Ohlmer", kostbares chinesisches Porzellan. Aufnahme von Franz Heinrich Bödeker um 1903. Stadtarchiv Hildesheim Best. 953 Nr. 2378

berufen. In Hildesheim hatte er bereits von 1889 bis 1892 den Rathaussaal mit flächendeckenden Wandmalereien geschmückt. Der 1945 zerstörte, in Freskotechnik ausgeführte Malereizyklus, zeigte neben Darstellungen aus der Hildesheimer Sagengeschichte die „Hauptmonumente aus der Geschichte der Stadt Hildesheim".

Ganz nach antikem Vorbild hatte Prell 1912 die Bronze-Brunnenfigur der Aphrodite geschaffen. Zu sehen ist die griechische Göttin der Liebe und Schönheit, wie sie aus dem Schaum des Meeres geboren wird, von ihrem Attribut, dem Delphin umschlungen. Wegen ihrer „unanständigen Nacktheit" kam es jedoch zu einem Eklat. Anstatt die Schaumgeborene an ihrem erwählten Standort, vor dem 1909 errichteten Stadttheater aufzustellen, wanderte die Figur zunächst in das Roemer-Museum und kam erst 1927 in den Schneidlerschen Graben im Liebesgrund.

Doch wie kam es zu dem Skandal? In der Abendausgabe des Berliner Tageblatts vom 4. Dezember 1912 war zu lesen: *Die anstößige Aphrodite. Aus Hildesheim wird uns geschrieben: Ein hiesiger Kunstfreund, Geheimer Kommerzienrat Max Leeser, dem unsere Stadt schon verschiedene Kunstwerke zur Verschönerung verdankt, wollte Hildesheim neuerdings zu einer Aphrodite verhelfen. Die Schaumgeborene war eine Schöpfung von Prell-Dresden, der auch den hiesigen Rathaussaal mit Fresken aus Hildesheims Vergangenheit ausgemalt hat. Geheimrat Leeser wollte aber diesmal nicht allein der Schenkende sein und vertraute auf den Kunstsinn der Hildesheimer, die, so hoffte er, sich die günstige Gelegenheit, für 8000 Mark zu einem künstlerisch bedeutenden Werk zu kommen, nicht entgehen lassen würden. Durch eine öffentliche Sammlung sollte daher die Kaufsumme aufgebracht werden. Der Plan wurde eingeleitet und – scheiterte gründlich.*

Ultramontane Kreise hatten nämlich gegen die Aufstellung einer nur mit ihrer Schönheit bedeckten Aphrodite lärmenden Protest erhoben. Sie fürchteten offenbar den sittlichen Verfall der Einwohnerschaft unserer guten alten Stadt, wenn gerade vor

Sogenannter „Café au lait"-Teller aus der Kangxi-Periode (1662-1722). Aus der ursprünglichen Sammlung Ohlmer stammt dieser außergewöhnlich schöne Teller mit der Darstellung aus der Reihe von „Hundert Altertümern" und „Acht Kostbarkeiten." Bildsammlung Roemer-Museum Inv. Nr. 114-V11145

Kupferrotglasierte Vase aus der Qianlong-Periode (1736-1795). Ungemein elegant und klassisch geformt ist diese Vase mit kurzem geschwungenen Hals. Bildsammlung Roemer-Museum Inv. Nr. 99-V11050

Zimmer Nr. 2 mit der Ohlmer-Sammlung chinesischer Porzellane von 1930. Aufnahme Atelier Bödeker um 1930. Aus: Verwaltungsberichte des Magistrats, 1928-1937

Zimmer Nr. 2 mit der Ohlmer-Sammlung chinesischer Porzellane von 1930. In der Mitte stand ein Schautisch in Form einer stilisierten Lotosblüte, einen Königsreiher in Bronze tragend. Aufnahme Atelier Bödeker um 1930. Aus: Verwaltungsberichte des Magistrats, 1928-1937

Professor Dr. Friedrich Schöndorf (1884-1941). Aus: Paul Trommsdorf, Catalogus Professorum, 1931

dem Stadttheater diese schöne Statue aufgestellt worden wäre. Zu ihnen gesellten sich noch andere Helfershelfer, die nach langer Ueberlegung herausgefunden hatten, daß die Prellsche Aphrodite zu sinnliche Formen habe. Der Kampf um die Schaumgeborene wäre sicher zu einem großen Kampf der Geister ausgewachsen, wenn Professor Prell nicht zu einem raschen Entschluß gekommen wäre. Er forderte in kluger Weise sein Werk zurück, das nun wahrscheinlich in einer anderen Stadt kunstfrohere Kreise als in Hildesheim begeistern wird. Hildesheim hat das Nachsehen und den – Nachruhm!

Doch soweit sollte es dann doch nicht kommen. Oberbürgermeister Gustav Struckmann schrieb daraufhin Prell einen Brief: *Der hässliche Zeitungsstreit hat in unserer Bürgerschaft keinen Widerhall gefunden, wie Ihnen die einstimmige Bewilligung der 2000 M durch die städtischen Kollegien erweisen mag. Wir bitten Sie, uns auch fernerhin Ihr Wohlwollen zu erhalten und hoffen Sie in nicht allzuferner Zeit bei Aufstellung der Aphrodite im Lichthof des Roemermusems oder in den neuen Anlagen am Bergholz in unserer Stadt begrüssen zu können.*[26] Noch im Dezember 1912 beschloss der Magistrat die vom Prell geschaffene Statue Aphrodite für den Preis von 8000 Mark für die Stadt anzukaufen. Doch sie wird nicht vor dem Stadttheater, sondern vorläufig in der Gemäldegalerie des Roemer-Museums aufgestellt.[27] Eigens für die Aphrodite wird im Frühjahr 1913 ein Sockel mit Heizkörperverkleidung und Ruhebänken errichtet, wie auf einer Fotografie zu sehen ist.[28]

1922 wendet sich der damalige Direktor Professor Dr. Günther Roeder (1881-1966), Direktor des Pelizaeus-Museums von 1915 bis 1943, an den Magistrat. Er

Hermann Prell (1854-1922). Holzschnitt von Richard Bong aus dem Jahr 1894. Aus: Gurlitt, Hermann Prell, 1894.

Das „Prell-Zimmer" (Saal 32) im Obergeschoss des Roemer-Museums. Roemer-Museum Inv. Nr. H 1780

möchte die Figur aus dem Großen Oberlichtsaal entfernen und in den Prellsaal überführen lassen, was jedoch kostspielig wäre. Aus Anlass des Todes von Prell am 19. Mai 1922 hätte die Aufstellung mit einer Gedächtnisfeier verbunden werden können. Doch die Antwort vom Magistrat war kurz aber deutlich: *Die Figur soll bleiben wo sie ist.* Dennoch muss sie in das Prell-Zimmer gelangt sein, denn im Juli 1925 beschließt Roeder das *Prell-Zimmer (neben dem Altarzimmer nach der Straße zu)* aufzulösen und bittet den Magistrat *erwägen zu wollen, ob diese Figur nicht im Theatergarten oder in städtische Anlagen aufgestellt werden kann wie die ursprüngliche Absicht war. Sollte dieses nicht geschehen, so stelle ich anheim, daß sie in dem für die Jubiläums-Ausstellung neu hergerichteten Museumshof aufgestellt wird. Ich*

Die Aphrodite im Seniorengraben. Aufnahme Atelier Bödeker nach 1927. Stadtarchiv Hildesheim Best. 953 Nr. 1183

bemerke allerdings, daß die Figur dorthin nicht gut paßt, besonders nicht, wenn man an eine Ausstattung dieses Hofes mit älteren Plastiken denkt [...].[29]

Daraufhin beschließt der Magistrat, die Bronzefigur in den städtischen Anlagen (Seniorengraben) aufstellen zu lassen. Doch noch im Dezember 1926 war nichts geschehen, wie ein Schreiben von Roeder an den Magistrat zeigt: *Die Figur, die für die Aufstellung als Brunnenfigur oder Denkmal gegossen und geschenkt worden ist, stand früher im grossen Oberlichtsaal der Gemäldegalerie und kann dort nach der Umgestaltung zum Vortragssaal nicht wieder untergebracht werden. Ich habe die Broncefigur vorläufig wieder in einer Ecke magaziniert, bitte aber nochmals, wie früher erwägen zu wollen, ob nicht irgendeine Aufstellung ausserhalb des Museums erfolgen kann.*[30]

Erst 1927 wird die Venus-Figur im Seniorengraben aufgestellt, ganz zum Unmut mancher Hildesheimer Einwohner. In einem Brief vom 15. Juni 1933 an den Magistrat der Stadt Hildesheim ist zu lesen: *Hierdurch gestatte ich mir den Antrag, die Statue der Aphrodite im sog. Schneidlerschen Graben baldigst an eine andere, weniger auffallende u. Frauen u. Mädchen weniger genierenden Stelle oder auch in ein Museum stellen zu wollen. Dies ist seit langem der Wunsch vieler Einwohner Hildesheims.* [...]. *In vorzüglicher Hochachtung, Ergebenst Margarete Freiherrin v. Reitzenstein.*[31]

Wie der Magistrat in seiner Sitzung dazu Stellung nahm, ist nicht bekannt, doch die Aphrodite blieb dort stehen. Erst 1942 fiel sie der kriegsbedingten Metallsammlung zum Opfer und wurde eingeschmolzen. Seit 1959 sitzt als Stiftung der Brüder Schneidler ein Fischreiher an ihrer Stelle.

Der Fischreiher im Seniorengraben. Aufnahme von Theo Wetterau, Archiv der Hildesheimer Allgemeinen Zeitung (Stadtarchiv Hildesheim Best. 979-3 Nr. 01575)

Und immer wieder – Probleme mit dem Wasser

Eines der größten Probleme war weiterhin die ansteigende Feuchtigkeit. Hier seien beispielhaft nur einige stetig wiederkehrende Ärgernisse aufgelistet: Im November 1912 ist der Fußboden im Erdgeschoss (Saal 16: Gipsabdrücke der Renaissance) infolge der tiefen feuchten Lage vollständig vom Schwamm zerfressen, statt des Holzfußbodens soll ein Zementfußboden eingebracht werden. Im Saal 14 (gotische Kunst) sind die *ewig feuchten Wände*[32] mit Zement versehen. Im Obergeschoss (Saal 19) hat sich die Südwand um mehrere Zentimeter nach Süden geneigt, im gleichen Zimmer ist die Westwand, die abzustürzen drohte, durch eiserne Verankerung geschützt.[33]

Auch die Martinikirche war weiterhin, trotz verschiedener Maßnahmen betroffen. 1914 bedeckte das Gebälk der Nordwestecke infolge durchdringender Feuchtigkeit eine große Fläche mit Pilzwucherungen. Im Fachwerkflügel wurde 1917 in der Wohnung des Museumwarts Specht Hausschwamm festgestellt.[34] Zu allem Überfluss waren wiederholt Dächer undicht, was zu einem ständigen Briefwechsel zwischen der Stadtverwaltung und dem Museumsvorstand führte.

Mit dem Neubau und den weiteren Anbauten hatte das Roemer-Museum ausreichend neue Räume erhalten, so dass der Verein – wie es hieß – auf Jahrzehnte hinaus in dieser Beziehung aller Sorgen enthoben sein würde. Doch – wie wir wissen – kam es anders. Vor allem durch die Aufrufe, dem Museum heimatkundliche Geschenke zu machen, wuchs die Anzahl der Objekte weiter, so dass neue Räumlichkeiten zwingend notwendig wurden.

Zahlreiche Bestände gingen in andere Museen über: In das 1893 gegründete Andreas-Museum und in das 1912 eingerichtete Kunstgewerbe-Museum im Knochenhauer-Amtshaus. Durch diese Auslagerung blieben die Gebäude des Roemer-Museums am Steine bis zur Katastrophe 1945 in ihren Ausmaßen bestehen.

Andreas-Museum im Westbau der Andreaskirche. Major Max Buhlers und der Apotheker Robert Bohlmann besuchen das Museum. Zu sehen sind Knaggen, Windbretter und Füllhölzer von abgetragenen Fachwerkhäusern. Vorne rechts sind Schnitzereien vom Torbau des Ratsbauhofs zu sehen, das Gebäude selbst erhielt Kopien. Aufnahme auf Albumin-Papier von Franz Heinrich Bödeker nach 1893.
Stadtarchiv Hildesheim Best. 967 Nr. 41

Das Andreas-Museum

Ein Hildesheimer „Architektur-Museum"

Ein außergewöhnliches Museum war das bereits erwähnte Andreas-Museum, das 1893 vom „Verein zur Erhaltung der Kunstdenkmäler" unter Vorsitz des Oberbürgermeisters Gustav Struckmann gegründet wurde. Nicht nur im Roemer-Museum, in der ganzen Stadt verstreut – in Gärten, Höfen oder Lagerhäusern – befanden sich zahlreiche Überreste von abgetragenen Hildesheimer Fachwerkhäusern. Um diese zu erhalten, beschloss der Verein, sie zu sammeln und in einem eigens dafür eingerichteten Museum auszustellen. Im Inneren der Andreaskirche war um den erhaltenen romanischen Westbau ein geeigneter Ort gefunden. Hier entstand eine regelrechte Zentralsammelstelle für Fundstücke von Hildesheimer Bauten. Setzschwellen, Windbretter und Konsolen von historischen Fachwerkhäusern kamen in dieses „interaktive" Architektur-Museum, die bei Neubauten für eine Wiederverwendung zur Verfügung gestellt wurden.

Getragen wurde die Sammlung von der Vorstellung, mit ihr einen denkmalpflegerischen Ansatz zu verfolgen: *Diese Tätigkeit gilt vor allem der Förderung einer praktischen Denkmalpflege, die in Hildesheim einen guten und reichlichen Boden findet. Die Ergänzung der Sammlungen alter Baureste Hildesheimer Architekturen war nach wie vor eine der Hauptaufgaben des Museums.*[1]

Doch gerade die Wiederverwertung hatte oftmals zu Unmut und Kritik geführt. So war in einem Porzellangeschäft in der Wollenweberstraße eine gotische

<
Blick aus der Burgstraße nach Süden auf den Glockenturm der ehemaligen Martinikirche. Links ist die Dommauer angeschnitten. Aquarell von Richard Heyer um 1900.
Bildsammlung Roemer-Museum Inv. Nr. H 1939

>
Andreas-Museum. Knaggen und Türstürze von abgebrochenen Hildesheimer Fachwerkhäusern. Aufnahme von Franz Heinrich Bödeker nach 1893.
Stadtarchiv Hildesheim Best. 953 Nr. 345

Andreas-Museum. Geschnitzte Füllbretter von abgebrochenen Hildesheimer Fachwerkhäusern, romanische Kapitelle und Steinfragmente. Im Hintergrund ist der romanische Westbau innerhalb der Andreaskirche zu sehen. Aufnahme von Franz Heinrich Bödeker nach 1893.
Stadtarchiv Hildesheim Best. 953 Nr. 343

Spitzbogentür eingesetzt worden, obwohl *groß und breit die Jahreszahl 1737 am Hause angebracht ist.*[2]

Um das festzuhalten, was dem Untergang geweiht war, und um zu dokumentieren, was Hildesheim an Stadtqualität zu bieten hatte, vergab der Verein den Auftrag, bestimmte Straßen, Gebäude und Details historischer Bauten in Aquarellen festzuhalten. Verschiedene an der hiesigen Handwerkerschule tätige Zeichenlehrer, unter anderem Friedrich Richard Heyer, Carl Sandtrock und Heinrich Quint, fertigten über 100 Zeichnungen an, die ebenfalls im Andreas-Museum ausgestellt wurden.

Die Sammlung wuchs rasch. Neben den Bauteilen und Aquarellen von Fachwerkhäusern kamen Nachbildungen in Gips von Schnitzereien aber auch Zeichnungen, Kupferstiche und Fotografien zusammen. Ursprünglich war die Sammlung im Besitz des Vereins zur Erhaltung der Kunstdenkmäler in Hildesheim, 1932 ging sie in den Besitz der Stadt über. Daraufhin wurde ein Inventar mit sämtlichen noch bekannten Angaben verzeichnet. Als das Museum 1933 geschlossen wurde, konnte es 1025 Architekturteile und 206 Aquarelle, Blätter und Fotografien aufweisen.[3]

Im Juli 1942 wurde die Sammlung in die Sülte ausgelagert, um sie vor der drohenden Zerstörung zu schützen. Zu diesem Zeitpunkt wurde eine Liste der Objekte erstellt, mit der wir heute in der Lage sind, einen vollständigen Überblick über den damals vorhandenen Bestand zu gewinnen.

3. KARL TOLLE 3.

Das Knochenhauer-Amtshaus am Markt nach der Umgestaltung zum Kunstgewerbehaus und zur Geschäftsstelle des Fremdenverkehrsvereins. Auf dieser Fotografie ist noch sehr schön die ursprüngliche Erdgeschossgestaltung mit der Durchfahrt zu sehen. Hier hatten die Knochenhauer ihre Verkaufsläden, sogenannte „Scharren". Diese 2,45 m breite Durchfahrt bildete die Verbindung vom Marktplatz zu dem hinter dem Knochenhauer-Amtshaus gelegenen Bereich, dem sogenannten „Hoken." Im Hintergrund ist dort das Backsteingebäude von H. F. Thiesing zu erkennen. Aufnahme von Franz Heinrich Bödeker nach 1912. Stadtarchiv Hildesheim Best. 953 Nr. 219

Das „Museum für Kunstgewerbe"

Die Stadtgeschichtliche Sammlung im Knochenhauer-Amtshaus

Da die beengten Verhältnisse im Roemer-Museum weiterhin Abhilfe verlangten, gingen wiederholt Teile in weitere Museen über: 1909 entstand auf diese Weise das Handels- und Industrie-Museum im Kaiserhaus und 1912 das Kunstgewerbliche Museum im Knochenhauer-Amtshaus. Doch noch befand sich dort in einigen Räumen seit 1901 unter anderem der „Ortsverein für Verbreitung von Volksbildung zu Hildesheim" mit einer öffentlichen Lesehalle.[1] Als die in städtische Hand übergangene „Volksbücherei" 1911 in die Kreuzstraße zog, nutzte die Stadt die Gelegenheit und ließ die frei gewordenen Räume vollständig umbauen.[2]

<
Das Knochenhauer-Amtshaus am Altstädter Markt. Koloriertes Diapositiv. Sammlung Maike Kozok

Der Durchgang vom Marktplatz zum Hoken wurde im Zuge dieser Umbauarbeiten mit Schaufenstern versehen und das Erdgeschoss mit dem Zwischengeschoss zu einer großen öffentlichen Ausstellungs- und Verkaufshalle für das moderne, also zeitgenössische Kunstgewerbe umgestaltet. Um das Kunsthandwerk der heimischen Künstler zu fördern, war auf Initiative von Oberbürgermeister Ernst Ehrlicher, dem Kunstgewerbeverein und der Handwerkskammer ein „Kunstgewerbehaus" ins Leben gerufen worden, das im Knochenhauer-Amtshaus im Erdgeschoss seinen Sitz hatte.[3] Die Idee war, dass hier jedem Handwerker und Kunstgewerbetreibendem Gelegenheit gegeben werden sollte, seine Erzeugnisse ausstellen und verkaufen zu können. Hildesheimer Goldschmiede, Buchbinder, Tischler und andere Kunsthandwerker boten ihre Arbeiten auf Kommissionsbasis an. Auch der bereits seit 25 Jahren bestehende „Verein zur Hebung des Fremdenverkehrs" erhielt im Erdgeschoss Räumlichkeiten.

In die vollständig umgebauten Räume des ersten Obergeschosses und des ersten Dachgeschosses kam ein großer Teil der kunstgewerblichen und heimatkundlichen Sammlungen des Roemer-Museums. Damit war ein erstes Heimatmuseum entstanden, das altniedersächsische Wohnungskunst, Hildesheimer Wohn- und Schlafzimmer, Bauernzimmer, sowie Truhen, Schränke, Schmiede- und Textilkunst präsentierte. Geordnet hatte es Otto Rubensohn, der erste Direktor des Pelizaeus-Museums von 1907 bis 1915, der auch für die heimatkundlichen Sammlungen zuständig war.

Knochenhauer-Amtshaus als Kunstgewerbehaus und Museum für Heimat und Historische Kunst: Bauernstube mit Spinnrad. Aufnahme von Franz Heinrich Bödeker nach 1912. Stadtarchiv Hildesheim Best. 953 Nr. 751

Im Anschluss an den Gildesaal lagen im Obergeschoss zwei Hildesheimer Bürgerzimmer, die mit Möbeln und Einrichtungsgegenständen aus dem Besitz alteingesessener Hildesheimer Familien ausgestattet waren. Besonderer Beliebtheit erfreuten sich die Zimmer aus der Zeit des ausgehenden Empire (um 1820) und des Rokoko (um 1780).[4]

Im Dachgeschoss befanden sich weitere Ausstellungsräume: ein blaues Bauernzimmer und eine Schlösser- und Türklopfersammlung, ein Hildesheimer Zimmer um 1840, eine Küche mit einer Nürnberger Puppenküche aus dem Jahr 1770 und zwei Zimmer mit Bauernmöbeln aus dem Rokoko. Die weiteren Räume enthielten eine Edelmetall- und Keramiksammlung, die bis in die romanische Zeit zurückreichte und teilweise aus dem Bestand der ehemaligen Martinikirche stammte.

Am 1. Dezember 1912 fand die Eröffnung statt, und das Haus wurde in „Kunstgewerbehaus" umbenannt. Altes und neues Kunstgewerbe war somit in einem Haus untergebracht *als anregendes Vorbild für das moderne Kunstgewerbe.*[5]

Am 22. März 1990, genau 45 Jahre nach der Zerstörung des Hauses, eröffnete das Roemer-Museum seine Stadtgeschichtliche Sammlung im wiedererstandenen Knochenhauer-Amtshaus. In den oberen vier Stockwerken präsentiert sich in chronologischer Abfolge die Geschichte der Stadt Hildesheim, jede Ausstellungsetage ist einem bestimmten historischen Zeitraum zugeordnet.[6]

Zimmer der Empirezeit. Das aus gemasertem Mahagoni gefertigte Sofa mit vergoldeten Viktoriabüsten unter den volutenförmigen Lehnen existiert noch heute. Es war ein Geschenk des Fabrikaten Senking. Charakteristisch für die Zeit des Empire und des Biedermeiers waren die nach englischem Vorbild angefertigten Stühle. Aufnahme von Franz Heinrich Bödeker nach 1912. Stadtarchiv Hildesheim Best. 953 Nr. 746

Der junge Wilhelm Pelizaeus (1851-1930) in Alexandria, gekleidet im orientalischen Gewand. Aufnahme aus dem Jahr 1869. Bildsammlung Pelizaeus-Museum Inv. Nr. WP Nr. 2

Das Pelizaeus-Museum

Wilhelm Pelizaeus und die Schenkung seiner Ägyptensammlung 1907

Im Jahr 2007 konnte das Roemer- und Pelizaeus-Museums ein bedeutendes Jubiläum feiern. Vor 100 Jahren, im Januar 1907, schenkte der in Hildesheim geborene Großkaufmann Wilhelm Pelizaeus (1851-1930) der Stadt Hildesheim seine Sammlung ägyptischer Altertümer.

Bereits mit 18 Jahren trat Pelizaeus im Jahr 1869 eine Reise nach Ägypten an, um in der Firma seines Onkels in Alexandria Erfahrungen als Textilkaufmann zu sammeln. Er konnte sich sehr bald in Kairo selbständig machen und stieg zum Konsul und Direktor der „National Bank of Egypt" auf. Fasziniert von der Kultur des alten Ägyptens, begann Pelizaeus Bronzefiguren und Terrakotten aus allen Epochen der ägyptischen Kulturgeschichte zu kaufen. Da er ein hervorragender

<
Das Pelizaeus-Museum im ehemaligen Lutherischen Waisenhaus von 1866. Aufnahme nach 1911. Bildsammlung Pelizaeus-Museum

„Schaubild zu einer Erweiterung des Roemer-Museums in Hildesheim – entworfen u. gez. Adolf Zeller August 07". Bildsammlung Roemer- und Pelizaeus-Museum Inv. Nr. H 5705H

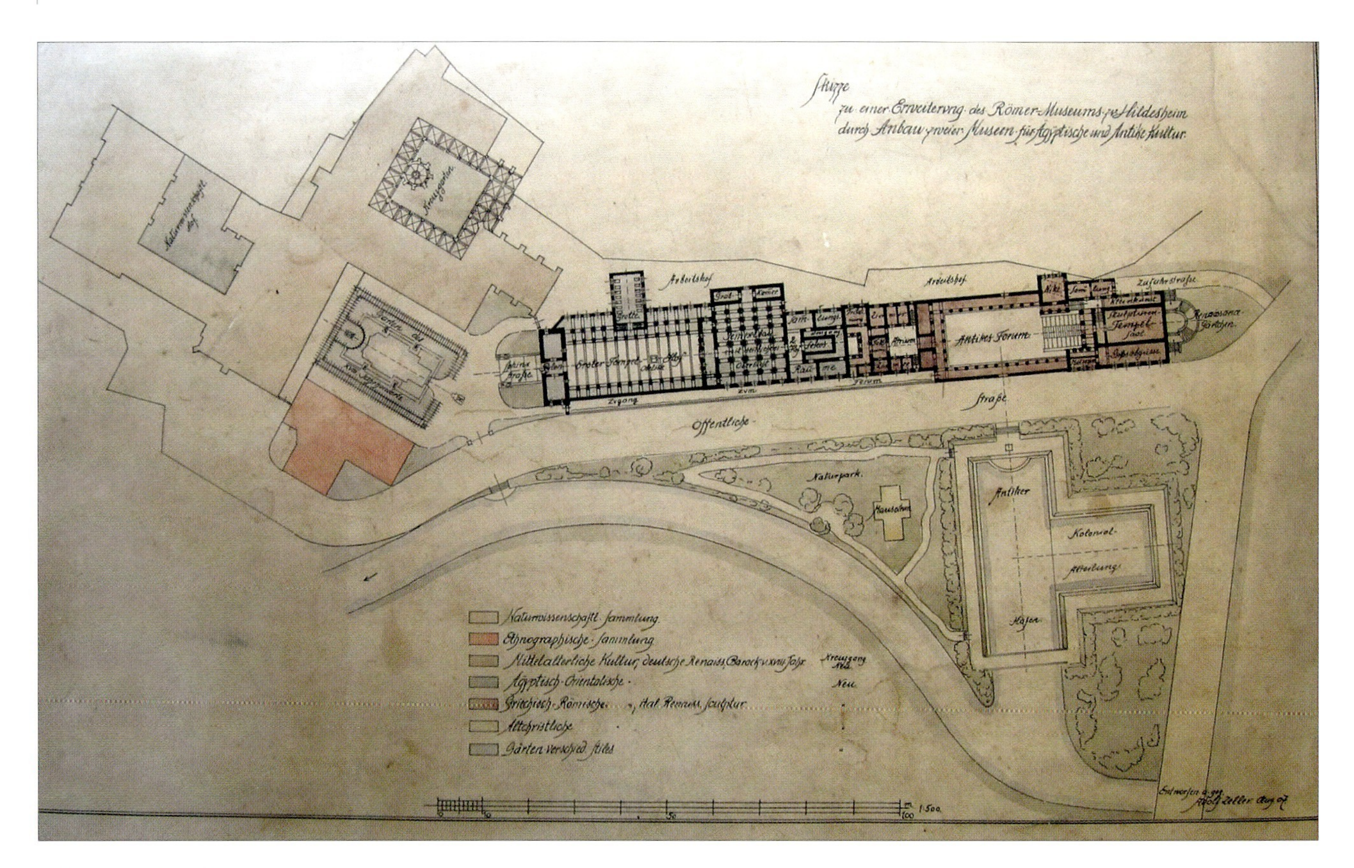

„Skizze zu einer Erweiterung des Roemer-Museums in Hildesheim durch Anbau zweier Museen für Ägyptische und Antike Kultur – entworfen u. gez. Adolf Zeller August 07“.
Bildsammlung Pelizaeus-Museum

Kenner der Altertümer war, sammelte er nur die besten Stücke. Zudem beteiligte er sich finanziell an Grabungen auf dem Pyramidenfriedhof von Giza und hatte durch offizielle Fundteilung entsprechend Anteil an den zutage geförderten Fundstücken. Auf diese Weise kam Pelizaeus ganz legal in den Besitz kostbarer, heute unschätzbar wertvoller Objekte.[1]

So kam es, dass sein Haus in Kairo bald nicht mehr ausreichte, um die zahllosen Schätze aufzunehmen. Daraufhin beschloss Pelizaeus seiner Heimatstadt seine Sammlung von rund 1000 erlesenen Exemplaren zu schenken. In einem Schreiben aus Kairo vom 18. Januar 1907 machte er folgende Bedingungen: *dass dieselbe* [Sammlung] *zusammen mit den bereits dort befindlichen meistens von mir geschenkten Sachen, als geschlossenes Ganzes unter Bezeichnung „Sammlung Pelizaeus“ würdig in sichern trockenen Räumen, nach meinen näher zu betreffenden Angaben ausgestellt und für die gute Conservierung Sorge getragen wird.* [...]. *Ich wünsche ferner, dass das Museum möglichst drei mindestens 2 mal wöchentlich unentgeltlich geöffnet wird.*[2] Um diese Sammlung – wie von Pelizaeus gefordert – geschlossen zu präsentieren, mussten neue Räumlichkeiten gefunden und erworben werden. Neben den von Pelizaeus geschenkten Objekten hatte Hermann Roemer bereits von seiner Ägyptenreise 1870 erste Ausstellungsstücke, wie Büsten ägyptischer Könige und Grabstelen mitgebracht, um ein „Ägyptisches Zimmer“ einzurichten.[3] Auch diese Schätze, die immerhin rund 300 Stück ausmachten, sollten die Sammlung komplettieren.

Doch selbst für die bestehenden Sammlungen war in den Räumen des Roemer-Museums nicht mehr genügend Platz vorhanden. Mit der Schenkung musste ein altbekanntes Problem gelöst werden, der akute Mangel an Magazinen und Ausstellungsräumen. Um diesem Dilemma Abhilfe zu schaffen, musste etwas geschehen.

Bereits im Jahr 1906 hatte Direktor Rudolf Hauthal dem Magistrat den Kauf und Umbau des Lutherischen Waisenhauses vorgeschlagen, das unmittelbar neben dem Museum lag. Der Museumsvorstand war *nach eingehender Besichtigung des Waisenhauses zu dem Beschluß gekommen, dass der Erwerb des Waisenhauses für das Museum eine Notwendigkeit ist, da die jetzt dem Museum zur Verfügung stehenden Räumlichkeiten eine weitere Ausdehnung der Sammlung nicht gestatten.*[4] Die Verhandlungen mit dem Waisenhausvater verliefen offenbar positiv, denn schon am 13. Januar 1907 ging ein Schreiben von Hauthal an das Stadtbauamt: *Das evangelische Waisenhaus beabsichtigt, seine Grundstücke nebst Gebäuden zu verkaufen und einen Neubau an anderer Stelle vorzunehmen und hat dem städt. Roemer-Museum das jetzige Wohngebäude nebst dem Museum für seine jetzigen oder demnächstigen Zwecke etwa erforderlichen Grund und Boden zum Kaufe angeboten.*[5] Der Museumsvorstand wusste bereits von dem Ansinnen Pelizaeus und wollte für den Fall Sorge tragen, dass die Stücke in Hildesheim einträfen.

Umbau des lutherischen Waisenhauses
zum Museum.

1. Obergeschoss.

Aegyptische-Sammlung.
Aegyptische Sammlung.
Vorplatz.
Kupferstiche.
2ter Direktor.

„Umbau des lutherischen Waisenhauses zum Museum". Insbesondere das erste Obergeschoss diente seit 1911 dem „Ägyptischen Museum". Stadt Hildesheim, Bauverwaltung, Hausakte „Am Steine 1 u.2"

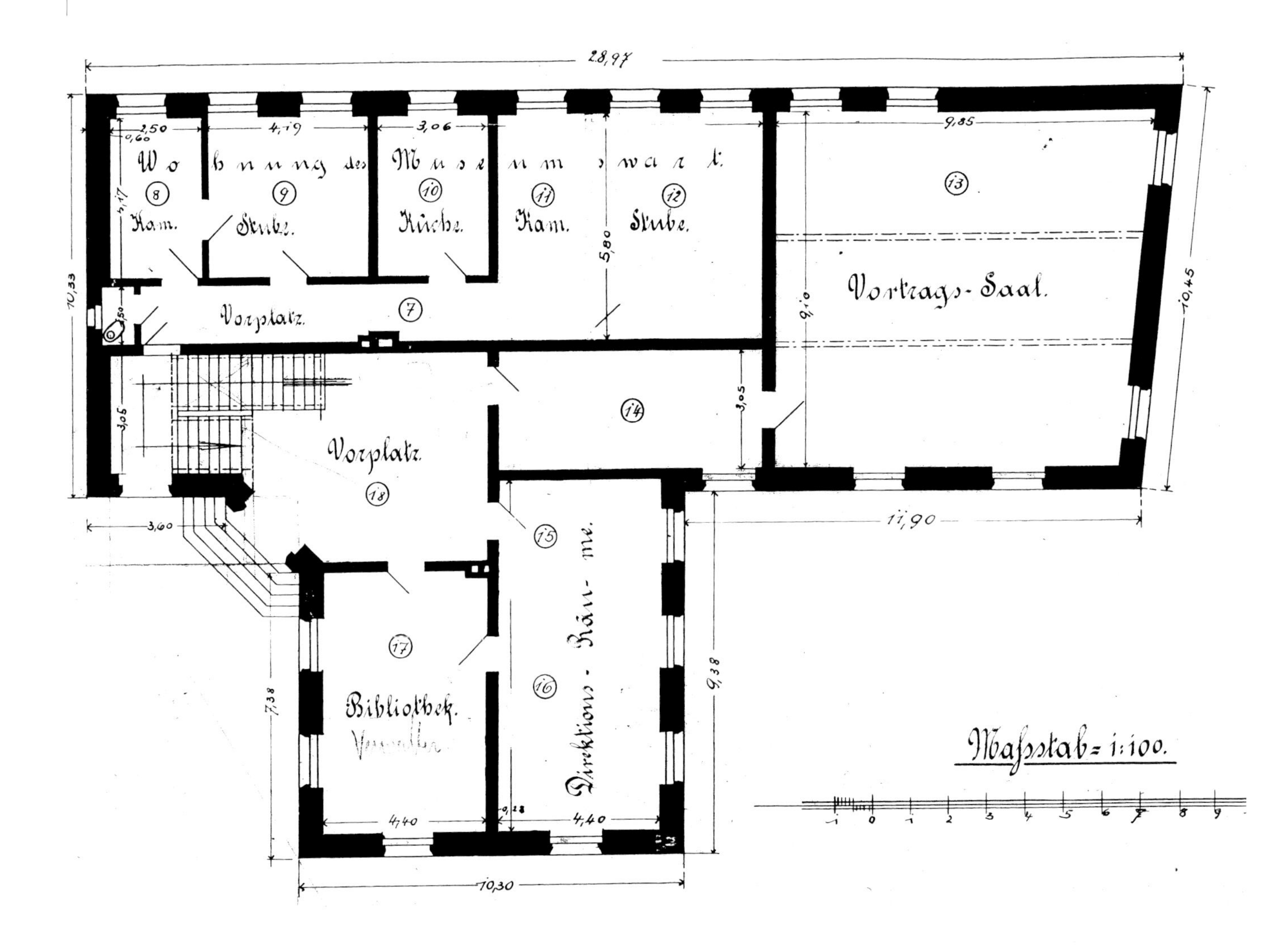

„Umbau des lutherischen Waisenhauses zum Museum". Im Erdgeschoss waren zunächst ein Vortragssaal, die Bibliothek, das Direktionszimmer und die Wohnung des Museumswart untergebracht. Wenige Jahre später befanden sich auch hier Ausstellungsräume.
Stadt Hildesheim, Bauverwaltung, Hausakte „Am Steine 1 und 2"

Hauthal machte dem Magistrat in einem Schreiben vom 10. März 1907 den Kauf des Waisenhauses schmackhaft: *Wir glauben, dass die Stadt sich diese überaus wertvolle Schenkung eines ihrer Söhne nicht entgehen lassen darf, da aber das jetzige Museum für die Aufstellung derselben keinen Raum gewährt, so liegt, wenn die Schenkung angenommen werden soll, schon allein aus diesem Grunde die Notwendigkeit einer Vergrößerung des Museums vor. Wie sich aus den Briefen des Herrn Pelizaeus ergibt, hält derselbe für die Aufstellung einen Teil der Räume des oberen Stockwerks des Waisenhauses für ausreichend und auch für angemessen.* [...] *Ausser für die ägyptische Sammlung würde das jetzige Waisenhaus noch Raum bieten für eine Wohnung für den Museumswart und für einen dringend wünschenswerten Vortragssaal.*[6]

Die Verhandlungen mit der Stadt zogen sich zwar noch hin, doch im Herbst 1909 war schließlich ein selbständiges „Pelizaeus-Museum" als städtische Institution mit eigener Verwaltung gegründet worden, unabhängig vom Museumsverein.[7]

Mit dem Kauf des Waisenhauses war auch der ausladende Waisenhausgarten verbunden, der immerhin vom dem Heim bis zur Stinekenpforte reichte. Aber mit dem Gartenareal bestand auch die Möglichkeit, ein völlig neues Museum zu planen.

Der Erweiterungsentwurf des Regierungsbaumeisters Adolf Zeller von 1907

Warum also nicht den ganzen Garten bebauen? So dachte offenbar Regierungsbaumeister Adolf Zeller. Ganz unter dem Eindruck der Entwürfe des Architekten Alfred Messel für das Pergamon-Museum auf der Museumsinsel in Berlin entwickelte Zeller 1907 einen überaus phantasievollen Erweiterungsplan (s. S. 124/125).

Südlich der Dommauer sollte ein Neubau entstehen mit nacheinander angeordneten Bauten in Gestalt von römischen Tempeln mit Höfen, Obelisken und Grotten. Weiter südlich folgte ein Naturpark mit einem antiken Hafen, an der

Die „Seufzerbrücke", der Durchgang zum ehemaligen Kreuzgang des Klosters und späteren Innenhof des Waisenhauses. Über diesen 1911 erneuerten Zugang war das Roemer-Museum in der Martinikirche mit dem Pelizaeus-Museum verbunden. Aufnahme Maike Kozok 2007

Einer der Prunkstücke der Sammlung war die beeindruckende Granitfigur der löwenköpfigen Göttin Sachmet aus Luxor, die vor dem Museum aufgestellt wurde. Aufnahme von Franz Heinrich Bödeker nach 1911. Bildsammlung Pelizaeus-Museum Inv. Nr. 02153-2

<

Wilhelm Pelizaeus vor dem Eingang des Pelizaeus-Museums. Aufnahme nach 1911. Bildsammlung Pelizaeus-Museum

Die Bibliothek im Erdgeschoss des Pelizaeus-Museums. Bildsammlung Pelizaeus Museum

Saal 8 im Erdgeschoss mit ägyptischen Gräberfunden. Aufnahme von Franz Heinrich Bödeker 1911. Stadtarchiv Hildesheim Best. 952 Nr. 160/15

Stelle, an der heute die Augustinusschule steht. Es war der kühne Versuch, die Museumsbauten den auszustellenden Objekten anzupassen. Verwirklicht wurde letztlich aber nur der Umbau des Waisenhauses von Stadtbaurat Hermann Seevers. Mit dem Auszog der Waisenkinder in den Neubau in der Tappenstraße, dessen Entwurf ebenfalls von Seevers stammt, konnte der Umbau im März 1910 genehmigt und im Frühjahr 1911 beendet werden.[8]

Die Einrichtung des Pelizaeus-Museums im ehemaligen lutherischen Waisenhaus 1911

Am 29. Juli 1911 fand die Eröffnung des Pelizaeus-Museums statt. Eines der Prunkstücke der Sammlung war die beeindruckende Granitfigur der löwenköpfigen Göttin Sachmet aus Luxor, die vor dem Museum aufgestellt wurde.

In sieben Sälen waren nur Kunstwerke vertreten, die eine für Ausgrabungsfunde außergewöhnliche Qualität besaßen. Denn es handelte sich, wie der Berliner Ägyptologe Adolf Erman es formulierte, nicht lediglich um unansehnliche Fragmente, die dem Gelehrten vielleicht wichtig erscheinen, sondern durchweg um gut erhaltene Originale, die auch dem Laien etwas sagen konnten.[9] Auf den besonderen Wunsch Pelizaeus wurde Otto Rubensohn (1867-1964) der erste Direktor des Museums, ihm folgte von 1915 bis 1943 Günther Roeder (1881-1966).

Im Obergeschoss begann der chronologisch aufgebaute Rundgang: die Säle 1 und 2 enthielten Objekte aus dem Alten Reich, Saal 3 war der griechisch-römischen Zeit gewidmet, Saal 4 der ägyptischen Kleinplastik und in Saal 5 waren wiederum Funde aus der griechisch-römischen Zeit ausgestellt. Im Erdgeschoss befanden sich Saal 6 und 7 mit Steinskulpturen aus Tempeln und Gräbern, zudem gab es einen Vortragssaal. Doch neue Schenkungen aus Kairo ließen den Bestand derartig anwachsen, dass die Räume nicht mehr ausreichten und der Vortragsaal 1914 für die Aufstellung der Gräberfunde aufgegeben werden musste.

Eine besondere Attraktion war Saal 1. Hier standen die Ausstellungsstücke aus der Zeit des Alten Reichs und der griechischen Epoche in Ägypten in schlichten, eleganten Vitrinen. Auch die Deckenbemalung blieb zurückhaltend, sie war einem ägyptischen Tempel nachempfunden. Diese ungewöhnlich moderne Konzeption stammte von Rubensohn, die er zusammen mit Pelizaeus erarbeitet hatte.

Dr. Otto Rubensohn (1867-1964). Aus: Archäologenbildnisse, 1988

Zeichnung für den Anbau der zweigeschossigen Nische. In rot sind die Veränderungen eingetragen: die zwei mittleren sowie die vier seitlichen Fenster wurden entfernt und die Gewändesteine für eine Wiederverwendung gelagert. Die Inschriftentafel wurde wieder eingesetzt. Stadtarchiv Hildesheim Best. 102 Nr. 11411

Saal 1 im Pelizaeus-Museum mit den altägyptischen Altertümern. Die Nische wurde eigens für die lebensgroße Kalksteinstatue des Wesirs Hem-iunu aus Giza an das bestehende Museum angebaut. Aufnahme von Franz Heinrich Bödeker nach 1912. Bildsammlung Pelizaeus-Museum

Saal 6 mit Steinskulpturen aus Tempeln und Gräbern. In der Mitte befindet sich ein roter Granitsarkophag, der die Form einer Mumie nachbildet. Im Vordergrund steht auf einem hohen Sockel das Säulenkapitell, das das Antlitz der Liebesgöttin Hathor mit Kuhohren und vollem Haar zeigt. Aufnahme von Franz Heinrich Bödeker. Bildsammlung Pelizaeus-Museum

Die Nische für die Statue des Hem-iunu 1912

Nach Eröffnung des Museums erwarb Pelizaeus weitere Exponate. 1912 kam einer der heute wohl prominentesten Hildesheimer in das Pelizaeus-Museum, die lebensgroße Kalksteinstatue des Wesirs Hem-iunu aus Giza. Um ihn würdevoll zu präsentieren, wurde ihm zu Ehren im Sommer 1912 eine eigene Nische an der südlichen Fassadenfront des Pelizaeus-Museums angebaut. Der Anbau reichte über zwei Geschosse, somit erhielt das Museum im Erdgeschoss einen weiteren Raum.

<
Grabstatue des Wesirs Hem-iunu (Altes Reich, um 2530 v. Chr.). Ungewöhnlich ist die Wiedergabe der Körperfülle dieses ägyptischen Beamten. Bildsammlung Roemer- und Pelizaeus-Museum Inv. Nr. 1962 G

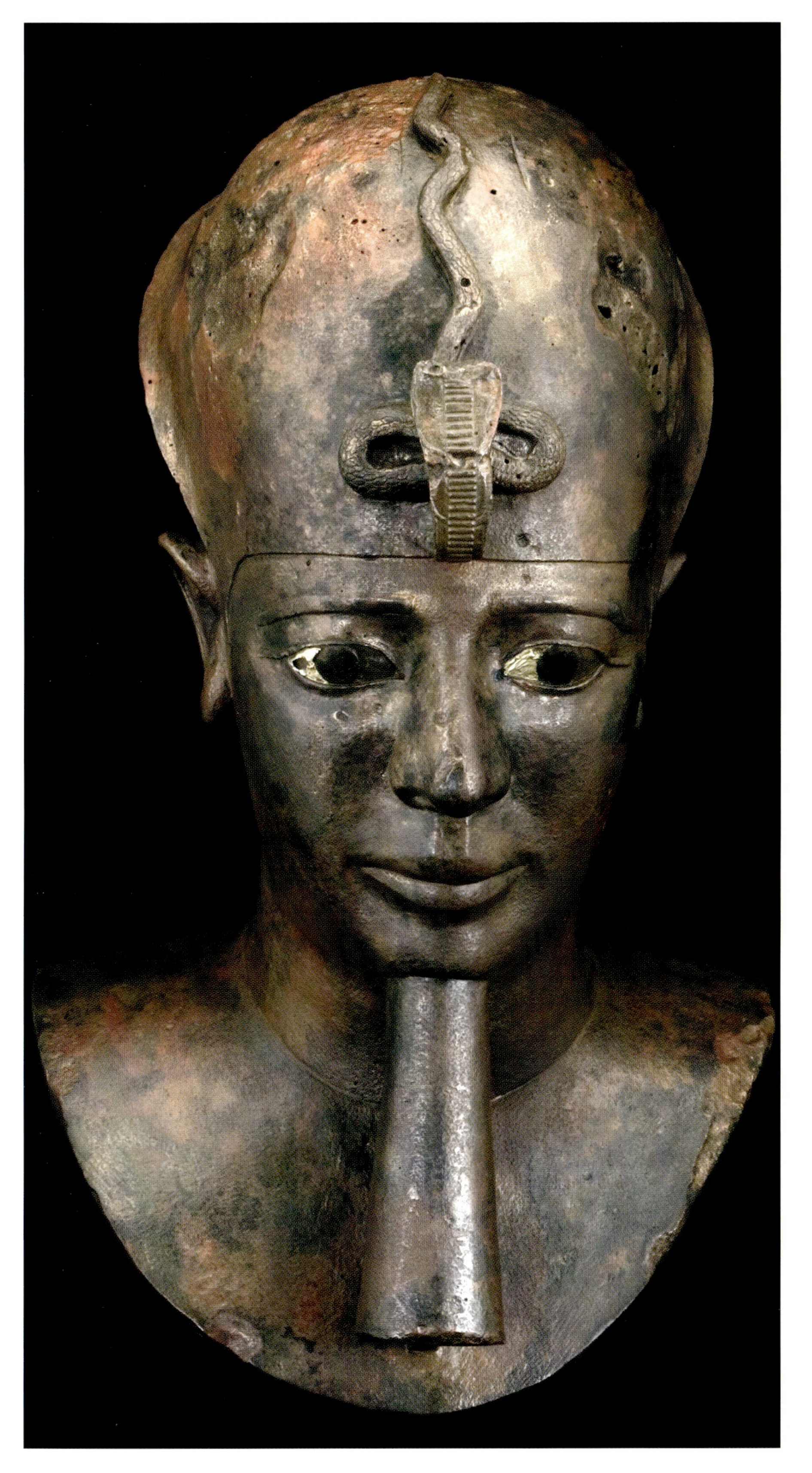

Bronzebüste eines Königs, sog. „Grüner Kopf", 4. Jahrhundert v. Chr.
Bildsammlung Pelizaeus-Museum Inv. Nr. 384

Professor Dr. Günther Roeder
(1881-1966).
Kohlezeichnung von 1928.
Bildsammlung Pelizaeus-Museum

<
Terrakottaplastiken eines Flötenspielers und eines alexandrinischen Bettlerpaars aus hellenistischer Zeit. Aufnahme von Franz Heinrich Bödeker
Pelizaeus-Museum Hildesheim
Inv. Nr. 464 (Platte 239)

<
Schiffsmodell.
Aufnahme von Franz Heinrich Bödeker
Bildsammlung Pelizaeus-Museum
Inv. Nr. 1697 (Platte 475)

Standfigur des Gottes Anubis,
3. Jahrhundert v. Chr.
Bildsammlung Pelizaeus-Museum
Inv. Nr. 1582

<

Kalksteinstatue des Schreibers Heti.
Altes Reich, um 2300 v. Chr.
Bildsammlung Pelizaeus-Museum
Inv. Nr. 2407

Mastaba-Anbau (Grabkammer des Uhemka). Entwurf von 1925/26 für einen langgestreckten Flügel. Kohle- und Farbstiftzeichnung von August Caesar Gothe. Stadtarchiv Hildesheim Best. 102 Nr. 11286

Mastaba-Anbau (Grabkammer des Uhemka). Alternativentwurf von 1925/26 für eine kleinere Variante. Kohle- und Farbstiftzeichnung von August Caesar Gothe. Stadtarchiv Hildesheim Best. 102 Nr. 11286

Der Mastaba-Anbau (Grabkammer des Uhemka) 1925/26

Mit dem Ausbruch des Ersten Weltkriegs kam die Bautätigkeit zum Erliegen. Das Kriegsgeschehen dämmte das bisher gewohnte Wachstum der Sammlungen ein. Doch nach zehnjähriger Pause wurden 1924 die Grabungen in Ägypten wieder aufgenommen. Sie brachten eine weitere Kostbarkeit aus dem Alten Reich nach Hildesheim, die Grabkammer des Uhemka, die sogenannte „Mastaba". Bei einer Mastaba handelt es sich um einen rechteckigen, länglichen Grabbau aus aufgeschichteten massiven Kalksteinblöcken mit einer Kultkammer im Inneren. Die Mastaba des Uhemka war das Grab eines vornehmen Ägypters, der zur Zeit des Alten Reichs (Mitte des 3. Jahrtausends v. Chr.) lebte.[10]

Um diese Grabkammer repräsentativ aufzustellen, war wiederum ein Anbau nötig, der 1926 beendet war. Höchst interessant ist die Art und Weise, wie diese Grabkammer in das Museum integriert wurde. Ein erster Gedanke war – wie zwei Zeichnungen des Stadtarchitekten August Caesar Gothe (1883-1971) zeigen – mit dem Anbau einen geschlossenen Innenhof zu schaffen, also die ursprüngliche

Die Mastaba (Grabkammer des Uhemka) von 1925/26. Bildsammlung Pelizaeus-Museum

Saal 1 mit Statuen aus dem Alten Reich. Links ist der Anbau für die Grabkammer des Uhemka zu sehen. Die Deckenbemalung war ganz einem ägyptischen Tempel nachempfunden. Koloriertes Diapositiv Atelier Bödeker nach 1926. Stadtarchiv Hildesheim Best. 957 Nr. 327

Klostersituation des Kreuzgangs wieder herzustellen. Verwirklicht wurde jedoch nur ein kleiner Anbau im Osten des Pelizaeus-Museums. Um die Einheit von Altem und Neuem nicht zu stören, wurde unglaublich akribisch jeder einzelne Stein genau nach Vorgaben in Höhe, Breite und Erscheinungsbild angefertigt. Diese mühevolle Arbeit war aus dem Grund vorgenommen worden, weil der Anbau exakt in den Altbau passen sollte, die horizontalen Fugen, sogenannte Lagerfugen, mussten bei beiden Bauteilen übereinstimmen. Auch ein vorhandenes älteres Fenster sollte wiederverwendet werden.

Helfried Küsthardt war für die Steinmetzarbeiten zuständig. Gefordert war: *Das neu zu verwendende Material ist bezüglich Körnung, Farbe und Bearbeitung genau entsprechend jenen am Pelizaeus-Museum (Hofseite) zu wählen. Desgleichen sind die Schichthöhen, wenigstens für den Anschluss (stellenweise Schichtwechsel innerhalb der neuen Gebäudeflächen ist zulässig), genau entsprechend einzuhalten.* [...] *Die Hausteine müssen schichtenweise 18, bzw. 26 cm ins Mauerwerk einbinden und werden beim Versetzen durch den Unternehmer für die Maurerarbeiten rückseitig geteert.*[11]

Das Ergebnis ist eindeutig: Heute ist nicht zu erkennen, dass der Mastaba-Anbau erst 60 Jahre später errichtet wurde, und genau das war bezweckt worden. Im Inneren gab es somit im Erdgeschoss einen weiteren Raum über dem sich der

Kultraum des Uhemka befand, in den die Besucher hineintreten konnten. Diese „Mastaba" war neben Hem-iunu die Hauptsehenswürdigkeit des Museums.

In den darauf folgenden Jahren erhielt das Pelizaeus-Museum durch die Grabungen einen erheblichen Zuwachs an Fundstücken, die einen dritten Erweiterungsbau an das Museum notwendig werden ließen. Mit dem nun folgenden Umbau entstand das heutige Aussehen des Gebäudes.

Der Umbau des Pelizaeus-Museums 1930

Bereits 1918 war geplant gewesen, das Museum durch die Schließung der Nordwestecke zu vergrößern. Der Hildesheimer Architekt Walter Evers (1892-1946) konzipierte seinen Entwurf noch so, dass der Turm erhalten blieb.[12] Roeder und Pelizaeus favorisierten jedoch andere Pläne. Sie verfolgten 1926 das Ziel, ein „Museumsviertel" südlich der Sedanstraße entstehen zu lassen. Doch der Magistrat lehnte den Neubau ab.[13]

Blick vom Palandtweg auf das ehemalige Pelizaeus-Museum. Zu sehen ist der hochrechteckige Anbau für Hem-iunu von 1912 (mit der versetzten Inschriftentafel des Waisenhauses von 1866) und rechts der Anbau der Mastaba von 1925/26. Aufnahme Maike Kozok 2007

Im Juni 1930 konnte der Umbau des Pelizaeus-Museums mit einer Stiftung von Pelizaeus in Angriff genommen werden. Dafür wurde die gesamte Eingangssituation des Museums, also des früheren neugotischen Waisenhauses mit dem kleinen Turm niedergelegt, und zwar Stein für Stein. Das geschah ganz zum Unmut von Helfried Küsthardt und seinem Sohn Heinz. Denn sie mussten die Steine vorsichtig loslösen, reinigen und zur Wiederverwendung lagern, was erheblich aufwändig war. Die noch fehlenden Steine wurden genau nach dem Vorbild der alten Steine gefertigt. Ganz bewusst wurden Baufugen vermieden, um mit den alten Steinen ein Gesamtkunstwerk zu schaffen, wie es bereits bei dem Anbau der Mastaba von 1926 der Fall gewesen war. Überaus geschickt schmiegt sich die Front des neuen Treppenhauses an das alte Mauerwerk und lässt die Eingangsfassade zu einem modernen Museumseingang werden. Damit fügt sich der Entwurf von Stadtoberbaurat Johannes Köhler und Stadtarchitekt August Caesar Gothe wie selbstverständlich an den Altbau von 1866 an.

Entwurf des Architekten Walter Evers für den Umbau des Pelizaeus-Museums von 1918. Stadtarchiv Hildesheim Best. 102 Nr. 12486

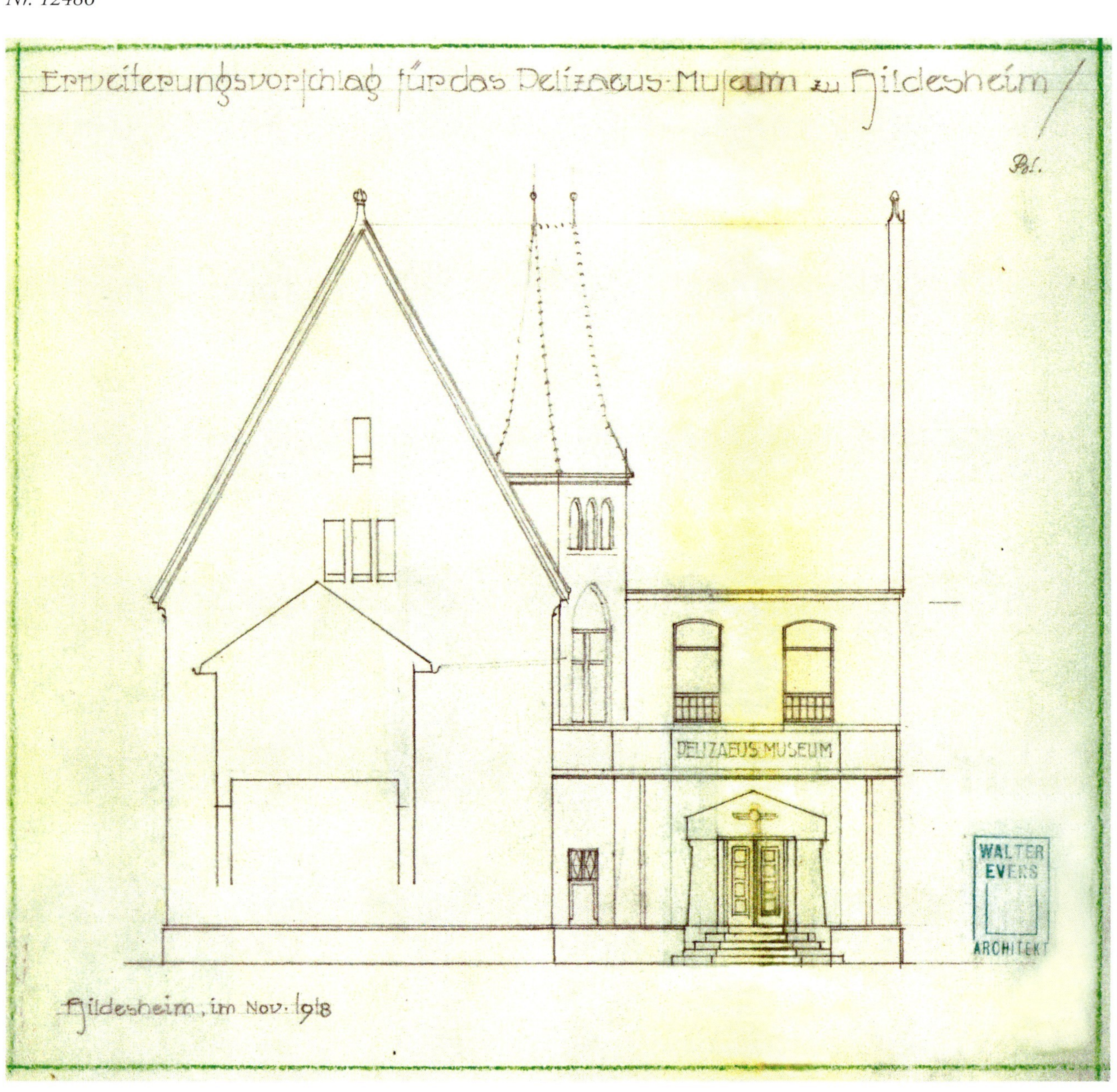

Das Pelizaeus-Museum mit der alten Eingangsfront des neugotischen lutherischen Waisenhauses von 1866. Aufnahme vom 7. Juni 1930. Stadtarchiv Hildesheim Best. 951 Nr. 4110

Das Dach und der Turm sind abgetragen, Teile der Fassade sind herausgebrochen. Die Steine wurden einzeln zur Wiederverwendung entnommen. Aufnahme vom 21. Juni 1930. Stadtarchiv Hildesheim Best. 951 Nr. 4110

Zwei Fassaden sind abgetragen, zu sehen sind jetzt die Innenwände. Die Außenwände bestehen aus Backsteinen mit Werksteinverblendung. Aufnahme vom 14. Juli 1930. Stadtarchiv Hildesheim Best. 951 Nr. 4110

„Umbau und Erweiterung des Pelizaeusmuseums". Ansicht der Nordfassade mit Korrekturen. Stadtverwaltung Hildesheim, Hausakte „Am Steine 1 und 2"

Das ehemalige Pelizaeus-Museum mit dem Umbau von 1930. Heute sind hier die Museumsverwaltung und die Bibliothek untergebracht. Aufnahme Maike Kozok 2007

Im Inneren erhielt das Gebäude eine Eingangshalle mit Kassettendecke in Gipsglätteputz, blauen Kacheln und rot geflammten Fliesen, wie wir es heute noch kennen.[14] Probleme bereiteten die schweren Sarkophage. Da die Decken statisch nicht genügten, war eine Verstärkung der Decken durch Stützen notwendig.

Pelizaeus konnte die Vollendung des neuen Museums leider nicht mehr erleben. Er starb im Oktober 1930, nur wenige Monate vor der Einweihung.[15]

Mit dem Umbau des Pelizaeus-Museums kam es vorerst zum Abschluss der Bautätigkeiten.

Das Museumsgebäude wurde bereits im Juli 1944 für die Dienststellen des Ernährungsamtes Hildesheim umgebaut, das von der Paul von Hindenburg-Schule hierher verlegt worden war. Nach dem Bombenangriff vom März 1945 wurden viele Räume des kaum zerstörten Museums zunächst anderweitig genutzt, da ja auch die Bestände noch ausgelagert waren.

Mit der Präsentation von ausgesuchten Stücken der Altägypten-Sammlung im Erdgeschoss des Pelizaeus-Museums, sowie einer Auswahl aus den Beständen des Roemer-Museums im Obergeschoss, konnte das Museum am 20. August 1948 wieder eröffnet werden.[16]

Hans Kayser (1911-1989) war 1945 als Nachfolger von Roeder zum Direktor beider Museen ernannt geworden. Mit seiner Wiedereinsetzung als Museumsdirektor 1947 besaß Kayser bis 1974 maßgeblichen Einfluss auf das Museumsgeschehen in Hildesheim, das die nach seiner Amtszeit folgenden, enorm erfolgreichen Ausstellungen erst ermöglichte.

Wilhelm Pelizaeus (1851-1930). Bildsammlung Pelizaeus-Museum

Treppenhaus im umgebauten Pelizaeus-Museum mit Blick in das Erdgeschoss. Aufnahme nach 1931. Bildsammlung Pelizaeus-Museum

Eingangshalle im umgebauten Pelizaeus-Museum. Die Granitsärge flankieren die Nische mit der Büste Pelizaeus. Aufnahme nach 1931. Bildsammlung Pelizaeus-Museum

<
Treppenhaus und Ehrenhalle im umgebauten Pelizaeus-Museum, heutige Situation.
Aufnahme Shahrokh Shalchi 2008

Ehrenhalle im umgebauten Pelizaeus-Museum. Situation vor 1930 und heute. Bis zum Tod von Wilhelm Pelizaeus 1930 befand sich die Granitfigur der löwenköpfigen Göttin Sachmet in der Nische, dann wurde die Büste Pelizaeus hier aufgestellt.
Bildsammlung Pelizaeus-Museum / Aufnahme Shahrokh Shalchi 2008

Die Ruine der Martinikirche und die nicht zerstörte Portiuncula. Blick von der Burgstraße aus. Aufnahme vom 9. August 1946
Roemer-Museum Inv. Nr. H 6146.13

Die Zerstörung von 1945

Der Bombenangriff vom 22. März 1945 machte das Werk von Generationen zunichte. Das von 1885 bis 1887 errichtete Roemer-Museum wurde fast vollständig zerstört, lediglich die Umfassungsmauern und das Treppenhaus standen noch aufrecht. Glücklicherweise überstanden zumindest die Portiuncula und das Pelizaeus-Museum beinahe unbeschadet den Angriff. Die Martinikirche wurde ebenfalls bis auf die Umfassungswände zerstört. Leider gingen Teile der Sammlungen verloren, die nicht rechtzeitig in Sicherheit gebracht werden konnten, wie die große Tiersammlung, die drei Säle umfassende Sammlung der Gipsabgüsse, die Uniformsammlung, sowie die Riesengiraffe und das Walfischskelett.[1]

Bereits 1942 waren Objekte ausgelagert worden. Insgesamt wurden 550 Kisten auf 23 Bergungsorte verteilt und z.T. auch in den Museumsräumen brandsicher untergebracht. Mit der Sicherung waren der Provinzialkonservator Dr. Hermann Deckert, Oberregierungs- und Oberbaurat Hans Gensel und der als sachverständiger Berater hinzugezogene Restaurator Josef Bohland senior beauftragt.[2]

Den Untergang des Roemer-Museums am 22. März 1945 beschreibt Bohland: *In der Zeit vom März 1942 bis zur Katastrophe wurden sämtliche Sammlungen des Pelizaeus-, des Roemer- und des Heimat- und Andreas-Museums mit großer Sorgfalt trotz vieler Schwierigkeiten gesichert und ausgelagert.* Dann folgte das Inferno: *eine*

<
Blick von Nordosten auf die zerstörte Martinikirche. Aufnahme von Theo Wetterau, Archiv der Hildesheimer Allgemeinen Zeitung (Stadtarchiv Hildesheim Best. 979-3 Nr. 00714)

ungeheure senkrechte Flammenwand steigt aus der alten Martinikirche durch das entblößte Sparrenwerk zum Himmel. Prasselnd und krachend reißt das schwere Walfischgerippe, welches an der Decke des Kirchenschiffs hing, den gesamten Dachstuhl in die Tiefe.[3]

Am Nachmittag des 23. März war die Feuersgefahr soweit gebannt, daß man daran denken konnte, den Schaden zu besichtigen und die vielen Bergungsorte in der Stadt zu kontrollieren [...]. *Ein neuer Feind tauchte auf: Regenfälle und Gewitterschauer drangen durch die Decken der Museumsbauten und durch die dicken Kellerdecken in die Schutzräume und drohten zu vernichten, was vor Feuer und Raub bewahrt worden war. Besonders die empfindlichen Denkmäler des Pelizaeus-Museums waren schwer gefährdet. Die Dächer wurden in aller Eile soweit gedeckt, wie Ziegel aufzutreiben waren, die Gegenstände in trockene Räume zusammengetragen und dauernd umgeschichtet. Feuchtgewordene Kisten mußten umgepackt und der Inhalt getrocknet werden. Diese Arbeit nahm uns der alte Präparator des Museums, Herr Specht ab, der unermüdlich tätig war.*[4]

Das empfindliche Museumsgut, das im Kalischacht in Bad Salzdetfurth, in Barnten, Mahlerten, Haus Escherde und Roederhof ausgelagert war, kehrte nach Hildesheim zurück. Im Juli 1947 folgten schließlich die letzten Kisten.[5] Um die magazinierten Schätze in Sicherheit bringen zu können, baute die Stadt 1948 den Fachwerkflügel nach Plänen des Architekten August C. Gothe wieder auf und setzte die Portiuncula instand.[6] Doch trotz der damit gewonnen Räume machte sich der Mangel an Platz deutlich bemerkbar. Zur Verfügung stand zwar auch das Gebäude des Pelizaeus-Museums, doch in dessen Räumen waren im Obergeschoss noch städtische Ämter untergebracht und im Untergeschoss lagerten so kostbare Stücke, wie die bemalte Decke der Michaeliskirche und der Bernwardsarkophag.[7] Ebenfalls konnte noch die Ruine der Martinikirche zur Einlagerung genutzt werden. Hier befand sich mittlerweile eine Sammelstelle von Steinfragmenten aus den Trümmern des alten Hildesheims.

Der persönliche tatkräftige Einsatz der Museumsmitarbeiter verhalf dem Museum in den folgenden Jahren, die zurückgeführten Sammlungen zu schützen und zu erhalten. Doch während das kaum zerstörte Pelizaeus-Museum erstarkte, lag das Roemer-Museum brach, über viele Jahre geschah nichts, was die leidliche Situa-

Blick auf das zerstörte Paulustor und das Roemer-Museum, von dem noch die Außenmauern standen. Aufnahme von 1948. Aus: Hildesheimer Heimatkalender, 1970

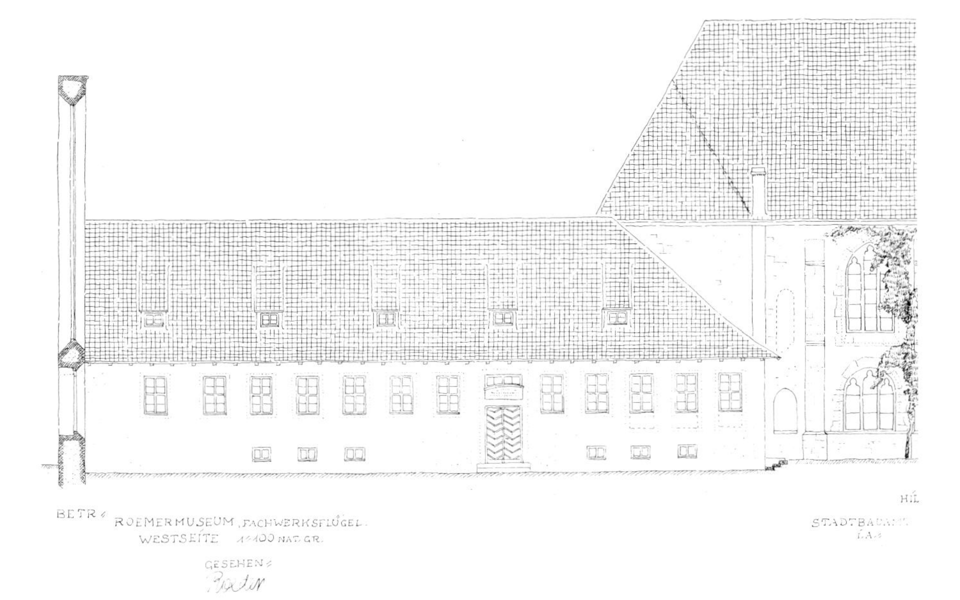

Entwurfszeichnung von August Caesar Gothe vom 28. Juni 1945 für den Wiederaufbau des „Fachwerkflügels". Ansicht der Westseite. Stadtverwaltung Hildesheim, Hausakte „Am Steine 1 und 2"

tion nicht gerade verbesserte. Aber damit endete die Geschichte des Museums nicht, sie ging überaus erfolgreich weiter. Ein vom Rat gewählter Museumsausschuss war 1948 an die Stelle der Kuratoren beider Museen getreten, der sich um den Erhalt der Sammlungen kümmern sollte.[8] Am 20. August 1948 konnte eine erste Ausstellung im kaum zerstörten Pelizaeus-Museum eröffnet werden.

Hans Kayser, der 1943 zum Direktor beider Museen ernannt worden war, erhielt 1947 erneut einen Ruf zum Direktor des Roemer-Museums und des Pelizaeus-Museums. Beide Museen wurden nun unter seiner Leitung als „Roemer-Pelizaeus-Museum" vereinigt.

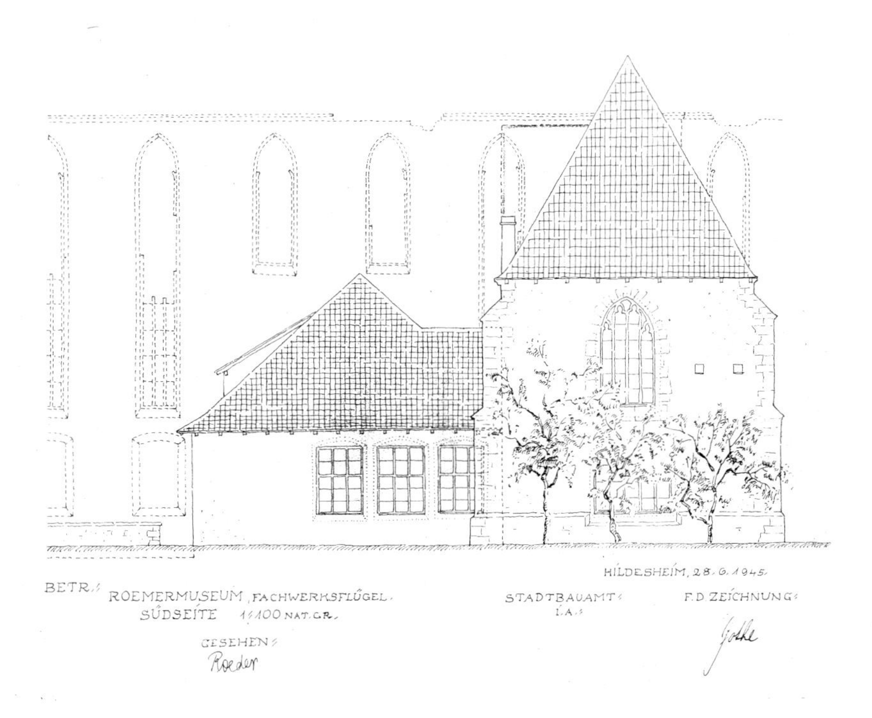

Entwurfszeichnung von August Caesar Gothe vom 28. Juni 1945 für den Wiederaufbau des „Fachwerkflügels". Ansicht der Südseite. Stadtverwaltung Hildesheim, Hausakte „Am Steine 1 und 2"

A.C.GOTHE

Die Portiuncula mit der Ruine der Martinikirche im Hintergrund. Aquarell von August Caesar Gothe aus dem Jahr 1947
Roemer-Museum, Grafische Sammlung Inv. Nr. H 3617

Ruine der Martinikirche. Blick in das ehemalige Hauptschiff nach Osten. Aquarell von Carl Meyer zwischen 1945 und 1947
Roemer-Museum, Grafische Sammlung Inv. Nr. Z 649

<
Ruine der Martinikirche. Blick auf die Nordwand und den Turm nach Nordosten. Zu erkennen sind an der Wand noch die aufgehängte Ammoniten. Aquarell von August Caesar Gothe aus dem Jahr 1946
Roemer-Museum, Grafische Sammlung Inv. Nr. H 3616

In der Eingangshalle des Pelizaeus-Museums waren Kisten eingemauert gewesen, die jetzt wieder „ausgegraben“ werden konnten. Rechts im Bild Hausmeister Siegfried Wenzel. Aufnahme aus dem Jahr 1948.
Bildsammlung Pelizaeus-Museum

Die eingemauerte Holzkiste. Aufnahme aus dem Jahr 1948
Bildsammlung Pelizaeus-Museum

Der „Alte Reich-Saal" im Pelizaeus-Museum nach der Wiederaufstellung. Aufnahme von Wegener am 20. August 1948
Bildsammlung Pelizaeus-Museum

Blick von Süden auf das Roemer- und Pelizaeus-Museum im Jahr 1951. Im Hintergrund erhält St. Michael seinen westlichen Vierungsturm. Bildsammlung Roemer-Museum Inv. Nr. H 1788

Modell des neuen Roemer-Pelizaeus-Museums. Bildsammlung Roemer-Museum Hildesheim

Der Neubau von 1959 und die Ära der Sonderausstellungen

Die Schätze kehren zurück

Fast zehn Jahre nach der Zerstörung des Roemer-Museums war 1954 noch immer nicht viel geschehen, der Wiederaufbau des Museums ließ auf sich warten, die Wiederaufbauarbeiten der Wohn- und Versorgungsbauten waren dringlicher. Obgleich der weitaus größte Teil, immerhin 90 bis 95 Prozent der wertvollen Museumsschätze aufgrund der rechtzeitigen Auslagerung und Sicherung vor der Vernichtung bewahrt werden konnte, begann erst in jenem Jahr verstärkt die Diskussion über die Zukunft der Museen. Auslöser der öffentlichen Diskussion, wann der baldige Wiederaufbau zu erwarten sei, war ein Zeitungsbeitrag. In diesem wurde die Befürchtung geäußert, dass Hildesheim seine Kunstschätze an andere Städte verlieren könne.[1] Der damalige Landeskonservator Oskar Karpa hatte eine Lawine ins Rollen gebracht, indem er es der Stadt Hildesheim absprach, mit den vorhandenen Kapazitäten ein anspruchsvolles Museum unterhalten zu können.[2]

Das Problem war, dass die zurückgekehrten Objekte im Pelizaeus-Gebäude und im Fachwerkflügel lagerten. Zudem mussten die Sammlungen aus dem Kunstgewerbe-Museum des zerstörten Knochenhauer-Amtshauses und aus dem ehemaligen Andreas-Museum untergebracht werden.

<

Das Roemer-Pelizaues-Museum Mitte der 60er Jahre. Bildsammlung Roemer-Museum

>
Modell des neuen Roemer-Pelizaeus-Museum von Südwesten. Bildsammlung Roemer-Mueum

Schon allein aus dem Grund, die Besucher mit den ägyptischen Schätzen wieder in die Stadt zu holen, war ein Neubau erforderlich, denn mit den historischen Fachwerkbauten konnte die Stadt nicht mehr werben. Am 27. Juni 1956 stellte Museumsdirektor Hans Kayser den Neubauentwurf vor, dessen Planung, wie Stadtbaudirektor Bernhard Haagen es formulierte, in engster Zusammenarbeit mit der Museumsleitung durchgeführt worden war. Wichtige Erkenntnisse waren auf einer Reise durch Holland, die im Sommer 1955 stattgefunden hatte, gesammelt worden.[3]

Der Neubau der Architekten Naue von 1956 bis 1959

Museumsdirektor Hans Kayser beschrieb die Situation 1956: *Im großen und ganzen ist aber der Gesamtbestand* [der Sammlungen] *ziemlich abgerundet erhalten geblieben. Noch ruht er, zum großen Teil in Kisten verpackt, in den Magazinen, da die erhaltenen Baulichkeiten es nicht ermöglichen, die Schauobjekte wieder dem Publikum in ihrer Gesamtheit zugänglich zu machen. Da aber zu Anfang dieses Jahres, bereits die ersten Handreichungen zum Wiederaufbau eines Teilgebäudes des ehemaligen Roemer-Museums gemacht worden sind, dürfte die Zeit nicht mehr fern sein, dass die Hildesheimer ihr Museum wiederhaben werden.*[4]

Im Januar 1956 begannen die Abbruch- und Aufräumarbeiten an der Ruine.[5] Die Sandstein- und Kalksteinquader des alten Roemer-Museums wurden sorgfältig herausgenommen, gesäubert und zunächst zur Wiederverwertung gelagert.[6] Doch es sollte noch einige Monate dauern, bis der Neubau in Angriff genommen wurde, erst im September 1956 war es soweit. Die Abbrucharbeiten der stehen gebliebenen und nicht mehr benötigten Mauern sowie die Ausschachtung für den Neubau und die Fundamentierung für die Grundmauern waren fast abgeschlossen.[7]

Wie das im Frühjahr 1956 vorgestellte Modell des künftigen Museums zeigte, sollte der Neubau der Hildesheimer Architekten Christian und Heinrich Naue als dreigeschossiger Bau mit Giebelrisalit und durchfensterter Rasterfassade verwirk-

Modell des neuen Roemer-Pelizaeus-Museums. Alternativentwurf mit Giebelreihung und Eingangsrelief. Bildsammlung Roemer-Museum

Bauarbeiter beim Abbruch des alten Roemer-Museums. Aufnahme vom Januar 1956.
Sammlung Christoph Gerlach

>
Das restliche Mauerwerk des Roemer-Museums wird abgetragen. Im Vordergrund ist neben den Birken der Findling zu sehen. Aufnahme vom Januar 1956.
Bildsammlung Pelizaeus-Museum

>
Abbruch des alten Roemer-Museums. Gut zu erkennen sind die zwei Standfiguren Albrecht Dürer und Peter Vischer an dem noch stehenden Fassadenrest. Aufnahme vom Januar 1956.
Bildsammlung Pelizaeus-Museum

licht werden. Nach Westen war eine Überbauung des Museumsweges über schlanke Pfeiler geplant, die mit einem später errichteten Gebäude abschließen sollte, der Entwurf wurde jedoch nie verwirklicht.

Sorgen bereitete der Untergrund, der so unsicher war, dass bereits die Fundamente des alten Roemer-Museums von 1887 vier Meter tief gegründet werden mussten.[8] Auf diesen Fundamenten und Kellermauern wurde der Neubau errichtet, der damit die gleichen Abmaße hatte, wie sein Vorgänger. Ebenfalls von diesem übernommen war die langgestreckte neugotische Westfassade aus Naturstein mit dem Treppenhaus im Inneren.

Verladen der Steine. Aufnahme aus dem Jahr 1956. Bildsammlung Pelizaeus-Museum

Wie die Hildesheimer Presse berichtete, setzte sich Stadtbaudirektor Haagen für die Erhaltung der historischen Bausubstanz ein, wobei eingestanden wurde, dass auch „Sparsamkeitsgründe" mitspielten.[9] Die gelagerten Sandstein- und Kalksteinquader der abgebrochenen Ruine wurden ebenfalls verwendet, die – wie eine Fotodokumentation anschaulich demonstriert – die Steinmetzen in regelrechten „Bauhütten" in entsprechende Formen brachten.[10] Sie dienten nun als neues Bau-

Auch das Innere der zerstörten Martinikirche diente lange Zeit als Sammellager. Aufnahme von Ruth Banduch vom 25. April 1975. Archiv der Hildesheimer Allgemeinen Zeitung

<
Blick auf die Westfassade der Ruine, die für die Wiederverwendung abgestützt wird. Im Vordergrund sehen wir die Martinikirche. Aufnahme aus dem Jahr 1956. Bildsammlung Pelizaeus-Museum

<
Vorbereitungen für die Errichtung des Untergeschosses auf den Kellermauern des neugotischen Roemer-Museums. Aufnahme aus dem Jahr 1956. Bildsammlung Pelizaeus-Museum

Stadtbaudirektor Bernhard Haagen (links) und Museumsdirektor Dr. Hans Kayser (rechts) vor der Baubude. Aufnahme von Beelte vom 1. Oktober 1956. Bildsammlung Pelizaeus-Museum

>
Die Sandstein- und Kalksteinquader des neugotischen Roemer-Museums lagern auf dem Vorplatz des Museums. Im Hintergrund sind die Neubauten am Pfaffenstieg zu erkennen, ganz rechts die ehemalige Katholische Volks- und Mittelschule von 1909, das Gebäude der heutigen Volkshochschule. Aufnahme vom 12. Oktober 1956. Bildsammlung Pelizaeus-Museum

>
Die Mauer des Erdgeschosses steht bereits. Im Hintergrund ist die Ruine der Martinikirche und links das Generalvikariat zu sehen. Aufnahme vom 30. Oktober 1956. Bildsammlung Pelizaeus-Museum

material für das Sockelgeschoss. *Diese Zeugen der Vergangenheit galt es zu sichern bzw. in die Neubebauung wieder mit einzubeziehen. Dadurch erklärt sich auch das jetzige architektonische Bild, welches eine Synthese von alter und neuer Bauweise darstellt* hieß es 1976.[11]

In Zusammenarbeit mit der Museumsleitung, dem Architekten Heinrich Naue und dem Stadtbauamt wurde ein Raumprogramm erarbeitet, das eine helle, groß-

zügige Eingangshalle mit den Denkmälern aus der Zeit des Alten und Neuen Reichs vorsah. Das erste Obergeschoss diente der ägyptischen Sammlung, also dem eigentlichen Pelizaeus-Museum, während das zweite Obergeschoss Ausstellungsräume und ein großes Magazin für die Völkerkunde enthielt. Hier befand sich der „Blaue Saal", der seinen Namen durch die Farbe seines Fußbodens erhalten hatte. Unter Einbeziehung des Dachraumes wurde ein weiterer Großraum ge-

Bauleiter Schulz und Architekt Christoph Naue auf dem Gerüst. Aufnahme aus dem Jahr 1956. Bildsammlung Pelizaeus-Museum

<
Steinmetze bearbeiten die neugotischen Quader und stapeln sie danach für eine Wiederverwendung. Aufnahme von Beelte vom 8. November 1956. Bildsammlung Pelizaeus-Museum

<
In regelrechten Bauhütten werden die Quader von den Steinmetzen zurechtgehauen. Aufnahme von Beelte vom 8. November 1956. Bildsammlung Pelizaeus-Museum

PELIZAEUSMUSEUM

schaffen, der infolge eines hochliegenden mittleren Seitenlichtbandes nur einseitiges blendfreies Tageslicht erhielt. Im Sockelgeschoss waren die Verwaltung, die Bibliothek und ein Vortragssaal untergebracht.

Am 16. November 1956 fand ein erster Umzug in das im Entstehen begriffene Museum statt. Noch bevor das Dach fertiggestellt war, mussten die altägyptischen Granitsärge aus der Eingangshalle des alten Pelizaeus-Museums in den Neubau überführt werden, da sonst der Transport unmöglich geworden wäre.

Dr. Walter Konrad beim Filmen am 16. November 1956. Bildsammlung Pelizaeus-Museum

<

Der steinerne Sarkophag des Priesters Pijai wird aus dem alten Pelizaeus-Museum in das neue Museum transportiert. Aufnahme vom 16. November 1956. Bildsammlung Pelizaeus-Museum

Einer zieht, die anderen „helfen".
Aufnahme vom 16. November 1956.
Bildsammlung Pelizaeus-Museum

Der fast 5 Tonnen schwere Sarkophag des Priesters Pijai wird, noch bevor das Dach fertiggestellt ist, in den Neubau hereingehoben. Aufnahme vom 16. November 1956.
Bildsammlung Pelizaeus-Museum

Nur noch die Fenster fehlen. Aufnahme von Theo Wetterau aus dem Jahr 1958. Archiv der Hildesheimer Allgemeinen Zeitung (Stadtarchiv Hildesheim Best. 979-3 Nr. 01659)

Das neue Roemer-Pelizaeus-Museum ist fertig, doch noch sieht der Platz vor dem Museum ziemlich wüst aus. Auch die Martinikirche erhält jetzt ein Dach. Aufnahme von Theo Wetterau aus dem Jahr 1958. Archiv der Hildesheimer Allgemeinen Zeitung (Stadtarchiv Hildesheim Best. 979-3 Nr. 01657)

Eingang und Lesehalle der Stadtbibliothek im ehemaligen Pelizaeus-Museum. Statt der Büste Pelizaeus steht jetzt eine Statue der „Hildesia“ in der Nische. Aufnahme von 1959. Aus: Statistisches Jahrbuch, 1960

Teil der Jugendbücherei im ehemaligen Pelizaeus-Museum. Aufnahme von 1959. Aus: Statistisches Jahrbuch, 1960

Am 13. Mai 1959 war das neue Roemer-Pelizaeus-Museum eröffnet worden. Aufnahme aus den 1960er Jahren mit den barocken Statuen der „Vier Erdteile". Im Hintergrund links das Paulustor der Domburg. Stadtarchiv Hildesheim Best. 952 Nr. 160/12

Den Eingang des neuen „Roemer-Pelizaeus-Museums" schmückte seit 1957 ein Mosaik aus Keramik-Kacheln, dessen Symbole auf die einzelnen Sammlungen des Museums Bezug nahmen. Der Entwurf stammte von dem Künstler Otto Hohlt (1889-1960) aus Rott am Inn und sollte mit den Farben Rot und Blau die strenge Linie des Neubaus unterbrechen.[12]

Im Januar 1958 zogen bereits die Verwaltung des Museums mit Sekretariat und den beiden Bibliotheken in den Neubau. Den damit frei gewordenen Teil im Pelizaeus-Museum nahm im Februar die Stadtbibliothek in Besitz, die im Dezember 1958 ihren Betrieb eröffnete.[13] Die ehemalige Eingangshalle des Museums wurde zum Zeitschriftenlesesaal und im ersten Stockwerk standen die Regale mit den Buchbeständen. Bis 1975 befand sich hier die Stadtbibliothek, erst dann zog sie in das benachbarte Haus der Landschaft, das heutige Stadtarchiv.

Am 13. Mai 1959 war es soweit. Mit einem Festakt im sogenannten „Oberlichtsaal" wurde das Museum eröffnet. Nach dem Begrüßungswort von Oberbürgermeister Dr. Paul Lienke (Amtszeit 1958-1960) und dem Festvortrag des Präsidenten des Deutschen Archäologischen Instituts, Professor Erich Boehringer (1897-1971), begann eine neue Ära in der Geschichte des Museums.

Bereits im Herbst 1958, also noch vor Fertigstellung des Museums, war die neue heimatkundliche Abteilung des Roemer-Museums im Fachwerkflügel eröffnet worden. Sie umfasste Funde von der Frühgeschichte bis zur Gegenwart. In der Sakristei wurden sakrale Gegenstände, wie Gemälde des 16. Jahrhunderts, Madonnen und Plastiken aufgestellt, passend zu der ehemaligen Nutzung und zur Gestalt des Raumes.

Das erste Obergeschoss mit der ägyptischen Sammlung nach der Eröffnung am 13. Mai 1959. Bildsammlung Pelizaeus-Museum

Der „Blaue Saal" im zweiten Obergeschoss mit der Völkerkundlichen Ausstellung nach der Eröffnung am 13. Mai 1959. Bildsammlung Pelizaeus-Museum

Da im Neubau in erster Linie ägyptische Objekte ausgestellt wurden, war das Roemer-Museum bei der Einrichtung des Museums – wie es damals hieß – *etwas stiefmütterlich weggekommen.*[14] Im März 1964 folgte die völlige Neuaufstellung der heimatkundlichen Abteilung im „Fachwerkflügel". Der Rundgang führte durch sieben Räume, die jeweils die Gegenstände einer Epoche aufnahmen.

Im ersten Raum werden die Versteinerungen der frühesten Zeit der Erdgeschichte aus dem Hildesheimer Gebiet ausgestellt. Der zweite Raum ist der Vorgeschichte unserer engen Heimat vorbehalten, die von der mittleren Steinzeit bis in die Römerzeit hineinreicht und einen besonderen Akzent durch den Hildesheimer Silberfund bekommen wird. Im dritten und vierten Raum werden Modelle, Plastiken und Bodenfunde ausgestellt, die von der Gründung unserer Stadt in Legende und Wirklichkeit

Nachfolgende Seiten:
Der Museumskomplex im Jahr 1959. Hinter der Martinikirche ist noch der Anbau von Stadtbaumeister Gustav Schwartz aus dem Jahr 1891 zu erkennen, der bis 1972 noch als Ruine stehen blieb. Weiter hinten ist der wiederaufgebaute Dom zu sehen
Bildsammlung Roemer-Museum Inv. Nr. A 505/1

Ein Vater besucht mit seiner Tochter das Museum. Aufnahme aus dem Jahr 1959.
Bildsammlung Pelizaeus-Museum

Der „Hildesheim-Effekt". Lange Schlangen bildeten sich vor dem Museum. Die Ausstellung „Nofretete, Echnaton, Tutanchamun" war 1976 ein überragender Erfolg. Es kamen in nur zehn Wochen über 380.000 Besucher nach Hildesheim. Bildsammlung Pelizaeus-Museum

während des Mittelalters zeugen […]. *Im fünften Raum (im oberen Geschoß) wird dem Besucher das schöne, mittelalterliche Hildesheim vor Augen geführt. Der Raum enthält wertvolle Ölgemälde, Aquarelle, Zeichnungen und Graphiken. Im sechsten Raum nimmt die Geschichte des Handwerks und der Zünfte einen breiten Raum ein.*[15]

Zur gleichen Zeit waren die Restaurierungs- und Wiederaufbauarbeiten der Grabkammer des Uhemka beendet und sie konnte aufgestellt werden. Zwar war diese „Mastaba" schon 1948 wieder aufgebaut und dem Publikum zugänglich gemacht worden, doch als sie nach kaum zehn Jahren erneut abgebaut werden musste, um sie im neuen Museum zu präsentieren, zeigte sich bei ihrem Abbau, dass ein Teil der Reliefblöcke durch den hohen Salzgehalt erheblich gelitten hatte. Deren Entsalzung im salzarmen Wasser der Sösetalsperre nahm Jahre in Anspruch.

Wie durch ein Wunder hat der römische Legionär überlebt, sein Begleiter, der fränkische Krieger, offenbar nicht. Beide standen bis 1945 in der Martinikirche neben dem Eingang zur Sakristei. Aufnahme von Ruth Banduch aus dem Jahr 1963. Archiv der Hildesheimer Allgemeinen Zeitung

Der Hausmeister im Roemer-Pelizaeus-Museum, Siegfried Wenzel, der als gelernter Maurer am Wiederaufbau der Kultkammer des Uhemka maßgeblich beteiligt war, gab seinen Unmut über die „hohe" Baukunst der alten Ägypter zum Ausdruck. *Sie glauben gar nicht, wie schwer es ist, das Ding so schief wieder hinzukriegen, wie es ursprünglich ausgesehen hat!* scherzte er.[16]

Auch der Raum der oberen Portiuncula, die dem Heimatmuseum als Magazin gedient hatte, strahlte in neuem Glanz. Ende Mai 1966 war der Ausbau abgeschlossen und bot mit seinen rund 130 Quadratmetern eine geeignete zusätzliche Ausstellungsfläche für das durch Raumnot immer noch arg bedrängte Museum.[17]

Die Ära der Sonderausstellungen – der „Hildesheim Effekt"

Das Museum zeigte 1967 die Ausstellung „Der Tschad – ein Land mit Tradition und Zukunft". Hierfür hatte der Völkerkundler Walter Konrad (1921-1983) über Jahre Kontakte in Afrika geknüpft und mit Hilfe der Deutschen Forschungsgemeinschaft Reisen und Feldforschungen unternommen.[18] 1973 folgte die Ausstellung „Gabun – gestern und heute", in der sich das Land Gabun selbst präsentierte.[19]

Im Inneren der Martinikirche lagerten seit der Zerstörung Steinfragmente aus den Trümmern des alten Hildesheims. Aufnahme von Ruth Banduch. Archiv der Hildesheimer Allgemeinen Zeitung

Mit diesen Ausstellungen verzeichnete das Museum 1973 ein gestiegenes Interesse, vor allem an den ägyptischen Objekten des Museums: *Die Zahl der Besucher des Roemer-Pelizaeus-Museums ist im vergangenen Jahr um fast 5000 gegenüber dem Vorjahr auf über 42.000 angestiegen* schrieb die Hildesheimer Allgemeine Zeitung.[20]

1974 trat Hans Kayser (1911-1989), der als Direktor das Roemer- und Pelizaeus-Museum 33 Jahre geleitet hatte, in den Ruhestand. Damit veränderte sich die Struktur des Museums, denn Rat und Museumsverwaltung entschieden sich für eine Trennung der beiden Museen. Leiter des Roemer-Museums wurde Walter Konrad, der bereits seit 1957 als Wissenschaftlicher Mitarbeiter am Museum tätig gewesen war. Den Posten als Direktor des Pelizaeus-Museums übernahm Arne Eggebrecht (1935-2004).

Durch geschickte Ausstellungspolitik und sicherlich auch bedingt durch ein erlebnishungriges Publikum, folgte mit der Ausstellung „Echnaton, Nofretete, Tutanchamun“ 1976 ein überragender Erfolg. Es kamen in nur zehn Wochen über 380.000 Besucher nach Hildesheim. Mit zahlreichen Leihgaben aus Kairo war die „Armana-Ausstellung“, wie der offizielle Titel hieß, zu einem ungeahnten Kassenschlager geworden. *Wir waren das erste Museum, das auf Plakatwänden und Litfaßsäulen geworben hat* bilanzierte Arne Eggebrecht.[21]

Neues Leben kommt in die Ruine. Der Presslufthammer macht den Eingang für den Bagger frei. Um die Kirche wieder als Museum nutzen zu können, waren umfangreiche Umbaumaßnahmen notwendig. Damit ein Minibagger in das Gebäude fahren konnte, wurden die Steine der Westfassade nummeriert, kurzerhand mit einem Presslufthammer herausgearbeitet und anschließend wieder zusammengesetzt. Noch heute sind die Zahlen unterhalb des großen Westfensters zu erkennen. Aufnahme von Theo Wetterau vom 1. März 1977. Archiv der Hildesheimer Allgemeinen Zeitung (Stadtarchiv Hildesheim Best. 979-3)

Der niedersächsische Ministerpräsident Ernst Albrecht und seine Ehefrau Heide Adele Albrecht folgen bei einem Besuch des Museums den Ausführungen Arne Eggebrechts (1935-2004)

Von diesem „Armana-Boom" profitierten auch die zwei folgenden Ausstellungen „Sumer – Assur – Babylon" (1978) und „Götter und Pharaonen" (1979) mit 270.000 und 240.000 Besuchern.[22]

1980 stellte Eggebrecht fest: *Die seit einigen Jahren zu beobachtende Ägypten-Begeisterung nimmt noch immer zu und mit ihr vor allem das Interesse für das archäologische Erbe des Nillandes, das nur in wenigen Museen außerhalb Ägyptens in größerem Umfang gezeigt werden kann. Zu diesen wenigen gehört auch das Pelizaeus-Museum, das den Namen seines Stifters in alle Welt trägt.*[23]

Als Folge dieser Begeisterung für die Schätze des Alten Ägyptens wurden neue Exponate nur noch zu schwindelnden Preisen auf dem Kunstmarkt angeboten. Um dennoch die Sammlungen erweitern und attraktive Einzelobjekte erwerben zu können, wurde 1977 der „Freundeskreis Ägyptisches Museum Wilhelm Pelizaeus Hildesheim e. V." gegründet, der als steter Mäzen aus dem Museumsleben heute nicht mehr wegzudenken ist.[24]

Der Wiederaufbau der Martinikirche 1979

Durch die überwältigenden Erfolge der kurz aufeinanderfolgenden Ausstellungen, war es finanziell möglich geworden, die Martinikirche – wie seit Jahrzehnten geplant – auszubauen und zu Museumszwecken zu nutzen. Die Kirche hatte bereits 1958 ein Notdach und neue Fenster erhalten und harrte einem Ausbau. Zuvor musste schon 1948/49 die durch Feuer stark beschädigte Säulenreihe aufgrund Einsturzgefahr abgetragen werden. Im Inneren lagerten seitdem Steinfragmente aus den Trümmern des alten Hildesheims. Wollten die Besucher in das Heimatmuseum gelangen, waren sie gezwungen, über Jahre ihren Weg durch die Ruine der Kirche zu nehmen.

<
Blick in die Sonderausstellung „Die Welt der Maya" von 1992 in der umgebauten Martinikirche. Aus: Eggebrecht, Der Hildesheim-Effekt, 1993

Dr. Walter Konrad (1921-1983). Bildsammlung Roemer-Museum

Um das Gebäude als Museum nutzen zu können, mussten erhebliche Eingriffe in die Bausubstanz vorgenommen werden. Eine Zwischendecke wurde eingezogen und im ehemaligen Chor ein Treppenhaus errichtet. In den neuen Räumen konnten nun die Sammlungen des Roemer-Museums und Sonderausstellungen präsentiert werden.

Ein Magnet für das In- und Ausland

Völlig unerwartet starb am 26. April 1983 der Direktor des Roemer-Museums, Walter Konrad, mit nur 62 Jahren an einem Herzinfarkt. Eggebrecht erhielt daraufhin einen Ruf zum Leitenden Direktor des Roemer- und Pelizaeus-Museums, Nachfolger von Konrad wurde 1984 Manfred Boetzkes.

Abgeschlossen war im August 1983 der Umbau der Sakristei, bei dem unter anderem der Fußboden auf sein altes Niveau gebracht und das ehemalige spitzbogige Eingangsportal freigelegt wurde. Hier befand sich nun eine Schatzkammer für „Sakrale Plastik" mit Werken aus dem Hildesheimer Raum.[25] Auch die Räume der Portiuncula wurden renoviert und nach Befund in ihre ursprüngliche mittelalterliche Farbigkeit zurückgeführt.

1983 platzte das Museum trotz des Ausbaus der Martinikirche aus allen Nähten. In der großen Museumshalle war bereits eine Empore eingebaut worden. Dennoch veränderte sich das Museum in den folgenden Jahren nach außen nur wenig. Der Eingang wurde von vorne an die Seite verlagert, so dass die Besucher nun an der Fassade des alten Roemer-Museums von 1887 entlang mussten, wollten sie zur Kasse gelangen. Dagegen wurden im Inneren die Räume nachhaltig verändert, der Museumsarchitekt Rolf Schulte gab ihnen eine völlig neue Raumkonzeption, indem er sie mit dunklen Farben versah.

Diesem Ziel, den Menschen wieder zu entdecken, den Menschen der vor Jahrtausenden lebte und uns dennoch in Liebe und Leid, Alltag und Fest manchmal fast unglaublich nahe zu sein scheint, gilt unser Bemühen formulierte Eggebrecht 1980.[26] Ein weiterer Erfolg gelang ihm 1987 mit der Sonderausstellung „Ägyptens Aufstieg zur Weltmacht", mit der Eggebrecht die stattliche Anzahl von 240.000 Besuchern erreichte. Doch damit war das alte Museum längst am Ende seiner Kapazitäten angelangt.

Die Fassade des neugotischen Roemer-Museums mit der provisorischen Überdachung für die Museumsbesucher. Aufnahme aus dem Jahr 1989. Stadt Hildesheim, Fachbereich Gebäudemanagement

Viele Schätze aus dem Roemer-Museum lagern noch heute in den Magazinen, wie die Insektensammlung, das Skelett des Riesenhirsches oder die Kultgegenstände aus der Südsee.
Diese Aufnahmen stammen aus der Jubiläumsausstellung „150 Jahre Roemer-Museum" von 1995.
Bildsammlung Roemer-Museum

Die Umzugskartons sind schon gepackt. Nur diese Keramik vom alten Haupteingang, die der Künstler Otto Hohlt im Jahr 1957 angefertigt hatte, wurde geborgen und gesichert. Geschmückt war es mit Motiven aus den naturkundlichen, völkerkundlichen und ägyptologischen Beständen des Museums. Aufnahme von Shahrokh Shalchi vom Januar 1998. Bildsammlung Roemer- und Pelizaeus-Museum

Der Neubau von 2000 – eine „zeitgemäße Hülle für zeitlose Kunst"[1]

Mit den Jahren entsprach das von 1956 bis 1959 errichtete Museumsgebäude und die 1979 wiederaufgebaute Martinikirche nicht mehr den Nutzungsanforderungen an ein zeitgemäßes Museum. Seit der so ungemein erfolgreichen Ausstellung „Echnaton, Nofretete, Tutanchamun" von 1976 waren Hunderttausende von Besuchern nach Hildesheim geströmt, um die zahlreichen Sonderausstellungen zu besuchen.[2]

Die Probleme, die ein derartiger Besucherandrang mit sich brachte, waren nicht mehr zu übersehen. Aber auch die mangelnde Funktionstüchtigkeit des Gebäudes, Nutzungseinschränkungen durch die Statik sowie weitläufige Unzulänglichkeiten durch gefangene Räume, die keine flexible Raumplanung ermöglichten, waren den Museologen ein Dorn im Auge. Die eigenen Bestände waren nach wie vor unzureichend untergebracht, und die vorhandenen Ausstellungsflächen erlaubten keine zeitgemäße Präsentation nach museumsdidaktischen Kriterien.

Der steinerne Sarkophag des Priesters Pijai, der 1959 noch über das damals offene Dach des Neubaus hereingehoben worden war, stand seit jener Zeit in einem Lagerraum und hatte ihn nie verlassen, bis dahin konnte er noch in keiner Ausstellung gezeigt werden. Zudem hatte der Zahn der Zeit seine Spuren an dem Gebäude hinterlassen. Arne Eggebrecht formulierte die Begebenheiten spitzzüngig: *nur noch Efeu hält die Fassade zusammen.*

<

Das von 1998 bis 2000 errichtete Roemer- und Pelizaeus-Museum. Aufnahme von Norden im Sommer 2004. Aufnahme Andreas Hartmann

Nach einem vom Stadthochbauamt in Auftrag gegebenen Gutachten der Bauschäden hätte die Sanierung des Altbaus rund 7 Millionen Mark verschlungen. Doch durch eine Instandsetzung wären die vorhandenen Flächen nicht vergrößert worden, das Gebäude stellte weiterhin eine unverhältnismäßige Einschränkung für die Ausstellungskonzeptionen dar. Aber auch die jährlichen Sonderausstellungen benötigten zusätzliche Flächen. Eine bauliche Erweiterung bzw. ein Neubau war deshalb dringend notwendig.

1989 wurde daher ein Architektenwettbewerb als offener Realisierungswettbewerb ausgelobt, der in Abstimmung mit der Unteren Denkmalschutzbehörde der Stadt Hildesheim und dem Landesamt für Denkmalpflege erfolgte und insbesondere den städtebaulichen Zusammenhang unterstrich. Dieser ist gekennzeichnet durch die historischen Gebäude des Stadtarchivs, der Martinikirche mit der Portiuncula, des alten Pelizaeus-Museums, des Fachwerkensembles von „Schlegels Weinstuben" sowie der erhaltenen Dommauer mit dem Paulustor einschließlich der mittelalterlichen Stadtmauer.

Bei einer Neuplanung kann es deshalb nicht darum gehen die verfügbare Fläche lediglich durch Anbauten zu erweitern. Vielmehr sind die bestehenden Gebäude in die Entwurfsüberlegungen einzubeziehen und ein in sich schlüssiges Gesamtkonzept zu entwickeln hieß es in den Bedingungen zum Wettbewerb im Juni 1989.

Und wieder muss der ägyptische Sarkophag des Priesters Pijai umziehen. Aufnahme von Shahrokh Shalchi vom Januar 1998. Bildsammlung Roemer- und Pelizaeus-Museum

Von Seiten der Denkmalpflege war aber auch gewünscht, dass die Blick- und Wegebeziehungen als Bedingungen in die Wettbewerbskriterien einflossen. Insbesondere sollte die Sichtbeziehung des alten Straßenverlaufs „Am Steine" vom Paulustor der Domburg zur ehemaligen Bocholtzschen Kurie (Stadtarchiv) unge-

stört sein, als ein wichtiges Dokument des historischen Stadtgrundrisses. Auch der Blick vom Paulustor auf die Ostteile der Martinikirche sowie vom Palandtweg auf die Portiuncula sollte möglich sein.

Als Sieger des Wettbewerbs gingen 1990 die Berliner Architekten Bumiller, Deubzner, König hervor. Beauftragt wurden jedoch die mit dem zweiten Preis bedachten Architekten Gerd Lindemann (Entwurf und Planung) und Florian Thamm (Bauleitung) aus Braunschweig.

Das Preisgericht hatte gerade deren städtebauliches Konzept gelobt, das auf die historische Straßenführung bezug nahm: *Der Verfasser akzeptiert die bestehende städtebauliche Situation und verbessert diese in Detailbereichen. So entsteht wieder eine großzügige, vom neuen Gebäudekomplex bestimmte Silhouette zur Dammstraße/Pfaffenstieg hin, die historische Wegeführungen aufnimmt und Blickbezüge beläßt. Insbesondere kann durch die geschickte Konzentration der Baumassen auf der östlichen Seite des Steinweges für das Umfeld des Waisenhauses, die Freistellung der Stadtmauern und die Erhaltung des Baumbestandes genügend Umfeld belassen werden, so daß das Spannungsfeld städtischer Großräumigkeit einerseits und topographisch bestimmte Bestandsidylle andererseits als typisches Umfeld des Museums erhalten bleibt. Bestehende Wegeverbindungen und -erschließungen werden belassen, insbesondere werden für die Zukunft wünschenswerte weitere Verbindungen nicht verbaut.*[3]

Auch zu den baulichen Qualitäten äußerte sich das Preisgericht: *Zugunsten einer klaren Baukörperdisposition und Gestaltung wird auf den Detailerhalt des alten Bauteils des 19. Jahrhunderts verzichtet. Die sehr klare Gliederung ergibt eine sehr gute Ergänzung von neu und alt mit genügend Freiraum für eine Wirkung jedes der ge-*

Der Abriss des Museums am 18. Februar 1998. Aufnahme Adelbert Ständer

Auch die neugotische Fassade des alten Roemer-Museums musste fallen. Aufnahme von Adelbert Ständer vom 3. Februar 1998

schichtlichen Architekturdokumente. [...] *Großflächige Fassadengliederung, wohltuende Markanz und der Verzicht auf modische Accessoires charakterisieren die neuen Gebäudeteile, die das Gesicht des Museums eindeutig definieren und die Heterogenität des Gesamtkomplexes sinnvoll zusammenfassen.*[4]

Erklärtes Ziel war es gewesen, den Neubau in den historischen Stadtgrundriss einzubinden, wie es Architekt Gerd Lindemann formulierte: *Zusammen mit dem Freiflächenkonzept wurden Raumdefinitionen, Bezüge und Sichtachsen aus der Geschichte entwickelt und neu definiert. Der Vorplatz stellt zusammen mit der Dammstraße eine großzügig zusammenwirkende Fläche dar, die den alten Straßenverlauf vor der Kriegszerstörung der Stadt einschließt und einen interaktiv zu nutzenden Platzraum darstellt.*[5]

Doch der Entwurf für einen kostspieligen Museumsneubau hatte auch zu Unmut geführt, ein Bürgerbegehren „Für ein bezahlbares Museum" wurde ins Leben gerufen. Über viele Jahre fand eine hitzige öffentliche Diskussion darüber statt, ob ein Neubau angesichts der städtischen Finanzlage notwendig und tragbar war. Kritiker lehnten das Vorhaben ab und strebten eine „kleine Lösung" an, die gegen einen Abriss des 50er Jahre-Baus und einen Neubau gerichtet war, und stattdessen eine Sanierung sowie eine Erweiterung des Altbestands vorsah. Doch auch gegen diese Zielsetzung bildete sich eine Initiative mit dem entschlossenen Namen „Wir für unser Museum". Deren Vertreter waren der Ansicht, dass sich dem Museum mit dem Neubau eine Chance eröffne, neue Ausstellungskonzepte zu verwirklichen. Um die Kontroverse auf eine sachliche Basis zu stellen, gab das Hochbauamt der Stadt Hildesheim ein Gutachten in Auftrag, das zu den Bau-

Ein Bagger räumt den ehemaligen Zwischenbau weg und damit auch einen gotischen Strebepfeiler der Martinikirche. Aufnahme Adelbert Ständer vom 16. Februar 1998

schäden Stellung nehmen sollte. Es ergab, dass eine Sanierung des Gebäudes zwischen 6,3 und 7,2 Millionen Mark Kosten verursacht hätte. Erst nach einem Bürgerentscheid gab der Rat im Dezember 1997 grünes Licht für den Baubeginn und Abbruch des Altbaus.

Der Abriss des Naue-Baus

Mit dem Auszug des 4,5 Tonnen schweren Granitsarkophags des ägyptischen Priesters Pijai konnte am 20. Januar 1998 der Abriss des 50er Jahre-Baus mit seiner Rasterfassade begonnen werden. Geborgen und gesichert wurde lediglich die Keramik des Künstlers Otto Hohlt vom alten Haupteingang.

Der Neubau des Roemer- und Pelizaeus-Museums von 1998 bis 2000

In 26 Monaten Bauzeit ging der große Traum Arne Eggebrechts in Erfüllung. Der von den Braunschweiger Architekten Gerd Lindemann und Florian Thamm entwickelte Museumsneubau konnte im März 2000 fertiggestellt werden.

Doch es gab auch Wermutstropfen. Um die Baukosten von 48,8 Millionen Mark auf die 1997 vom Rat beschlossene Kostenobergrenze von 24 Millionen Mark zu reduzieren, mussten erhebliche Umplanungen erfolgen, Einschränkungen in Kauf genommen und der ursprüngliche Entwurf mehrfach überarbeitet werden.

Lindemann beschrieb seinen Entwurf dennoch wie folgt: *Der Neubau besteht im Prinzip aus zwei schmalen Baukörpern, 11 und 14 Metern breit, deren Längswände außen wie innen mit Naturstein verkleidet sind. Eine großzügige Freitreppe in der längslaufenden Fuge zwischen den Gebäuden erschließt die beiden Obergeschosse mit den großen zusammenhängenden Ausstellungsräumen, die für die Präsentation der Kunst- und Sammlungsobjekte (des Pelizaeus-Museums) frei und flexibel unterteilbar sind. Der Rundgang führt durch geschlossene Räume und Räume mit Seitenlicht, zuschaltbares Kunstlicht an den Längswänden simuliert zusätzliches Tageslicht durch Raumaufhellung. Je nach Ausstellungs-Konzeption können unterschiedlichste Lichtstimmungen erzeugt werden. Objektbeleuchtung erfolgt über Einzelstrahler an Stromschienen.*

Auf dem Dach über dem 2. Obergeschoss bietet ein Glaspavillon einen herrlichen Blick über die Dächer der Stadt, die Michaeliskirche und den Hildesheimer Dom.[6]

Die Besucher treten über zwei Drehtüren in eine großzügige lichte Eingangshalle, die von drei Glaswänden umschlossen ist. Hier im Erdgeschoss werden alle wesentliche Bereiche abgewickelt, die für den Empfang und die Information der Besucher erforderlich sind, wie Kasse, Tagesgarderobe und Katalogverkauf. Links vom Tresen ist der Zugang zum Museumsshop und zum Cafe-Restaurant „Nil" mit Außensitzfläche. Von der Eingangshalle aus geht es auch in das Zwischengeschoss mit weiteren Flächen für Verwaltung, Personalaufenthalt und einen Mehrzweckbereich für Museumspädagogik und Veranstaltungen.

Nach Süden öffnet sich ein Durchblick zum Eingang der Martinikirche, die durch einen zweigeschossigen verglasten Übergang an den Neubau angeschlossen ist. Linker Hand gibt es auch einen großen Raum für Wechselausstellungen.

Festakt zur Grundsteinlegung am 12. Juni 1998. Erstmals ist seit langer Zeit der ungehinderte Blick auf die Martinikirche möglich. Das Kellerfundament für den Neubau steht bereits.
Aufnahme Andreas Hartmann

Nach einer Wendung um 180 Grad folgt dann die Überraschung: eine lange, in vier Absätzen aufsteigende Treppe mit Buchenholzstufen, die alle Etagen verbindet und von Fußgängerbrücken überspannt wird, führt bis nach oben und erlaubt eine freie Aussicht auf die Martinikirche. In den oberen Geschossen finden sich die Ausstellungsräume, in denen ein schmaler Erker nach Osten ungewohnte Ausblicke gewähren soll. Er lässt den Dom wie ein gerahmtes Panoramabild erscheinen und dient zudem für die Ausstellung von kleineren Objekten.[7]

Das Urteil in der Zeitschrift „Die Bauwelt" war durchweg positiv: *Die Fassade des Neubaus ist zur Eingangsseite am Pfaffenstieg durch eine zweiteilige Grundstruktur mit einem etwa mittig angeordneten und verglasten Treppenschlitz gekennzeichnet. Die einläufige Treppe mit durchgehender Belichtung durch ein Oberlicht bildet die Erschließungsachse der Ausstellungsebenen.* [...] *Dennoch wirkt das Treppenhaus als Metapher überzeugend, als Schlucht mit Eingängen in die "Grabkammern" der Kulturgeschichte. Darüberhinaus birgt das Vexierspiel zwischen Innen und Außen, der Gegensatz von hell und dunkel, offen und geschlossen ein Überraschungsmoment, das in stimmungsreicher Spannung zu der ruhigen Architektur steht.*[8]

Als kritisch wurde dagegen das Konzept der großflächigen mattierten und transluzenten Verglasung zur Straße am Steine angesehen, die den Ausstellungsbereich mit natürlichem Licht versorgen sollte. Aufgrund der Aufstellung von empfindlichen Objekten, die nur wenig Licht vertragen, wurden die Glasflächen mit schwarzer Gaze zugehängt, was dem ursprünglichen Konzept widersprach.

Das Gesamtergebnis kann sich dennoch sehen lassen. Für den gesamten Museumskomplex beträgt der Zugewinn durch den Neubau für Publikums- und Ausstellungsflächen 2.431 m², für die reine Ausstellungsfläche 1.800 m².

Grundsteinlegung am 12. Juni 1998. Eine kupferne Schatulle wird zwischen den Steinen vermauert. Von links nach rechts: der damalige Museumsdirektor Arne Eggebrecht, Oberbürgermeister Kurt Machens, Minister Thomas Oppermann, Oberstadtdirektor Konrad Deufel.
Aufnahme Andreas Hartmann

Das im Jahr 2000 fertiggestellte Roemer- und Pelizaeus-Museum ist als viergeschossiger Baukörper ausgeführt, der von einem gläsernen Schlitz, dem Treppenhaus, längsseitig in zwei Teile geschnitten wird. Die Fassaden besitzen bündig eingesetzte Glasflächen und davon abgesetzt, helle Sandsteinverblendungen, die dem Gebäude ein nobles Aussehen geben.
Aufnahme Maike Kozok 2007

Städtebauliche Konzepte

Neben den zurückgeführten Blick- und Wegebeziehungen wurden weitere städtebauliche Konzepte umgesetzt. Eine Stahlbetonstützwand am Grundstück des Bischöflichen Generalvikariats erhielt eine Verblendung mit Natursteinen und historischen Sandsteinen. Unmittelbar neben dieser neuentstandenen Dommauer, war nun mit einer neuen Wegeführung (heute Arne-Eggebrecht-Weg) in Richtung Palandtweg ein Rundgang um den Dombezirk möglich. Dazu musste zwar in der mittelalterlichen Stadtmauer ein Durchbruch geschaffen werden, aber der Weg führt jetzt am Brunnenhof mit dem Lapidarium und der Portiuncula vorbei und ermöglicht den Blick auf die Museumsbauten.

Im Freiflächenkonzept der Landschaftsplaner (Büro Wehberg-Eppinger-Schmittke, WES & Partner, Hamburg) waren Gebäude und Landschaft als zusammengehörig betrachtet worden. Das ursprüngliche Landschaftsgefälle unterhalb des Domhügels wurde wieder hergestellt – der Chor der Kirche war über die Jahrhunderte bis auf 4 m Höhe angeschüttet worden. Damit enthielt die Architektur einen Fond, auf dem sie sich entfalten konnte, die Benutzer genießen Aufenthaltsqualität.[9] Im ganzen ein gelungener, städtebaulicher Geniestreich.

Klare Kanten und einfache stereometrische Figuren verhelfen zu stadträumlicher Ordnung und schaffen gleichzeitig eine neue Eingangsseite für den Museumskomplex kommentierte die damalige Leiterin des Fachbereichs Stadtplanung und Stadtentwicklung, Annette Pülz, den Neubau des Roemer- und Pelizaeus-Museums.[10]

Blick vom Stadtarchiv auf die Westfassade des Neubaus und der Martinikirche.
Aufnahme Maike Kozok 2007

Blick von Norden auf die Martinikirche und den neu geschaffenen „Arne-Eggebrecht-Weg".
Aufnahme Maike Kozok 2007

Ägypten in Hildesheim. Links eine bemalte Maske mit Sehschlitzen für einen Priester, der während des Bestattungsrituals den Totengott Anubis spielte. Aufnahme Chris Gossmann

Blick in die Alt-Peru-Sammlung. Aufnahme Shahrokh Shalchi

Hem-iunu nach der Neuaufstellung des Alten Reiches 2001. Aufnahme Andreas Hartmann

Die Eingangshalle. Aufnahme Shahrokh Shalchi

Der Pavillon auf dem Dachgeschoss bietet einen grandiosen Blick auf die Stadt Hildesheim.
Aufnahme Shahrokh Shalchi

>
Wie der Gang in einer Pyramide führt die langgestreckte Treppe zu den Ausstellungsräumen in den oberen Geschossen.
Aufnahme Sh. Shalchi.
Bildsammlung Roemer- und Pelizaeus-Museum Hildesheim
Inv. Nr. DSC_8043

Eine Schulklasse macht nach dem Museumsbesuch eine Pause im Schatten der Bäume.
Aufnahme Maike Kozok 2006

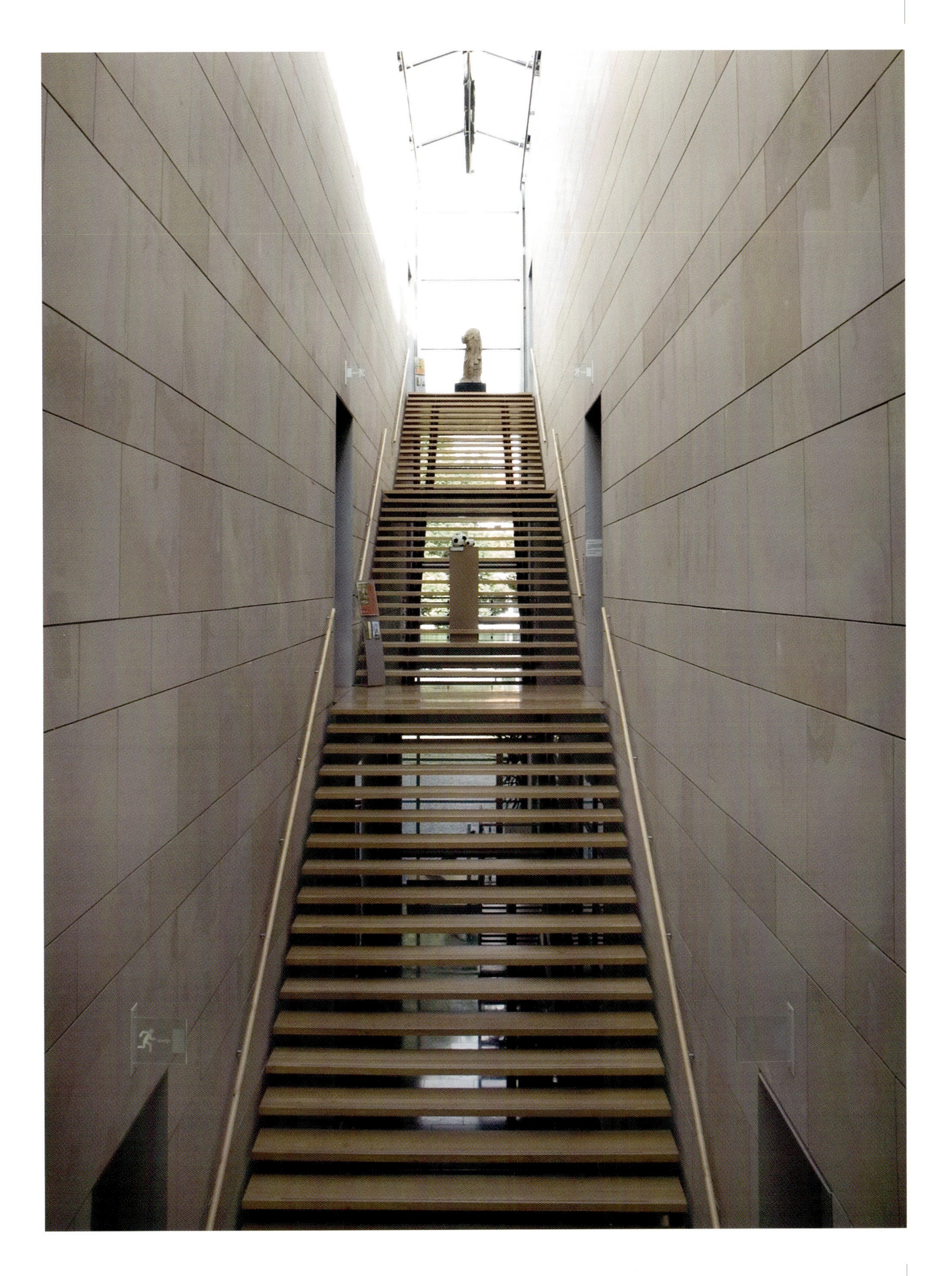

Vier barocke Sandsteinfiguren befinden sich in dem kleinen Hof zwischen der Martinikirche und dem Neubau. Diese ungemein sinnlichen weiblichen Statuen symbolisieren die vier damals bekannten Erdteile Asien, Afrika, Europa und Amerika. Aufnahme Maike Kozok 2007

Die „Vier Erdteile"

Im Mai 2007 kamen sie zurück ins Museum, die vier Erdteile Asien, Afrika, Europa und Amerika. Der fünfte Kontinent Australien war noch nicht bekannt, als die vier barocken Damen in Sandstein gemeißelt wurden. Viele kennen sie noch aus der Zeit, als sie vor dem 1998 abgetragenen Museum standen. Heute befinden sie sich in dem kleinen Hof zwischen der Martinikirche und dem Neubau. Doch woher stammen diese Figuren?

Ursprünglich standen die vier lebensgroßen Statuen im Barockgarten des Lustschlosses Salzdahlum. Dieses zwischen Braunschweig und Wolfenbüttel gelegene Schloss ließ Herzog Anton Ulrich in der Zeit von 1688 bis 1694 als Sommerresidenz für die herzogliche Familie in Fachwerk errichten. Die Schlossanlage entstand nach Plänen des Landbaumeisters Johann Balthasar Lauterbach, ausgeführt wurde sie von dem Baumeister Hermann Korb.

Im ausgedehnten Schlosspark standen zahlreiche Statuen, unter anderem vier ungemein sinnliche weibliche Figuren aus Sandstein. Sie symbolisieren die vier zur Barockzeit bekannten Erdteile Europa, Asien, Afrika und Amerika. Die Statuen dürften Ende des 17. oder Anfang des 18. Jahrhunderts entstanden sein, denn ab 1689 sind die ersten Rechnungen für Bildhauer in Salzdahlum belegt.[11]

Als Vorbild für die Statuen kann das 1603 erschienene Werk „Iconologia" des Cesare Ripa gelten, das die Gestaltung auch anderer barocker Figuren, wie jene im Garten von Herrenhausen beeinflusste.[12]

Anfang des 19. Jahrhunderts wurde das Schloss Salzdahlum von der Westphälischen Regierung seiner Schätze beraubt und dann der Stadt Braunschweig auf Abbruch geschenkt. In den Jahren von 1813 bis 1815 erfolgte der Abriss des Schlosses. Der Garten wurde eingeebnet und die Skulpturen veräußert. Stehen blieben von dem Schloss nur noch Teile der Alten Wache und der Reithalle. Daher ist von besonderer Bedeutung, dass in Hildesheim ein kompletter Zyklus – die Erdteile darstellend – nahezu unversehrt erhalten blieb.

Zu einem unbekannten Zeitpunkt gelangten insgesamt acht Figuren aus Salzdahlum nach Hildesheim. Sie wurden von der Familie des Landmaschinen-Fabrikanten Eduard Ahlborn aufgekauft und im Garten seiner Villa in der Sedanstraße 1 (Ecke Goslarsche Straße) aufgestellt. 1945 wurde die inzwischen der Familie Pasquay gehörende Villa zerstört, die Figuren standen dort noch bis 1957. Im Juli 1958 erwarb die Stadt die vier Steinfiguren der Erdteile, deren Aufstellung zunächst vor dem Theater in Erwägung gezogen wurde.[13] Sie erhielten jedoch 1959 unmittelbar nach Fertigstellung des neuen Roemer- und Pelizaeus-Museums ihren Platz an der Zufahrt zum Museum.

Neben den vier Erdteilen standen die Figuren Apoll und Orpheus sowie Mars und Herkules im Garten in der Sedanstraße. Letztere verblieben zunächst auf dem Grundstück. Erst als sich Jahre später der Hausmeister über die ihn beim Rasenmähen störenden umgestürzten Figuren beschwerte, erwarb das Roemer- und Pelizaeus-Museum 1983 mit Hilfe der Weinhagenstiftung auch diese beiden Objekte von Frau Pasquay. Sie befinden sich derzeit im sogenannten „Steinekeller“. Die beiden anderen Figuren, Apoll und Orpheus gelangten nach Hannover, wo deren Verbleib unbekannt ist. Sie gelten seither als verschollen.

1979 wurden die Figuren der vier Erdteile restauriert und an ihrem alten Standort wieder aufgestellt. Bis zum Abriss des Museums 1998 standen sie dort, anschließend lagen sie ein Jahr im Innenhof des Museums und kamen dann zu einem Restaurator nach Benthe. Wo ihre ursprüngliche Aufstellung im Schloßgarten von Salzdahlum erfolgte, ist trotz der großen Anzahl detaillierter Abbildungen des Schlosses nicht mehr rekonstruierbar.

Figur der Afrika aus dem 1611 erschienenen Werk „Iconologia“ des Cesare Ripa

„Una donna mora, quasi nuda“ „eine schwarze Frau, fast nackt“, so beschreibt Cesare Ripa die Figur Afrika mit exotischen Gesichtszügen. Die Statue ist besonders faszinierend, sie trägt eine Kopfbedeckung mit einem Elefantenkopf, dessen Stoßzähne fehlen. Das Gewand scheint an der Korallenkette befestigt und zieht sich unterhalb der nackten Brüste nach unten. Zu ihren Füßen liegt ein zahmer Löwe, der ihren Fuß leckt. Die linke Hand dürfte der Figur Ripas folgend einen Skorpion gehalten haben. Aufnahme Maike Kozok 2007

Ausblick

Noch eine letzte eilige Wanderung führte uns von dieser klassischen Stelle zu einer weit davon entlegenen Gegend der Stadt, zu der alten, wunderlichen gothischen Klosterkirche mit einem breiten Haupt und nur einem Seitenschiff, welche zum Schrein und Hause für die großartige Stiftung gemacht ist, die Hildesheim dem Gemeinsinn des Senators Römer und seiner begeisterten Liebe und Pflege der besten Menschheitsgüter, Kunst und Wissenschaft, dankt für das, einzig durch ihn, einzig durch seine eigene Kraft zusammengebrachte, umfassende Museum. Naturhistorische Sammlungen in vortrefflicher systematischer Ordnung und Aufstellung, Sammlungen von vaterländischen Alterthümern von Gipsabgüssen klassischer Sculpturen, von Kupferstichen, Gemälden, kunstindustriellen Erzeugnissen, eine reiche Bibliothek, – alles Das ist hier zu einem Ganzen vereinigt, das eine Zierde der Stadt, eine Quelle und Nahrung einer Geistescultur für ihre Bewohner, Instrument und Material der Erziehung und Heranbildung der Jugend zum Guten und Richtigen, zur Erkennung des Schönen und Wahren, zur Liebe und Freude daran bilden, wie es in unseren Residenzen höchstens der über die größten Mittel gebietende Staats- oder Fürstenmacht und unter der Mitwirkung mannigfacher Kräfte zu schaffen gelingt.[14]

So enthusiastisch schilderten 1878 Mitglieder des Berliner Architekten-Vereins die Eindrücke, die sie von einer Exkursion nach Hildesheim mit abschließendem Besuch des Städtischen Museums mitbrachten.

Damals erhielten Museen als offizielle Aufbewahrungsorte der Schätze der Vergangenheit erst ihre eigentliche Bedeutung als öffentlich zugängliche Kunstgalerien, als Hüter traditioneller Werte und Stätten der wissenschaftlichen Forschung. Und was gilt heute, 130 Jahre später, in unserer Eventgesellschaft und unter dem allseitigen Druck der Ökonomisierung der Kultur? Heute ist festzuhalten, dass ein Museum, wie zum Beispiel das Roemer- und Pelizaeus-Museum, noch immer einer der letzten Orte ist, wo unsere flüchtige Zeit angehalten werden kann und wir die notwendige Muße finden, um uns in eine Welt zu vertiefen, die nicht nur Fakten, sondern überzeitliche kulturelle Werte vermittelt. Oder anders ausgedrückt, Museen bieten das direkte Erlebnis, und das ist unbezahlbar.

Zusammenfassend können wir für das Roemer- und Pelizaeus-Museum feststellen: Von Anfang an ist seine Geschichte geprägt von Abrissen, von Umbauten bis hin zu Neubauten, alles bedingt durch das kontinuierliche Anwachsen der Bestände. Doch es waren nicht nur Hermann Roemer und Wilhelm Pelizaeus, die unser Museum zu internationaler Bedeutung führten. Sondern es waren auch die Bürger Hildesheims. Sie haben mit ihrem Engagement und ihren Stiftungen das Museum erst zu dem gemacht, was es heute ist, einem weltweit bekannten Haus.

Anmerkungen

Wie alles anfing

1 Hochreiter, Musentempel, 1994, S. 181f.
2 Roemer, Das städtische Museum in Hildesheim, 1878.
3 Roemer, Das städtische Museum in Hildesheim, 1878.
4 Albrink, Hermann Roemer und die Kulturpolitik, 1994, S. 152-202.
5 Hauthal, Zur Geschichte des Museums, in: Welten in Vitrinen, 1994, S. 19-22. – Hauthal, Roemer-Museum, seine Geschichte und Entwicklung, 1912, S. 53f.
6 Alphei, Museumsverein, 1998, S. 421.
7 Domhof Nr. 26, ehem. Nr. 1214 – Zeller, Bürgerliche Bauten, 1912, S. 156: „Domkurie (früher von Boos), im Türbogensturz, 1624, einfaches massives Erdgeschoss, Fachwerkoberbau von 10 Spann Länge wahrscheinlich als Teil einer früher dahinter liegenden abgetragenen Domkurie errichtet."
8 Jahresbericht 1848/49, S. 3. Auskunft über die baulichen Aktivitäten, finanziellen Verhältnisse und zur Ausstattung, aber auch über die Geschenke, geben die Berichte des Museumsvereins, die seit 1845 in gedruckter Form vorlagen.
9 Jahresbericht 1850-54, S. 5.

Das Kloster St. Martin

1 Zu den Franziskaner siehe: Gleba, Klosterleben im Mittelalter, 2004, S. 162-185. – Schwaiger, Mönchtum, Orden, Klöster, 1993, S. 188-218.
2 Schmid, Stiftungen, 1985, S. 67.
3 Seeland, Klosterbibliotheken, 1952, S. 30. – Bertram, Geschichte Bd. 1, S. 442. – UBSH 8, Nr. 148.
4 Müller, Die Bettelorden in Hildesheim, 1994, S. 146. – Gutowski, Minderbrüder, 1994, S. 120-127.
5 Wulf, Die Inschriften der Stadt Hildesheim, Teil 2, 2003, S. 333f.
6 UBHH 6, Nr. 166a vom 2. Januar 1375.
7 Unter ihnen befand sich auch Giovanni di Piano Carpini (um 1185-1252), Provinzialminister der deutschen Franziskaner und der Provinz Sachsen. Müller, Bettelorden und Stadtgemeinde,1994, S. 28-31. – Kruppa/Wilke, Das Bistum Hildesheim, 2006, S. 75f. – Gutowski, Minderbrüder, 1994, S. 110.
8 Die Franziskaner finden Aufnahme in einem Gebäude neben der Nikolaikapelle beim Godehardikloster: Catalogus abbatum s. Godehardi zu Abt Volcard (1218-1229): *Hoc abbate P. Conradus de Offida habitationem suam apud St. Nicolaum in Brülone impetravit ad tempus*. Zitiert nach Lemmens, Franziskanerklöster, 1896, S. 3. – Dass es sich um das Nikolaihospital handelte, das neben der Kapelle lag, schreibt Lüntzel, Geschichte Bd. 2, 1858, S. 96.
9 „Conrad [Bischof Konrad II.] schenkt der glücklichen Gemeinschaft der Minderbrüder in Hildesheim den Ort, an dem eine Kirche errichtet worden ist, mit dem Wirtschaftsgebäude des Hauses und alles, was innerhalb der sieben Kurien, die sie bewohnten, darüber umschlossen wird, und den Platz nahe dem Wasser, an dem sie vor langer Zeit die Pferde des bischöflichen Hofes unterzubringen pflegten." Übersetzung Andreas Kleine-Tebbe. UBSH 1, Nr. 201: *Conrad* [...] *felici fratrum minorum in Hildensem congregationi locum, in quo constructa est ecclesia, domus officine et quicquid intra septa curie, quam inhabitant, continetur, insuper et locum prope aquam, in quo solebant pridem equi episcopalis familie stabulari* [...]. Ein erster Kirchenbau war demnach möglicherweise bereits vor der Schenkung vorhanden.
10 Von Richard Doebner, dem Herausgeber des Urkundenbuchs, wird diese Quelle in die Zeit von 1240-1246 datiert, mit der Anmerkung: „Die Grenzen der obigen Datierung sind gegeben durch den Bau der Martinikirche (1240) und des Bischofs Resignation." Vgl. dazu UBHH 2, Nr. 623. Wobei Doebner keinen Quellennachweis für den Kirchenbau angibt. Er stützt sich möglicherweise auf Lauenstein, Historia Diplomatica, 1740, S. 322: „anno 1242". – Zeppenfeldt, St. Martin, 1829, S. 125: „1242". – Lüntzel, Geschichte, Bd. 2, 1858, S. 197 (um 1240). – Müller, Bettelorden und Stadtgemeinde, 1994, S. 31, Anm. 15, S. 32, Anm. 23. – Müller, Die Bettelorden in Hildesheim, 1994, S. 141.
11 Nach Gebauer lag in diesem Viertel schon in sehr früher Zeit eine Kapelle des Heiligen Martin, „die angeblich bereits 1022 an die Michaelisbasilika angewiesen wurde und später ihren Namen wohl an die Martinikirche der Franziskaner weitergab." Gebauer, Geschichte Bd. 1, S. 29. Dabei stützt er sich offenbar auf die Ausführungen des Pastors der Michaeliskirche Joachim Barward Lauenstein († 1746), Hildesheimische Kirchen- und Reformations-Historie, VI. Teil, 1735, S. 2f.: „Was insonderheit dieses Closters zu S. Martini betrifft; so stiftete er dasselbe An. 1242. Inductione 5. in die Ehre S. Martini, hinter dem grossen Thum-Hofe; an welchem Orte S. Barwardus [Bischof Bernward] kurz vor seinem Tode eine Capelle in die Ehre S. Martini gebaut hatte, von welcher auch das neue Closter den sol behalten haben. Wievol andere wollen, S. Martini capelle, welche S. Barwardus gebauet, habe nicht an diesem Orte gestanden, da der Franciscaner oder Barfüsser Closter vom Bischoff Conrado II. fundiret worden; doch nicht weit davon, nemlich in der Burg-Strasse, in sedibus M. Henningi Krebs, wo sonst eines Vicarii Behausung gewesen, und woselbst die Capelle S. Martini noch vorhanden, aber zur Wohnstube desselben Hauses gemacht sey. Und es ist glaublich, daß, nachdem diese Capelle eingangen, das nahe dabey gelegene Closter den Nahmen davon behalten habe." Eine unter Bischof Bernward errichtete Martinskapelle lag im Kreuzgang des Michaelisklosters: Vita Bernwardi 53, S. 780. – Bei der Spätdatierung der Kirche von 1240 gilt es zu bedenken, dass der zweite Bettelorden in Hildesheim, die Dominikaner, bereits 1228/29 mit dem Bau seiner ersten Kirche begann.
12 UBSH 1, Nr. 189, Nr. 191, S. 92. – UBHH 2, S. 383, Nr. 757, S. 387 Nr. 766. Die hier genannte Neustadt ist nicht zu verwechseln mit der vom Dompropst gegründeten Neustadt im Osten der Stadt.
13 Gebauer, in: Niedersächsischer Städteatlas, 1933, S. 4. – UBSH 1, Nr. 189 u. 191. – Köppke, Stadtmark, 1967, S. 31-33. – Dazu Pacht, Entwickelung, 1877, S. 190: „Bischof Conrad legte eine bischöfliche Neustadt an, welche nach Lüntzel die Gegend des Steines (der Steine) umfaßte. Vermutlich gehörte auch ein Theil der Venedig, die sogen. Kleine Venedig, dazu. Diese bischöfliche Neustadt hatte zwar keinen Bestand, aber die Gründung derselben zeigt doch, daß der Bischof über den in Hildesheim belegenen Grund und Boden, worauf sie stand, verfügte." Zur bischöflichen Neustadt auch: Gebauer, Geschichte Bd. 1, 1922, S. 56. – Lüntzel, Diözese 2, 1858, S. 66f.
14 Bertram, Geschichte, Bd. 1, S. 240. – Nach Lauenstein, Hildesheimische Kirchen- und Reformations-Historie, 1735, Kap. 5 (Zuschrift), befand sich das Grab ursprünglich „unter dem Apostelgang", also im östlichen Kreuzgang.
15 Gülicher, Vita beati Fratris Cornradi 1666, S. 37-39: „Nachdem wir gerne wollen / daß das Kloster und die Kirche der Minnebrüder zu Hildesheim mit gebührender Ehre desto andächtiger besuchet und durch nöthwendige Hülfe desto besser in seinem Stand erhalten werde / als lassen wir allen und jeden waren Bußfertigen / so ihre Sünde gebeichtet und gemelte Kirche / derselbigen heilige Oerter / Capellen / Kirchhoff und Altäre aus Andacht demütig werden besuchet / ihre Opffer und Gebet daselbst in Gottesfurcht gethan / dem Gottesdienst und den Predigten der Brüder beygewohnet / das Grab des heiligen Bruders Conrades / des allerheiligsten Bekenners Christi / Francisci vornehmen Gesellens / dieses Klosters und darinnen begrabenen Stifters demütig besuchet / seine hochheiligen Gebeine auch andere bißchen Heiligthume / so in den Kloster verwahret werden / mit Andacht verehret / zu erhaltung oft gemelten Klosters und nohtwendigen auffenthalt der armen Brüder / auch nur irgendwas zu bauen ihre behülfliche Hände dargebohten [...] im Jahre Christi 1466". Dazu auch Lüntzel, Geschichte, Bd. 2, 1858, S. 197. – Fleige, Bruder Konrad von Hildesheim, 1986. – Fleige, Der volkstümliche Hildesheimer Heilige Bruder Konrad, 1983.
16 Bei diesen Kellermauern eines ehemaligen Gebäudes handelt es sich möglicherweise um das in der Schenkungsurkunde Bischof Konrads genannte Wirtschaftsgebäude, vgl. UBSH 1, Nr. 201.
17 „Das Fehlen von Angaben über ältere Konventbauten weist also mit höchster Wahrscheinlichkeit darauf hin, daß diese nie errichtet wurden, und das heißt, daß die Brüder – zu Lebzeiten des Hl. Franz – gewöhnlich in Hospizen wohnten, welche in der Nähe von Kirchen lagen, in denen ihnen zu zelebrieren und zu predigen erlaubt worden war. [...] Offenbar übernahmen die Franziskaner diesen frühen Bautyp des Hospitals für ihre Konventbauten: also: einfache Wände, offener Dachstuhl und durch kleine viereckige Fensterchen zur Straße geöffnet." Romanini, Die Architektur der ersten Franziskanischen Niederlassungen, 1982, S. 407f.
18 1253 ist der Konvent der Franziskaner erstmals bezeugt: *versus monasterium dilectorum in domino fratrum minorum* (UBSH 1, Nr. 231). Eine sogenannte „Klausur" schließt zumeist an die Nord- oder Südseite einer Stifts- oder Klosterkirche an. Sie umfasst den Kreuzgang (lateinisch *ambitus* = Umgang), einen überdeckten Umgang um einen rechteckigen Hof oder einen kleinen Garten (Kreuzgarten) mit Brunnen und die daran anschließenden Konventräume, wie Kapitelsaal, Schlafsaal (*Dormitorium*), Speisesaal (*Refektorium*), Wärmestube (*Kalefaktorium*), Sprechraum (*Parlatorium*) und die Wirtschaftgebäude.
19 Nur ein Seitenschiff zeigt bereits die älteste erhaltene Franziskanerkirche in Seligenthal im Rheinland oder die Franziskanerkirchen von Angermünde, Höxter und Neubrandenburg. Siehe die Zusammenstellung bei Binding, Die Franziskaner-Baukunst, 1982, S. 439-460 und bei Gerlach/Thumm u. a., Dokumentationsbericht. Fassaden der Martinikirche, 1998/1999. – Schenkluhn, Architektur der Bettelorden, 2000. Unter den Begriff „Minoritenkirchen" fallen nicht nur die Kirchenbauten der Franziskaner, sondern auch die der Dominikaner.
20 Müller, Bettelorden und Stadtgemeinde, 1994, S. 32. Zeller gibt jedoch an: „Der jetzige Klosterbau stammt aus der zweiten Hälfte des XV. Jahrhunderts." Weiter schreibt Zeller: „Die Klosteranlage zeigt eine (vielleicht aus älterer Zeit stammende) Hauptkirche." Zeller, Kirchliche Bauten, S. 275f. Diese Annahme geht vermutlich auf Lüntzel zurück: „Er [Pater Conrad] ruhet – durch Wunder hervorleuchtend, durch einen vierzigtägigen Ablaß ausgezeichnet, welche der Suffragan Johann, Bischof von Mysien, am 8. Dezember 1466 Allen, welche Conrads Grabmal mit Andacht besuchten und eine Beisteuer zu der Bau=Casse oder zum Unterhalt der Brüder verabreichte, verhieß, - in der von ihm erbauten Kirche." Lüntzel, Geschichte, Bd. 2, 1858, S. 197. Auf Seite 627 schreibt Lüntzel: „Ueber die Zeit der Erbauung habe ich gar keine Nachricht. Die Kirche hat Spitzbögen und die Erbauung derselben mag in die späten Jahre des vierzehnten Jahrhunderts oder in das funfzehnte Jahrhundert (nach Kratz in die zweite Hälfte des funfzehnten Jahrhunderts) fallen".
21 Bruder Heinrich, Guardian, und der Convent der Minoriten zu Hildesheim verpflichten sich 1369 gegenüber Herzog Magnus von Braunschweig und Lüneburg aus

Dank für seine Zuneigung zu dem Orden und besonders zu ihrem armen Convent durch Behülfe zu ihren Bauten (*subveniendo nobis in edificiis nostris*) bei seinen Lebzeiten wöchentlich eine Messe abzuhalten. UBSH 2, Nr. 279, S. 170. 1381 finden Baumaßnahmen am Turm statt: *Vor deckent unde murent an dem torne bi den broderen* [...]. UBSH 5, S. 33. – Bertram, Geschichte Bd. 1, 1899, S. 357: „Kostspielige Bauten waren um die gleiche Zeit von den Minoriten zu St. Martin ausgeführt."
22 Binding, Die Franziskaner-Baukunst, 1982, S. 431f. Ebenso durften Glasfenster bis auf das Hauptfenster hinter dem Hochaltar weder mit Historien noch mit Bildern bemalt werden.
23 Haetge, Die Stadt Erfurt, 1931, S. 63-141, hier S. 107.
24 Jahresbericht 1864-1869, S. 7.
25 Neue Hannoversche Zeitung, Nr. 321, vom 12. Juli 1865.
26 UBSH 8, Nr. 905, S. 752.
27 Braunfels, Abendländische Klosterbaukunst, 1985, S. 187.
28 Die Fenster mitsamt ihrem Maßwerk wurde im Bereich der Westseite (EG) während der Sanierung zwischen 1986 und 1989 erneuert bzw. frei ergänzt.
29 Sonntagsblatt Nr. 21 v. 23. Mai 1869, S. 158: „Schon früh ward auch an einzelnen Festtagen in der Waisenhaus-Kapelle Gottesdienst gehalten." [...] Eine Waschküche ward im Gewölbe unter der Kapelle angelegt." Palandt, Der Waisenvater, 1954, S. 37: „Der untere Raum war als Viehstall ausgebaut." Dazu Kratz, Das ehemalige Franziskanerkloster, 1910, S. 357: „Das untere Geschoß wird wohl als Leichenhaus für die Konventualen bestimmt gewesen sein."
30 Lüntzel erwähnt 1858 (S. 627) für 1451 eine Kapelle im Kreuzgang: *capella sita in ambitu fratrum minorum*. So auch Mithoff, Kunstdenkmale, 1875, S. 155: Für 1457 ist sie auch im Urkundenbuch bezeugt: Kapelle im Kreuzgang (*ambitus*) (UBSH 7, Nr. 287, S. 180).
31 Die Untersuchung wurde vom Büro Dipl.-Ing. Manfred Kunze, Hildesheim, erstellt. Akten, Stadtplanungsamt Hildesheim.
32 Das ältere Portal ist noch in Resten auszumachen.
33 Zur Dendrodatierung des Dachstuhls der Portiunculakapelle auf 1481-1483, vgl. Berichte Tätigkeit, 1992, S. 305.
34 Das vermuteten bereits Herr Rolf Schulte und Frau Ingeborg Schweitzer mit guten Gründen. Vgl. Schweitzer, Wiltu ein tag, 1998, S. 103. – 1487 wird eine Schenkung für den Neubau der Bibliothek erwähnt: [..] *nomliken to orer librarie, de se angehaven hebben nige to buwende. 1487 November 12 (des mandages na sunte Martini daghe)*. UBSH 8, Nr. 148, S. 150. – Bertram, Geschichte Bd. 1, S. 442. – Seeland, Klosterbibliotheken, 1952, S. 28-31.
35 Kratz, Das ehemalige Franziskanerkloster, 1910, S. 357.
36 Der Museumsverein hatte der Loge „Zum Stillen Tempel" den Raum vermietet. Mietvertrag Best. 741 Nr. 425. Die Bestandsangaben beziehen sich im folgenden ausschließlich auf das Stadtarchiv Hildesheim.
37 Gerlach/Thumm u. a., Dokumentationsbericht. Fassaden der Martinikirche, 1998/99, S. 19.
38 1381 sind Baumaßnahmen am Turm überliefert *Vor deckent unde murent an dem torne bi den broderen* [...] (UBSH 5, S. 33). Für 1383 ist ein Turmwächter genannt: *Den wechtern up dem torne by den brodern 2 ½ s* und *Den wechtern up Martini 4 ½ p.* beide Quellen: UBSH 5, S. 60. Angeblich wird 1545 ein Turm der Kirche abgebrochen: Lemmens, Franziskanerklöster, 1896, S. 70. – Bertram, Geschichte des Bistums, Bd. 2, 1916, S. 132. – Seeland, Klosterbibliotheken, 1952, S. 30: „Der Rat [...] deckte vom Kirchturm die aus Kupfer und Blei bestehende Spitze ab." Gutowski, Minderbrüder, 1994, S. 126.
39 Gerlach/Thumm u. a., Dokumentationsbericht. Fassaden der Martinikirche, 1990/1999.
40 Desarnaulds/Loerincik, Vases acoustiques dans les églises du Moyen Age, 2001.
41 Dazu Sydow, Kirchen- und spitalgeschichtliche Bemerkungen, 1969, S. 108.
42 Schulz, Neue archäologische Untersuchungen, 1979, S. 8.
43 Guardian und Convent der Minoriten verkauften dem Rat zur Verstärkung der Stadtbefestigung ihren Garten an der Innerste um sechs Mark: *Dat we on vercopen welden usen garden, dat blek bi der Indersten buten der muren to Hildensem* (UBSH 2, Nr. 227, S. 136.)
44 Zeller, Romanische Baudenkmäler, 1907, Tafel 1. - Schon 1289 war ein Tor bei den Franziskanern abgebrochen worden: *Porta preterea, que est apud fratres minores.* (UBSH 1, Nr. 432, S. 214).
45 Hartmut Häger, Straßen, 2005, S. 42. Seit 1300 als *uppe lutteken stenen* und *uppe den groten stenen* überliefert. – Schweitzer, Wiltu ein Tag, 1998.
46 Lemmens, Franziskanerklöster, 1896, S. 70.
47 UBSH 8 Nr. 905, S. 751. – Seeland, Klosterbibliotheken, 1952, S. 30.
48 Zeppenfeldt, St. Martin, 1829, S. 128.
49 „Das für geistesschwache Personen dort angelegte Institut war längst verödet, weil man in neuern Zeiten dergleichen Kranke in der allgemeinen Armenanstalt auf der ehemaligen Karthause unterbrachte. Seitdem der Staat in dem geräumigen Lokale des vormaligen Klosters zu St. Michael eine vortreflich eingerichtete psychische Heilanstalt begründete, wurde die Fürsorge der Lokalbehörde für unglücklich Geisteskranke völlig überflüssig und daher sind im Jahre 1828 die für sie bestimmten Gebäude zu St. Martin weggerissen." Zeppenfeldt, St. Martin, 1829, S. 129.
50 Sonntagsblatt Nr. 21, 1869, S. 157. – Zeller, Bürgerliche Bauten, 1912, S. 92 u. 105.
51 „Hinterm Waisenhause an der Ecke liegt eine Kapelle, unter welcher ein Gewölbe ist, welches die Franziskaner ehemals wahrscheinlich als Brauhaus benutzten." Zeppenfeldt, Waisenhäuser, 1829, S. 350.
52 Darauf deuten auch die unterschiedlichen Wandstärken in der Zeichnung von 1694. Best. 951, Nr.173.
53 Lauenstein, Hildesheimische Kirchen- und Reformations-Historie, 1735, S. 20.
54 Zeppenfeldt, St. Martin, 1829, S. 130. – Kratz, Das ehemalige Franziskanerkloster, 1910, S. 357. – Sonntagsblatt, Nr. 21, 1869, S. 158.
55 Sonntagsblatt Nr. 21, 1869, S. 158.
56 Zeller, Kirchliche Bauten, 1911, S. 279. So auch das Sonntagsblatt Nr. 21, 1869, S. 158.
57 Sonntagsblatt, Nr. 21, 1869, S. 158. – Hier befinden sich heute die Räume des Museumsfotografen und eine Treppe zum Obergeschoss.
58 Gebauer, Geschichte, Bd. 2, 1924, S. 296. – Garbe, Die Toten von St. Martini, 1967. – Zeppenfeldt, St. Martin, 1829, S. 134. Bei Grabungen im Frühjahr 1992 stieß die Archäologin Ingeborg Schweitzer nördlich der Martinikirche auf ein Massengrab aus dem 18. Jahrhundert. Jeweils vier bis fünf Tote waren übereinander beigesetzt. Schweitzer, Archäologische Fundchronik, 1993, S. 322.
59 Sonntagsblatt Nr. 21, 1869, S. 159. – So auch Palandt, Die Hildesheimer Waisenfamilie, 1979, S. 62: „der Südflügel Judentempel genannt." – Best. 101-564 Nr. 1 Bd. 2 (von 1863): „als jüdische Synagoge benutztes Gebäude."
60 Best. 951 Nr. B7/10.
61 Palandt, Die Hildesheimer Waisenfamilie, 1979, S. 62.
62 Sonntagsblatt Nr. 22, 1869, S. 165.
63 Best. 101-564 Nr. 9. – Best. 741 Nr. 425.
64 Im Grasgarten westlich der Portiuncula wurden 1978 mehrere sich überlagernde mittelalterliche Mauerreste dokumentiert, dessen Mauerwerk noch bis 2,30 m Höhe aufragte, vgl. Schulz, Neue archäologische Untersuchungen, 1978, S. 8.
65 Best. 950 Nr. 106. – Best. 741 Nr. 431.
66 Hildesheimer Friedhöfe, 1999, S. 32 u. 66. – Gebauer, Geschichte, Bd. 2, 1924, S. 296.
67 Best. 100-89 Nr. 435b. – Best. 101-1361 Nr. 1324.
68 Schweitzer, Archäologische Fundchronik, 1993, S. 321f. – Schweitzer, Wiltu ein tag, 1998, S. 99. – Schulz, Neue archäologische Untersuchungen, 1978, S. 8.
69 Mündliche Mitteilung von Herrn Rolf Schulte. – Schweitzer, Archäologische Fundchronik, 1993, S. 321f. – Schweitzer, Wiltu ein tag, 1998, S. 103-106.
70 *Den tymmerluden, dede rumeden unde verdigheden ene rennen* [Rinne], *de de lyt in de erde uppe der barvoten Kerkhove, unde led dat water ut dem pole in der Borchstraten in de Indersten* [...] UBSH 6, S. 209.
71 Cramer, Physische Briefe über Hildesheim, 1792, S. 88.
72 Zeppenfeldt, Waisenhäuser, 1829, S. 351.
73 Publiziert in Bleibaum, Bildschnitzerfamilien, 1924, S. 122. Ursprünglich im Pfarrarchiv der Michaeliskirche aufbewahrt.
74 Garbe, Der letzte Tag, 1957, S. 34f.
75 Busch, Priechenbilder, 1966. – Wulf, Die Inschriften der Stadt Hildesheim, Teil 2, 2003, S. 412f.

„Die ganze Welt in Hildesheim"

1 Jahresbericht 1847, S. 17.
2 Zeppenfeldt, St. Martin, 1829, S. 128.
3 Hauthal, Roemer Museum, 1912, S. 53.
4 Knoch, Zum Gedächtnis, 1914, S. 493.
5 Mohrmann, Aus dem Leben, 1902, S. 168.
6 Hannover, Museum für Kunst und Wissenschaft, das heutige Künstlerhaus. 1853 erfolgte die Grundsteinlegung, 1856 die Einweihung. Kokkelink/Lemke-Kokkelink, Baukunst, 1998, S. 268. – Plagemann, Kunstmuseum, 1967, S. 165ff.
7 Jahresbericht 1854/60, S. 6.
8 Jahresbericht 1854-1860, S. 6f. – Hildesheimer Allgemeine Zeitung und Anzeigen vom 11. April 1859.
9 Jahresbericht 1854-1860, S. 8.
10 Del Monte, Une Ville, 1883, Nachdruck v. 1974, S. 57-61.
11 Jahresbericht 1880-1888, S. 4f.
12 Fritsch, Hildesheimer Studien, 1888, S. 615.
13 Best. 101-564 Nr. 10 vom 17. Juni 1856. Transkription der Urkunde in: Chronik des Roemer-Pelizaeus-Museums, 1989, S. 16f.
14 Best. 101-564, Nr. 1 vom 15. März 1861. Transkription der Urkunde in: Chronik des Roemer-Pelizaeus-Museums, 1989, S. 22-24.
15 Jahresbericht 1864-1869, S. 6f.
16 Jahresbericht 1864-1869, S. 6.
17 Nekrolog in: Hildesheimer Allgemeine Zeitung und Anzeigen vom 20. Oktober 1871. – Hildesheimer Studien, 1888, S. 626. Zu seinen Bauten zählen die Villa Roemer (gemeinsam mit Hase), das Haus Röbbelen vor dem Dammtor, Haus Strusch auf dem Hohen Weg, Haus Ohrmann. Höhere Gewerkeschule, Dammtor (um 1865) und die Central-Knabenschule am Paradeplatz (1868), Umbau der Paulinerkirche zum Unionsgebäude (1869-70), das Haus Hogrebe auf der Zingel und das Haus Deppen an der Schützenallee.
18 Adressbuch der Stadt Hildesheim für das Jahr 1862. Zwei Jahre später ist unter seinem Namen im Adressbuch Hoher Weg 420 eingetragen. Schulze zieht dann 1866 in den Vorderen Brühl 1128.
19 Hildesheimer Allgemeine Zeitung und Anzeigen vom 20. Oktober 1871 (Nekrolog).
20 Best. 101-564 Nr. 10.
21 Hildesheimer Allgemeine Zeitung und Anzeigen vom 10. September 1866.
22 Jahresbericht 1864-1869, S. 7.
23 Jahresbericht 1864-1869, S. 7. – Mietvertrag Best. 741 Nr. 425.
24 Jahresbericht 1871-74, S. 6.
25 Jahresbericht 1874-77, S. 5 u. 7.

Das neue Vordergebäude Am Steine (1885-1887)

1 Reimers, Denkschrift über die Studienreise, Hamburg 1891, S. 17.
2 Lesemann, Lebenserinnerungen von Oberbürgermeister Dr. Gustav Struckmann, 1991, S. 439.
3 Andreae/Roemer, Führer durch die Gypsabgüsse, 1895, S. 3.
4 Best. 741 Nr. 424.
5 Fritsch, Hildesheimer Studien, 1888, S. 616.
6 Best. 741 Nr. 424. – Best. 741 Nr. 422. – Hildesheimer Allgemeine Zeitung und Anzeigen vom 18. Mai 1885.
7 Erst 1912 erhält das Roemer-Museum eine Heizung, Verwaltungsbericht 1909-1914, S. 4.
8 Best. 102 Nr. 0558.
9 Best. 102 Nr. 0558. – Best. 741 Nr. 423.
10 Best. 102 Nr. 0558.
11 Jahresbericht 1864-1869, S. 8.
12 Nachlass im Stadtarchiv Hildesheim Best. 301 Nr. 1-11, Nr. 68. – Emons, Künstler-Restaurator, 2000.
13 Borne/Krause, Nicht weinen machen, 1992, S. 12.
14 Best. 102 Nr. 0558. - Best. 741 Nr. 423.
15 Best. 102 Nr. 0558.
16 Walden, Die völkerkundliche Sammlung (1914), 1994, S. 72.
17 Jahresbericht 1886-1888, S. 20.
18 Hauthal, Roemer-Museum, 1912.
19 Jahresbericht 1902-1906, S. 15. – Kat. Alt-Peru 1986, S. 7 u. 11.
20 Hauthal, Die Bedeutung des Roemer-Museums, 1907, S. 10. – Verwaltungsbericht 1914, S. 261. – Boetzkes, Welten in Vitrinen, 1994, S. 480-482.
21 Hauthal, Die Bedeutung des Roemer-Museums, 1907, S. 13.
22 Hannoverscher Kurier vom 12. April 1930, zit. nach Wiesner, Chinesisches Porzellan, 1981, S. 26.
23 von Puttkamer, Die Ernst-Ohlmer-Sammlung, 1931, S. 38. – Wiesner, Chinesisches Porzellan, 1981.
24 von Puttkamer, Die Ernst-Ohlmer-Sammlung, 1931, S. 38.
25 Verwaltungsbericht 1907-1908, S. 83.
26 Best. 102 Nr. 12241.
27 Best. 102 Nr. 12241.
28 Best. 102 Nr. 11454.
29 Best. 102 Nr. 5355.
30 Best. 102 Nr. 12241.
31 Best. 102 Nr. 12241.
32 Best. 102 Nr. 12241
33 Best. 102 Nr. 11521.
34 Best. 102 Nr. 11522. - Best. 102 Nr. 11355.

Das Andreas-Museum

1 Verwaltungsbericht 1909 bis 1914, S. 7.
2 Beyse, Stadtbild, 1937, S. 122.
3 Lesemann, Lebenserinnerungen von Oberbürgermeister Gustav Struckmann, 1991, S. 359. – Verwaltungsbericht 1928-1937, S. 247. Die Aquarelle wurden in das Roemer-Museum überführt, wo sie sich noch heute befinden: Alt-Hildesheim in Aquarellen, 2002.

Das „Museum für Kunstgewerbe"

1 Gießmann, Volksbibliothek, 1995, S. 21.
2 400 Jahre Knochenhauer-Amtshaus, 1929, S. 12.
3 Hildesheimer Allgemeine Zeitung und Anzeigen vom 8. März 1910.
4 Diese Zimmer mussten 1936 aufgelöst und magaziniert werden, weil die Fachschule für Tischler aus Blankenburg nach Hildesheim verlegt wurde und ihr Räume im Knochenhauer-Amtshaus zu Verfügung gestellt worden waren. Verwaltungsbericht 1928-1936, S. 247.
5 Die kunstgewerblichen Sammlungen im Knochenhauer-Amtshaus, 1914 (1994), S. 106. – Sandrock, Das neue Kunstgewerbehaus, 1911, S. 59f.
6 Kat. Hildesheimer Zeitzeugen, 1990.

Das Pelizaeus-Museum

1 Zur Person Pelizaeus siehe vor allem die Beiträge von Bettina Schmitz.
2 Best. 102 Nr. 5346.
3 Zoder, Herrmann Roemers Reise, 1980. – Schmitz, Ägypten in Hildesheim, 1993, S. 8f. – Schmitz, Die Anfänge der Ägypten-Sammlung in Hildesheim, 2001.
4 Best. 102 Nr. 5346.
5 Best. 102 Nr. 5346.
6 Best. 102 Nr. 5346.
7 Roeder, Das Pelizaeus-Museum in Hildesheim, 1919, S. 47.
8 Best. 741 Nr. 425.
9 Hildesheimer Allgemeine Zeitung und Anzeigen vom 30. Juli 1911.
10 Roeder, Die Mastaba des Uhemka, 1927. – Kayser, Mastaba, 1964.
11 Best. 102 Nr. 11286.
12 Best. 102 Nr. 12486 und Nr. 11522.
13 Best. 102 Nr. 11285.
14 Best. 102 Nr. 11513.
15 Seine Grabstätte befindet sich auf dem Magdalenenfriedhof an der Schützenallee.
16 Weisker, Das Roemer- und Pelizaeus-Museum 1945-1959, 1998, S. 236.

Die Zerstörung von 1945

1 Hildesheimer Allgemeine Zeitung vom 16. März 1954.
2 Meyer-Hartmann, Zielpunkt, 1985, S. 83.
3 Bohland, Der Untergang des Roemer-Museums am 22. März 1945, 1995, S. 55.
4 Bohland, Der Untergang des Roemer-Museums am 22. März 1945, 1995, S. 56. Bohland selbst lebte noch über Jahre in einer Baracke auf dem Museumshof.
5 Hannoversche Neueste Nachrichten vom 23. Juli 1947.
6 Hildesheimer Allgemeine Zeitung vom 16. März 1954.
7 Weisker, Das Roemer- und Pelizaeus-Museum 1945-1959, 1998, S. 236.
8 Boetzkes, Welten in Vitrinen. 150 Jahre Roemer-Museum, 1994, S. 489f.

Der Neubau von 1959 und die Ära der Sonderausstellungen

1 Hildesheimer Allgemeine Zeitung vom 16. März 1954.
2 Weisker, Das Roemer- und Pelizaeus-Museum, 1998, S. 240.
3 Best. 103-40 Nr. 4368. – Hildesheimer Allgemeine Zeitung vom 31. März/1. April 1956.
4 Kayser, Die Stadt Hildesheim und ihr Museum, 1956, S. 42.
5 Hildesheimer Allgemeine Zeitung vom 19. Januar 1956.
6 Hildesheimer Allgemeine Zeitung vom 31. März/1. April 1956.
7 Hildesheimer Allgemeine Zeitung vom 20 September 1956.
8 Hildesheimer Presse vom 28. Januar 1956.
9 Hildesheimer Presse vom 27. Juni 1956.
10 Hildesheimer Presse vom 27. Juni 1956 und Hildesheimer Allgemeine Zeitung vom 31. März/1. April 1956.
11 Städteforum, Hildesheim, 1976, S. 34.
12 Werkstatt Hohlt, 1997.
13 Hildesheimer Allgemeine Zeitung vom 9. Januar 1958. – Funk, Stadtbibliothek, 1995.
14 Hildesheimer Allgemeine Zeitung vom 9./10. Mai 1959. – Boetzkes, Welten in Vitrinen, 1998, S. 492.
15 Hildesheimer Allgemeine Zeitung vom 13. März 1964.
16 Hildesheimer Presse vom 16. März 1964. – Hildesheimer Allgemeine Zeitung vom 17. März 1964.
17 Hildesheimer Allgemeine Zeitung vom 27. Mai 1966.
18 Nachlass Walter Konrad, Best. 358.
19 Hildesheimer Allgemeine Zeitung vom 26./27. Mai 1973.
20 Hildesheimer Allgemeine Zeitung vom 23. Januar 1973.
21 Prante, Der Traum des Scheichs Eggebrecht, 2005, S. 269.
22 Höcklin, Magnet Kultur, 1996, S. 80.
23 Eggebrecht, Ein Magnet für das In- und Ausland, 1980, S. 73.
24 Hildesheimer Allgemeine Zeitung vom 16. Juni 1977.
25 Nachruf am 27. April 1983 in der Hildesheimer Allgemeinen Zeitung.
26 Braunschweiger Zeitung vom 19. Mai 1983.
27 Eggebrecht, Ein Magnet für das In- und Ausland, 1980.

Der Neubau von 2000 – eine „zeitgemäße Hülle für zeitlose Kunst"

1 Dieter Bartetzko in der Frankfurter Allgemeinen Zeitung vom 18. August 2000.
2 Boetzkes, Eine zeitgemäße Hülle, 2001, S. 74.
3 Wettbewerbe aktuell, 1990.
4 Wettbewerbe aktuell 1990.
5 Lindemann, Roemer- und Pelizaeus-Museum Hildesheim, 2001, S. 110.
6 Lindemann, Roemer- und Pelizaeus-Museum Hildesheim, 2001, S. 110.
7 Pülz, Neubau des Roemer- und Pelizaeus-Musems, 2001, S. 37.
8 Echtermeyer, Roemer- und Pelizaeus-Museum, 2000, S. 2.
9 Pülz, Neubau des Roemer- und Pelizaeus-Museums, 2001, S. 35.
10 Pülz, Neubau des Roemer- und Pelizaeus-Museums, 2001, S. 35.
11 Tute, Statuen aus barocken Gärten, 1997, S. 50-56. Genannt sind die Hofkünstler Sebastian Huggenberg und Franz Finck: Hermann Korb und seine Zeit, 2006, S. 106, 122.
12 Über Ripa selbst ist nur wenig bekannt. Er wurde um 1560 in Perugia geboren und kam schon in jungen Jahren an den Hof des Kardinals Antonio Maria Salviati (geb. 1537) in Rom, wo er später Truchsess wurde und bis 1602 blieb. Sein wahrer Name war offenbar Giovanni Campani. Er starb 1622 vermutlich in Rom. Während seiner Zeit am Hof sammelte er das umfangreiche Material für seine „Iconologia". Dabei handelt es sich um ein ikonographisches Handbuch mythologischer und allegorischer Figuren und deren Attribute. Es kam 1593 erstmals auf den Markt und wurde danach etliche Male aufgelegt, 1603 erschien eine illustrierte Fassung. Das Handbuch wurde zum unersetzlichen Nachschlagewerk für die bildenden Künstler des Barock in ganz Europa. Zahlreiche Auflagen und Übersetzungen belegen die große Nachfrage.
13 Hildesheimer Allgemeine Zeitung vom 23. Juli 1958.
14 Erste Beilage zur Vossischen Zeitung, 28. Juli 1878, S. 4. Best. 354 Nr. 49.

Chronologischer Überblick

Daten zur Baugeschichte des Klosters St. Martin

1221	Die Franziskaner kommen erstmals nach Hildesheim.
1223	Die Brüder werden wiederum nach Hildesheim gesandt, Gründung einer Niederlassung, Aufnahme in einem Gebäude neben der Nikolaikapelle beim Godehardikloster. Catalogus abbatum s. Godeh. zu Abt Volcard (1218-1229): *Hoc abbate P. Conradus de Offida habitationem suam apud St. Nicolaum in Brülone impetravit ad tempus.*
um 1240	Schenkt Bischof Konrad II. den Brüdern ein Grundstück westlich des Domhügels.
1242	Stiftet Bischof Konrad II. ein Kloster (Zeppenfeldt, Beiträge, 1829, S. 125).
1246	War die Kirche fertiggestellt, denn Bischof Konrad gestattet in diesem Jahr dem Johannisstift die Verlegung des Konvents an die Kirche St. Martin: *ad ecclesiam sancti Martini in Nova civitate episcopi* (UBSH I, Nr. 189).
1246	stirbt Bischof Konrad und wird im Chor der Martinikirche bestattet (Bertram, Geschichte, Band I., S. 240).
1253	Ist der Konvent der Franziskaner erstmals bezeugt: *versus monasterium dilectorum in domino fratrum minorum* (UBSH I, Nr. 231).
1333	*Convent de barvoten* erwähnt (UBSH I, Nr. 869f.).
1366	Guardian und Convent der Minoriten verkaufen dem Rat zur Verstärkung der Stadtbefestigung ihren Garten an der Innerste für sechs Mark (UBSH 2, Nr. 227, S. 135f.).
1369	Bruder Heinrich, Guardian, und der Convent der Minoriten zu Hildesheim verpflichten sich gegenüber Herzog Magnus von Braunschweig und Lüneburg aus Dank für seine Zuneigung zu dem Orden und besonders zu ihrem armen Convent durch Behilfe zu ihren Bauten (*subveniendo nobis in edificiis nostris*) bei seinen Lebzeiten wöchentlich eine Messe abzuhalten (UBSH 2, Nr. 279, S. 170).
1381	Baumaßnahmen am Turm (?) *Vor deckent unde murent an dem torne bi den broderen* [...] (UBSH 5, S. 33).
1383	Turmwächter genannt: *Den wechtern up dem torne by den brodern 2 ½ s* und *Den wechtern up Martini 4 ½ p.* (beide Quellen: UBSH 5, S. 60).
1383	Brunnen: *Den stenwerten unde den arbeydern to deme zode der barveten 18 s. 4d. – Den stenwerten unde den arbeydern to dem bornen der barveten 32 ½ s, 2 d* (UBSH 5, S. 61).
1422	Wasserrinne: *Den tymmerluden, dede rumeden unde verdigheden ene rennen, de de lyt in de erde uppe der barvoten Kerkhove, unde led dat water ut dem pole in der Borchstraten in de Indersten* [...] (UBSH 6, S. 209).
1436	Chor der Kirche wird erwähnt [...] *unde de barfoten in orem kore* [...]. (UBSH 4, Nr. 274, S. 185).
1449	Abriss eines Hauses, das zu nahe des Turmes erbaut worden war: *Den barvetenbrodern to hulpe darto, dat se mosten ein hus nedderbreken, alse se dat deme torne to nah gesath hadden* [...] (UBSH 6, S. 758).
1451	Kapelle im Kreuzgang erwähnt: *capella sita in ambitu fratrum minorum* (Lüntzel, Geschichte, 1858, S. 627. Mithoff, Kunstdenkmale, 1875, S. 155).
1457	Kapelle im Kreuzgang (*ambitus*) erwähnt (UBSH 7, Nr. 287, S. 180, Urkundenbezeugung).
1465	Glasarbeiten im Chor: *Gegeven mester Clauwese deme glasewarchten vor ein venster an der barvoten kor* [...] (UBSH 7, S. 658).
1466	Verleiht Weihbischof Johannes einen Ablaß (Lüntzel, Geschichte 1858, Bd. 2, S. 197).
1481-83	Dendrodatierung des Dachstuhls der Portiunculakapelle (Berichte Tätigkeit, S. 305).
1487	Schenkung für den Neubau einer Bibliothek: [..] *nomliken to orer librarie, de se angehaven hebben nige to buwende. 1487 November 12 (des mandages na sunte Martini daghe).* (UBSH 8, Nr. 148, S. 150).

1490	Inschrift in der Portiuncula-Kapelle, zweiter (mittlerer) Strebepfeiler der Westseite.
1547	Wird das Kloster aufgehoben und die Kirche protestantische Pfarrkirche für den Dammtorbezirk, die Franziskaner verlassen das Kloster.
1547	Die Klostergebäude dienen als Hospital für die „armen Lüde" (Garbe 1967).
1556	Schenkungsurkunde: Guardian, Kellner und Convent des Martiniklosters übereignen das Kloster mit allem Zubehör den Älterleuten oder Kistenherren der Martinikirche unter Vorbehalt freier Wohnung und des Zinsgenusses von Kleinodien (UBSH 8, Nr. 905, S. 752).
1630	Antrag des Domkapitels über die Wiederaufnahme des Klosterbetriebs nach der Säkularisation beim Rat (Stadtarchiv Hildesheim, Best. 101 Nr. 91/269). Die folgenden Bestandsnummern beziehen sich auf das Stadtarchiv Hildesheim.
1641	Auf dem Hildesheim-Stich von Mätthaus Merian wird das Kloster abgebildet.
1683	„Die Kirche erwirbt von einem Georg Klocke für 400 Taler einen Obst- und Küchengarten hinter den Stadtmauern und Grenzen des Klosters, welcher der Länge nach bis an die jetzt abgebrochene Stineckenpforte sich erstreckte, der Breite nach bis an die Treibe und zum Einfalle derselben in die Innerste ging." (Zeppenfeldt, Beiträge, S. 129).
1691	„Im Jahr 1691 legte man in den Klostergebäuden ein Stadtwaisenhaus an, das den Namen Martinus-Waisenhaus führt. Auch wurden einige Gebäude zur Verwahrung unnützer und unkluger Menschen gebraucht. Als die Kirche die Klostergebäude zum Waisen-, Zucht- und Irrenhause hergab, so trat der Magistrat derselben dagegen ab: 1. das Hospital St. Martins an der Kramerstraße hieselbst; 2. das Hospital im Marienroder Sacke hieselbst, von der Familie v. Rhese gestiftet." (Zeppenfeldt, Beiträge, S. 129).
1694	Das Hospital wird in die Kramerstraße verlegt, St. Martinihospital (Zeller 1912, S. 105 u. 92).
1694	Dienen die Konventräume als lutherisches Waisenhaus. (Zeller 1912, S. 105) „Der Magistrat legte im Jahre 1694 in den Klostergebäuden ein Waisenhaus an, und gab dafür der Kirche ein Hospital und ein Kapital von 200 Mfl. zur Entschädigung."(Zeppenfeldt 1929, S. 129 und 350).
Ende 17. Jh.	„Grundt-Riß vom Weisenhause in Hildesheim und zwar wie daßelbe an itzo in einbau befindlich" (Best. 900 Nr. 173).
1724	Stadtplan von J. L. Brandes mit Klosteransicht.
1729	Stadtplan von Werner mit Klosteransicht.
1750	Grundriss zum unteren Stockwerk des neuen Pastorenhauses (Best. 900 Nr. A 175).
1750	„Im Jahre 1750 ward mit dieser Anlage [Waisenhaus] ein in diesem Lokale angelegtes Zucht- und Irren-Haus in Verbindung gesetzt ..." (für 6 bis 8 Subjekte) (Zeppenfeldt 1829, S. 350, Zeller 1912, S. 105).
1754	Verlegt man in die Konventräume die Ratsdruckerei (Stadt-Buchdruckerei), die dann 1807 der Buchhändler Johann Daniel Gerstenberg pachtet (Zeller 1912, S. 105) (Zeppenfeldt, Beiträge, S. 129f).
1758	„Im Jahre 1758 am 1. Januar ward in den ehemaligen Klostergebäuden ein Lazareth für die Französischen Soldaten angelegt. Die Verstorbenen (eine große Anzahl) wurden theils in dem Waisengarten, theils auf dem Nikolai-Kirchhofe vor dem Dammthore, welcher der Martins-Kirche gehört, und welchen der zeitige Prediger ganz frei benutzt, begraben." (Zeppenfeldt, 1829, S. 134).
1784	Neubau (eher Umbau) des lutherischen Waisenhauses (Blume, Rosen, S. 39).
Um 1800	„Das ganze Wesen an Gebäuden hinter der Martinskirche bildet ein Quadrat. Gegen Ost liegt das Waisenhaus, gegen Nord das Zucht- und Irrenhaus, gegen Süd die Buchdruckerei, gegen West das Vorhaus. Hinterm Waisenhause an der Ecke liegt eine Kapelle, unter welcher ein Gewölbe ist, welches die Franziskaner ehemals wahrscheinlich als Brauhaus benutzten. [...] Vor dem Vorhause liegt die Wohnung des Pfarrers. Das Waisenhaus ist in der unteren Etage mit massiven Umfassungswänden, in der oberen Etage mit hölzernen, eingeschlossen, der dabei befindliche Garten ist etwa 31/2 Morgen groß. Das Zucht- und Irren-Haus hat zwei Etagen mit massiven Umfassungswänden. Da diese Anstalt in der tiefsten und feuchtesten Gegend der Stadt liegt, so sind die Keller nicht trocken. Das Vermögen des Waisenhauses besteht: [...] 2) sechs Häusern [...] 5) der Buchdruckerei, für welche bis zum Jahre 1806 ein jährliches Pachtgeld von 200 Thaler gezahlt wurde" (Zeppenfeldt 1829, S. 350f).
1816-1858	Einebnung des Martinikirchhofs (Best. 101-1361 Nr. 1324).
1818	Das Pantaleonstor mit dem Turm wird abgebrochen. Darin befand sich die der Martinikirche gehörende Schlaguhr (Zeppenfeldt 1829, S. 134).

1819	Die Ratsdruckerei wird in die Rathausstraße verlegt.
1827-1830	„Abbruch des alten massiven Turmes (Pulverturmes) im Pfarrgarten von St. Martini“ (Best. 101-1361 Nr. 1457).
1827-1832	„Die Unterbringung des Uhrwerks des abgebrochenen Pantaleonsturms an der St. Martinikirche, Instandsetzung und Aufstellung der Uhr“ (Best. 101-1361 Nr. 1456).
1828	Verlegung der Heilanstalt nach St. Michael.
1828-1829	„Die Einrichtung der Druckereigebäude und des Prediger-Witwenhauses zu St. Martini für das Knabenlehrer Buschbaum und die nachherige Vermietung des Prediger-Witwenhauses an die unverehelichte Marie Beyer“ (Best. 101-1361 Nr. 1609).
26.8.1837	Das Druckereigebäude wird an den Bankier Freudenthal für 20 Jahre vermietet und zu einer „Fabrik“ umgebaut (Best. 101-564, Nr.1).
1854	Verkauf eines Teiles des Pfarrgartens bei St. Martini bei dem Waisenhause zwecks Vergrößerung des Gerichtsgefängnisses, 1854 (Best. 101-1361 Nr. 1642).
17.6.1856	Wird das evangelische Pfarrgebäude durch die Waisenhausverwaltung angekauft (Best. 101-564 Nr. 9).
6.8.1857	„Gänzlicher Abbruch des Kreuzganges auf dem Hof des lutherischen Waisenhauses von dem Kirchengebäude an bis zur vormaligen Druckerei beschlossen“ (Best. 101-564 Nr. 9). Der Abbruch wird jedoch nicht ausgeführt.
1857	Bis zu diesem Jahr hatte die Kirche den Status einer Pfarrkirche.

Daten zur Baugeschichte des Roemer- und Pelizaeus-Museums

29. Juli 1844	Gründung des „Vereins für Kunde der Natur und der Kunst im Fürstenthume Hildesheim und in der Stadt Goslar“.
1845	Eröffnung des Museums am Domhof 26
1851	Wilhelm Pelizaeus wird am 6. September. als drittes Kind von Dr. jur. Clemens Pelizaeus und dessen Frau Emilie Schwarz in Hildesheim geboren.
1857-1859	Umbau der Martinikirche zum Museum.
1859	Eröffnung des Museums in der umgebauten Martinikirche.
1864	Erweiterung des Museums durch Übernahme des Waisenhauses (östlicher Konventflügel mit Sakristei und der Portiuncula-Kapelle).
1865	„Situationsplan über den, dem Museo verkauften Theil des lutherischen Waisenhauses“, kolorierte Federzeichnung (Best. 950 Nr. B7 / 10).
1866	Bau des neuen lutherischen Waisenhauses durch den Hildesheimer Architekten Georg Schulze, anstelle des ehemals westlichen Kreuzgangflügels. Dort befand sich das Pfarrhaus und das Invalidenhaus.
1869	Pelizaeus geht nach Alexandrien.
1870	Roemer reist nach Ägypten.
1874	Roemer stiftet seine Petrefactensammlung (7 Schränke, 200 Auszüge).
1879	Pelizaeus schenkt dem Museum Skarabäen etc.
1879	Anbau nördlich der Martinikirche.
1880-1882	Neuaufstellung der Sammlung im Anbau der Martinikirche, vormals Räume der „Loge Zum Stillen Tempel“.
1885-1887	Neubau am Steine (Areal des ehemaligen nördlichen Friedhofs) durch Stadtbaumeister Gustav Schwartz.
1885/86	Pelizaeus schenkt Senator Hermann Roemer für sein „Ägyptisches Zimmer“ die Mumie des Anch-hapi.
1885	Roemer bemängelt das unzureichende Licht im alten Gebäude der Martinikirche, 31. März 1885 (Best. 741 Nr. 424).

1886	„Fensteranlage im Petrefacten und Ethnograph. Saale, 1886" (Best. 741 Nr. 425).
1890-1891	Anbau des Ostflügels und Erweiterung der Neuaufstellung der geologisch-paläontologischen Sammlung (heute Gelände des Lapidariums, Brunnenhofs)
24.2.1894	Roemer stirbt in Hildesheim. Testament im Wert von ca. 100.000 DM zu Gunsten des Museums. Benennung des Museums als „Roemer-Museum". Roemer wird auf dem Lambertikirchhof begraben.
1894	Einrichtung von zwei Wohnräumen im Dachgeschoß des südlichen Fachwerkbaus (Schlaf- und Arbeitszimmer des Museumswarts) (Best. 102 Nr. 11521).
3.7.1895	Aufstellung des Hermann Roemer-Denkmals von Ferdinand Hartzer vor dem Museum (Best. 102 Nr. 11881)
1896	Errichtung einer Abort-Anlage im südlichen Hof (im Winkel der Portiuncula-Kapelle und Sakristei) mit neogotischer Tür und Fenster. (Best. 102 Nr. 11521).
1901-1905	Herstellung von sechs Standbildern in den Nischen am Roemer-Museum.
1907	Wilhelm Pelizaeus (1851-1930) schenkt seine Ägyptensammlung der Stadt.
1907	Erwerb des ehemaligen Lutherischen Waisenhauses.
1907	Erweiterungsentwurf des Regierungsbaumeisters Adolf Zeller.
1909	Stadtbauinspektor Seevers leitet den Neu- und Umbau des Waisenhauses. (Best. 741 Nr. 425).
1909	Nach dem Transport der privaten Sammlung von Kairo nach Hildesheim. Beteiligung an der Gestaltung des Museums unter der Aufsicht von Otto Rubensohn, dem ersten Direktor des Pelizaeus-Museums.
1910	Durch Aussperrung der Bauarbeiter verzögert sich die Fertigstellung des Umbaus. (Best. 741 Nr. 425).
1910	Neue Heizungsanlage für das Waisenhaus (Best. 102 Nr. 11521).
1911	Die Stadt übernimmt das Pelizaeus-Museum.
1911	Eröffnung des Pelizaeus-Museums am 29. Juli.
20.11.1911	Ernennung von Pelizaeus zum Ehrenbürger der Stadt Hildesheim.
1912	Der Walfisch wird in der Martinikirche an der Decke aufgehängt (Best. 102 Nr. 11521).
1912	Der obere Raum der „Martinskapelle" soll zu einem Waffensaal hergerichtet werden (Best. 102 Nr. 11521).
19.3.1912	Die Statue des Hem-iunu wird gefunden - Pelizaeus lässt sie noch im Mai nach Hildesheim bringen.
1912	Nische für die Statue des Hem-iunu wird in der südlichen Fassadenfront des Pelizaeus-Museums eingerichtet.
November 1912	Der Fußboden im Saal 16 (Gipsabdrücke der Renaissance) ist infolge der tiefen feuchten Lage vollständig vom Schwamm zerfressen, statt Holzfußboden soll Zementfußboden gelegt werden. Im Saal 14 (gotische Kunst) sind die ewig feuchten Wände mit Zement versehen, im Saal 19 hat sich die Südwand um mehrere cm nach Süden geneigt, im gleichen Zimmer ist die Westwand, die abstürzen wollte, durch eiserne Verankerung geschützt (Best. 102 Nr. 11521).
ab 1912	Übernahme eines Großteils der Finanzierung weiterer Grabungen in Giza durch Pelizaeus.
1912	Ausführung einer Niederdruck-Dampfheizung im Roemer-Museum.
6.1.1913	„Sockel für die Aphrodite mit Heizkörperverkleidung und Ruhebänken für das Roemer-Museum" (Best. 102 Nr. 11454).
1913	Im Heizkeller dringt Grundwasser ein.
1913	Um- und Neuaufstellung der Sammlung soll durchgeführt werden, verschiedene Schränke werden angeschafft (Best. 102 Nr. 11521).
1914	Zwecks Sicherung des Museums gegen Einbruch sollen die Erdgeschossfenster und die Fenster des Münzkabinetts vergittert werden (Best. 102 Nr. 11522).

1914	Die nach dem Walfischhof gelegene Mauer des Konviktsgarten soll mit in Zement verkleidete Glassplitter versehen werden (Best. 102 Nr. 11522).
1914	An dem Gebälk der Nordwestecke der Martinikirche hat sich infolge durchdringender Feuchtigkeit ein große Fläche mit Pilzwucherungen bedeckt (Best. 102 Nr. 11522).
1914	Die an der westlichen Front gelegenen Mattscheiben (Korallensammlung) sollen durch ein einfaches Drahtgitter von außen geschützt werden, da Scheiben durch Schüsse mit kleinen Steinchen erbrochen wurden (Best. 102 Nr. 11522).
1914	Oberlichtdächer im nördlichen Flügel instandgesetzt (Best. 102 Nr. 11522).
1915	Wassereinbruch im Heizraum des Roemer-Mueums (Best. 102 Nr. 11522).
1916	Einrichtung von Saal 10 (bisher Sekretariat), Versetzung und Aufstellung der Denkmäler (Sarkophage), Sekretariat wird in den Bodenraum 3, Südseite des Pelizaeus-Museums verlegt (Best. 102 Nr. 11522).
1916	An der südlichen Außenwand der Martinikirche werden klaffende Risse beobachtet (Best. 102 Nr. 11522).
1917	„Küsthardt-Saal" ist undicht (Best. 102 Nr. 11522).
1917	Im alten Waisenhaus in der Wohnung des Museumswarts Specht ist Hausschwamm (Best. 102 Nr. 11522).
1918	Marmorbüste Pelizaeus ist fertig (Best. 102 Nr. 11522).
1918	Erweiterungsentwurf des Architekten Walter Evers (1882-1946).
1919	Vergitterung der Museumsfenster im Pelizaeus-Museum (Best. 102 Nr. 11522).
1919	Die Aquarelle des Andreas-Museums sollen im Raum des Kriegsmuseums aufgestellt werden, im Anschluss an die Abteilung Alt-Hildesheim, die Steindenkmäler des Andreasmuseums im Hof des Roemer-Museums neben dem Fachwerkflügel (Klosterhof) (Best. 102 Nr. 11522).
1925/26	Mastaba-Anbau im Pelizaeus-Museum Best. 102 Nr. 11286.
1926	Lieferung von 100 „Wiener Stühlen" (Best. 102 Nr. 11522).
1926-1929	Neubau bzw. Erweiterung des Pelizaeus-Museums südlich der Sedanstraße geplant, Bauplatz „Steingrube" und „Renata", „Museumsviertel", Magistrat lehnt Neubau ab 1929 (Best. 102 Nr. 11285).
1930	Wilhelm Pelizaeus stirbt am 14. 10. nach kurzer Krankheit in Hildesheim
1930	Umbau des Pelizaeus-Museums.
1930	Neuaufstellung der Sammlung Ohlmer in den chinesischen Zimmern.
1931	Sockel für die Pelizaeus-Büste, August Dismer, Werkstatt für Grabmalkunst.
1932	Roeder an den Oberbürgermeister: „Die Möglichkeit, dass uns unruhige Zeiten bevorstehen, veranlasst mich zu der Bitte, dass Sie sich mit der Beschaffung eines Liegesofas für mein Dienstzimmer einverstanden erklären." Roeder möchte ggf. die ganze Nacht im Museum verbringen können (Best. 102 Nr. 11354).
1932	Einrichtung eines Münzkabinetts.
1935	Schenkung der Frau des Major Schmidts: militärische Gegenstände aus dem Nachlass ihres verstorbenen Gatten für das Erinnerungszimmer des 79er Regimentes (Best. 102 Nr. 11355).
1945	Fast völlige Zerstörung des Roemer-Museums, das Pelizaeus-Museum wird nur leicht beschädigt.
1948	Eröffnung einer ersten Ägypten-Ausstellung im Pelizaeus-Museum.
1956-1959	Neubau durch die Hildesheimer Architekten Christian und Heinrich Naue.
1979	Wiedereinrichtung der Martinikirche als Museum.
1998	Abriss des Naue-Neubaus.
1998-2000	Neubau des Roemer- und Pelizaeus-Museums durch die Architekten Gerd Lindemann und Florian Thamm.

Quellen und Literatur

Walter Achilles, Das Bild der Stadt Hildesheim 1492-1850 (Schriftenreihe des Stadtarchivs und der Stadtbibliothek Hildesheim, 9), Hildesheim 1981.

Peter Albrecht, Simon Paulus (Hrsg.), Hermann Korb und seine Zeit – Barockes Bauen im Fürstentum Braunschweig-Wolfenbüttel. Hrsg. vom Museum im Schloss Wolfenbüttel und dem Fachgebiet Baugeschichte der Technischen Universität Braunschweig, Braunschweig 2006.

Veronica Albrink, Hermann Roemer und die Kulturpolitik im 19. Jahrhundert, in: Gesammelte Welten. Das Erbe der Brüder Roemer und die Museumskultur in Hildesheim (1844-1994), 1998, S. 152-202.

Cord Alphei, Der Hildesheimer Museumsverein 1844-1911, in: Gesammelte Welten. Das Erbe der Brüder Roemer und die Museumskultur in Hildesheim (1844-1994), 1998, S. 417-448.

Ders., Niedergang und Aufschwung: Der Museumsverein im 20. Jahrhundert, in: Gesammelte Welten.
Das Erbe der Brüder Roemer und die Museumskultur in Hildesheim (1844-1994), 1998, S. 449-464.

Alt-Hildesheim in Aquarellen. Friedrich Richard Heyer und seine Nachfolger. Eine Dokumentation im Auftrage des Vereins zur Erhaltung der Baudenkmale in den Jahren 1892 bis 1919, zusammengestellt und bearbeitet von Helga Stein (Knochenhauer-Amtshaus Extra Nr. 5), Hildesheim 2002.

Achilles Andreae und Hermann Roemer, Führer durch die Gypsabgüsse griechischer und römischer Bildhauerkunst des Roemer-Museums. Nach den Aufzeichnungen von H. Roemer hrsg. von A. Andreae, Hildesheim 1895.

Archäologenbildnisse. Porträts und Kurzbiographien von Klassischen Archäologen deutscher Sprache, hrsg. v. Reinhard Lullies, 1988, 166-167.

Hans-Martin Barth, Die Sebalduskirche in Nürnberg, Königstein im Taunus 1988.

Carl Bauer, Neuste Geschichte von Hildesheim (1890 bis 1910), Hildesheim 1912, hier S. 223-232.

Beiträge zur Hildesheimischen Geschichte. Eine Sammlung von Aufsätzen zur Geschichte Hildesheims und seiner Umgebung aus den Jahren 1780-1829. Herausgegeben von Johann Daniel Gerstenberg 1829/1830, neu herausgegeben von Bruno Gerstenberg 2006 (Hildesheimer Historische Mitteilungen, 1), Hildesheim 2006.

Berichte über die Tätigkeit der Bau- und Kunstdenkmalpflege in den Jahren 1991-1992 (Niedersächsische Denkmalpflege Bd. 15), Hannover 1995, hier S. 305f.

Adolf Bertram, Geschichte des Bisthums Hildesheim, Bd. I-III, Hildesheim und Leipzig 1899-1925.

Otto Beyse, Hildesheims Stadtbild und seine Erneuerung, in: Aus der Heimat, Beilage der Hildesheimer Allgemeinen Zeitung, Nr. 16, 1937.

Günther Binding, Die Franziskaner-Baukunst im deutschen Sprachgebiet, in: 800 Jahre Franz von Assisi. Franziskanische Kunst und Kultur des Mittelalters. Niederösterreichische Landesausstellung, Krems-Stein, Minoritenkirche 15. Mai - 17. Oktober 1982 (Katalog des Niederösterreichischen Landesmuseums Band N. F. 122), Wien 1982, S. 421-448.

Friedrich Bleibaum, Bildschnitzerfamilien des Hannoverschen und Hildesheimischen Barock (Studien zur Deutschen Kunstgeschichte, 227), Straßburg 1924.

Manfred Boetzkes, Welten in Vitrinen. 150 Jahre Roemer-Museum, in: Gesammelte Welten. Das Erbe der Brüder Roemer und die Museumskultur in Hildesheim (1844-1994), 1998, S. 465-508.

Manfred Boetzkes, „Eine zeitgemäße Hülle für zeitgemäße Kunst“. Der Erweiterungsbau des Roemer- und Pelizaeus-Museums, in: Jahrbuch des Landkreises Hildesheim, 2001, S. 73-78.

Joseph Bohland, Der Untergang des Roemer-Museums am 22. März 1945, in: Trümmerbilder, 1995, S. 54-56.

Karl Brandes, Das ehemalige fürstliche Lustschloß Salzdahlum und seine Ueberreste. Geschichtsabriß und Beschreibung, Wolfenbüttel 1880.

Wolfgang Braunfels, Abendländische Klosterbaukunst, Köln 1985.

„Den Bürgern Hildesheims zum Nutzen gereichen“. 160 Jahre Hildesheimer Museumsverein 1844 – 2004, hrsg. vom Hildesheimer Museumsverein e.V. - Verein für Kunde der Natur und Kunst von 1844 (Veröffentlichungen des Museumsvereins Hildesheim, 3), Hildesheim 2005.

Chronik des Roemer-Pelizaeus-Museums, Hildesheim. Auftraggeber Stadt Hildesheim, Hochbauamt. Freies Institut für Hausforschung und Stadtbaugeschichte e. V., Hannover 1989.
Joseph Anton Cramer, Physische Briefe über Hildesheim und dessen Gegend, Hildesheim 1792, ND Hildesheim 1976.

Irene Crusius, Bischof Konrad II. von Hildesheim. Wahl und Herkunft, in: Institutionen, Kultur und Gesellschaft im Mittelalter, Sigmaringen, 1984, S. 431-468.

E. Del Monte, Une ville du temps jadis: Hildesheim. Ein Reisebericht aus dem Jahre 1883; veröffentlicht in der Zeitschrift Le Tour du Monde. Übersetzt und eingeleitet von Walter Konrad Hildesheim 1974.

Victor Desarnaulds, Yves Loerincik, Vases acoustiques dans les églises du Moyen Age, in: Mittelalter – Moyen Age – Medioevo – Temp medieval, Zeitschrift des Schweizerischen Burgenvereins, 6. Jg., Heft 3, 2001.

Echnaton – Nofretete – Tutanchamun. Katalog der Ausstellung im Roemer-Pelizaeus-Museum Hildesheim vom 15.6.-26.9.1976, Mainz 1976.

Bernd Echtermeyer, Roemer und Pelizaeus Museum Hildesheim, in: Bauwelt, Jg. 91, 2000, Heft 27, S. 2.

Arne Eggebrecht, Ein Magnet für das In- und Ausland, in: Hildesheimer Allgemeine Zeitung vom 12. November 1980.

Ders., Ein Leben für die ägyptische Kultur, in: Aus der Heimat, Beilage der Hildesheimer Allgemeinen Zeitung, Nr. 6, 1980.

Ders., Der „Hildesheim-Effekt". Die großen kulturgeschichtlichen Ausstellungen im Roemer- und Pelizaeus-Museum, in: Pelizaeus-Museum Hildesheim. Die ägyptische Sammlung (Zaberns Bildbände zur Archäologie Bd. 12), Mainz 1993, S. 122-125.

Marina Emons, Der Hildesheimer Künstler-Restaurator Friedrich Küsthardt. Ein Beitrag zur lokalen Kunst- und Restaurierungsgeschichte, in: Hildesheimer Heimatkalender, 2000, S. 100-109.

Die Erweiterung des städtischen Museums im Jahr 1883, in: Unterhaltungsblatt Nr. 20. Beilage zur HAZ vom 24. Januar 1884.

Kurd Fleige, Der volkstümliche Hildesheimer Heilige Bruder Konrad (OFM). Das Schicksal seines Grabes nach der Reformation, in: Die Diözese Hildesheim in Vergangenheit und Gegenwart Bd. 51, Jg. 1983, S. 45-49.

Ders., Bruder Konrad von Hildesheim. Das ungewöhnliche Leben eines Franziskaner-Mönches, in: Hildesheimer Heimatkalender 1986, S. 61-63.

Ders., Ein „fast" vergessenes Jubiläum. Vor 100 Jahren wurde das Roemer-Museum neu errichtet, in: Aus der Heimat, Beilage der Hildesheimer Allgemeinen Zeitung, Nr. 12, 1987.

K. E. O. Fritsch, Hildesheimer Studien IV, in: Deutsche Bauzeitung Jg. 22, 1888, S. 614-617.

Führer durch die Ernst Ohlmer-Sammlung chinesischer Porzellane im Hermann Roemer-Museum in Hildesheim, Hildesheim 1932.

Führer durch die Ohlmer'sche Sammlung chinesischer Porzellane, Hildesheim 1898.

Ariane Funk, Die Stadtbibliothek im Pelizaeus-Museum, 1958-1979. Zwischenstation und Neuanfang, in: Geschichte der Stadtbibliothek Hildesheim. Eine Ausstellung des Stadtarchivs Hildesheim in den Räumen der Stadtsparkasse Hildesheim vom 5. bis 26. Oktober 1995 aus Anlaß des Umzugs der Stadtbibliothek in die Judenstraße (Ausstellungen des Stadtarchivs Hildesheim. Begleithefte, 1), Hildesheim 1995, S. 45-54.

Fritz Garbe, Der letzte Tag in St. Martini zu Hildesheim, in: Aus der Heimat, Beilage der Hildesheimer Allgemeinen Zeitung, Nr. 5, 1957.

Ders., Die Toten von St. Martini, in: Hildesheimer Presse vom 7.7.1967.

Johannes Heinrich Gebauer, Geschichte der Stadt Hildesheim, Bd. 2, Hildesheim u. Leipzig 1924.

Christoph Gerlach, Hinweise zur Baugeschichte der Martinikirche in Hildesheim – Beobachtungen am Außenmauerwerk (Vortrag vor dem Hildesheimer Heimat- und Geschichtsverein am 12. Januar 2000), Masch. Manuskr., Hildesheim 2000.

Ders., Martin Thumm u. a., Dokumentationsbericht. Fassaden der Martinikirche. Kirche des ehem. Franziskanerklosters. Roemer- und Pelizaeus-Museum Hildesheim. Aufnahme, bauhistorische Untersuchung, Schadensaufnahme, Hinweise zur Sanierung, erstellt im Auftrag der Stadt Hildesheim, Masch. Manuskr., Hildesheim 1998/1999.

Bruno Gerstenberg, Die Hildesheimer Zeitungsunternehmen, Hildesheim 1972.

Gesammelte Welten. Das Erbe der Brüder Roemer und die Museumskultur in Hildesheim (1844-1994), hrsg. im Auftrage des Museumsvereins von Rudolf W. Keck (Festschrift zum 150jährigen Bestehen des Hildesheimer Museumsvereins (1844) und des vom ihm begründeten Roemer- und Pelizaeus-Museums), Hildesheim 1998.

Thomas Gießmann, Volksbibliothek und Lesehalle im Knochenhauer-Amtshaus, 1901-1911, in: Geschichte der Stadtbibliothek Hildesheim. Eine Ausstellung des Stadtarchivs Hildesheim in den Räumen der Stadtsparkasse Hildesheim vom 5. bis 26. Oktober 1995 aus Anlaß des Umzugs der Stadtbibliothek in die Judenstraße (Ausstellungen des Stadtarchivs Hildesheim. Begleithefte, 1), Hildesheim 1995, S. 19-22.
Ders., Nachlaß Hermann Roemer. Findbuch zum Bestand 345 des Stadtarchivs Hildesheim (Quellen und Dokumentationen zur Stadtgeschichte Hildesheims, 4), Hildesheim 1994.

Gudrun Gleba, Klosterleben im Mittelalter, Darmstadt 2004.

Veronika Gronau, Stadtbaumeister Gustav Schwartz, in: Hildesheimer Kalender, 2005, S. 107-118 u. 119-126.

Hans-Henning Grote, Das ehemalige fürstliche Lustschloß Salzdahlum. Hrsg. v. Schloß Salzdahlum, Wolfenbüttel 1996.

Johann Gülicher, Vita beati Fratris Cornradi cognomento Patris Sancti. Das ist: Leben und Wundergeschichte des seligen Bruders Conrads, Stifters des Convents der Minnebrüder zu S. Merten in Hildesheim. Übers. v. Johannes Christoph Arnschwanger, Korythopel 1666.

Cornelius Gurlitt, Hermann Prell (Moderne Kunst, Jg. 8, 1894, Nr. 6), mit Holzschnitten von Richard Bong, 1894.

Stephan Gutowski, Die Minderbrüder in Hildesheim, in: Franziskanisches Leben im Mittelalter. Studien zur Geschichte der rheinischen und sächsischen Ordensprovinzen,Beteiligte Personen, hrsg. v. Dieter Berg (Saxonia Franciscana, 3), Werl 1994, S. 111-139.

Ernst Haetge, Die Stadt Erfurt (Die Kunstdenkmale der Provinz Sachsen. Im Auftrag der Provinzialkommission zur Erforschung und zum Schutze der Denkmale der Provinz Sachsen hrsg. von Max Ohle, Bd. 2,1), Burg 1931.

Lothar Hardick (Hrsg.), Nach Deutschland und England. Die Chroniken der Minderbrüder Jordan von Giano und Thomas von Eccleston (Franziskanische Quellenschriften Bd. 6), Werl 1957.

Conrad Wilhelm Hase, Das Museum für Kunst und Kultur in Hannover, in: Zeitschrift des Architekten- und Ingenieurvereins für das Königreich Hannover, Heft 5, 1859, Sp. 227-228 u. Bl. 143-145.

Rudolf Hauthal, Die Bedeutung des Roemer-Museums in Hildesheim. Vortrag gehalten am 19. Februar 1907 im Verein für Kunst und Wissenschaft in Hildesheim, Hildesheim 1907.

Ders., Roemer-Museum, seine Geschichte und Entwicklung, in: Niedersachsen, 17. Jg., Hildesheim-Nummer, 1912, S. 53f.

Walter Hochreiter, Vom Musentempel zum Lernort. Zur Sozialgeschichte deutscher Museen 1800-1914, Darmstadt, 1994.

Susanne Höcklin, Magnet Kultur – Museumsmarketing als ein Aspekt städtischer Kulturarbeit dargestellt am Beispiel des Roemer- und Pelizaeus Museums in Hildesheim (Materialien zur Fremdenverkehrsgeographie, 33), Trier 1996.

Heinrich Max Humburg, Das erfüllte Leben von Wilhelm Pelizaeus, in: Aus der Heimat, Beilage der Hildesheimer Allgemeinen Zeitung, Nr.6, 1980.

Jahresbericht = Bericht des Vereins für Kunde der Natur und der Kunst im Fürstenthum Hildesheim und in der Stadt Goslar (Museums-Verein), 1845ff.

Elisabeth Kampen, Dokumentation historischer Steinfragmente des Roemer-Museums, Bd. 1-8. Im Auftrag des Hildesheimer Heimat- und Geschichtsvereins von Elisabeth Kampen erarbeitet und zusammengestellt, (masch. Manuskr.) Hildesheim 1997-2001.

Hans Kayser, Die Stadt Hildesheim und ihr Museum, in: Hildesheim (Deutschlands Städtebau, Kommunal- und Volkswirtschaft), hrsg. im Auftr. der Stadt Hildesheim von Rudolf Zoder, Brilon 1956, S. 42-48.

Ders., Die ägyptischen Altertümer im Roemer- Pelizaeus-Museum in Hildesheim, Hildesheim o. J. (1973 ?).

Günther Kokkelink und Monika Lemke-Kokkelink, Baukunst in Norddeutschland. Architektur und Kunsthandwerk der Hannoverschen Schule 1850-1900, Hannover 1998.

Rudolf W. Keck, Jahresbericht 1992, in: Hildesheimer Jahrbuch für Stadt und Stift Hildesheim, Bd. 64, 1993, S. 327-329.

Ders., Gesammelte Welten. Die Brüder Roemer und die Museumskultur in Hildesheim 1844-1994, in: Gesammelte Welten. Das Erbe der Brüder Roemer und die Museumskultur in Hildesheim (1844-1994), 1998, S. 7-10.

Ders., Zur Gründung des „Vereins für Kunde der Natur und der Kunst“ (Museumsverein) und des Museums im Jahre 1844. Motive und Entwicklungstendenzen einer 150jährigen „Bürgerinitiative“, in: Hildesheimer Jahrbuch für Stadt und Stift Hildesheim, Bd. 65, 1994, S. 205-218.

Ders., Jahresbericht 1995-1996, in: Hildesheimer Jahrbuch für Stadt und Stift Hildesheim, Bd. 69, 1997, S. 425-430.

Jürgen Köppke, Hildesheim, Einbeck, Göttingen und ihre Stadtmark im Mittelalter. Untersuchungen zum Problem von Stadt und Umland (Schriftenreihe des Stadtarchivs und der Stadtbibliothek Hildesheim, 2), Hildesheim 1967.

Walter Konrad, Originelle Zeugnisse Hildesheimischer Porzellandekoration. Das Roemer-Pelizaeus-Museum bewahrt Kostbarkeiten einer einmaligen Technik der Porzellanmalerei auf, in: Hildesheimer Heimatkalender 1962, S. 114-116.
Walter Konrad, Wiedererrichtung des Roemer-Denkmals, in: Hildesheimer Heimatkalender 1981, S. 102.

Maike Kozok, Hildesheimer Architekturgeschichten, in: 300 Jahre Hildesheimer Allgemeine Zeitung. Seitenblicke 1705-2005, hrsg. von der Gebrüder Gerstenberg GmbH & Co. KG., Konzeption und Redaktion Sven Abromeit, Hildesheim 2005, S. 55-58.

Dies., Hildesheim zur Kaiserzeit. Historische Fotografien aus den Beständen des Stadtarchivs Hildesheim und des Roemer-Museums Hildesheim, herausgegeben vom Hildesheimer Heimat- und Geschichtsverein e. V., Hildesheim 2005.

Dies., Vom Franziskanerkloster zum Museum. Zur Baugeschichte des Roemer- und Pelizaeus-Museum, in: Aus der Heimat, Beilage der Hildesheimer Allgemeinen Zeitung, Nr. 3, 2007.

Wilhelm Knoch, Zum Gedächtnis von Konrad Wilhelm Hase, in: Deutsche Bauzeitung, 51, 1914, S. 493-496.

Johann Michael Kratz, Das ehemalige Franziskanerkloster und die Martinikirche in Hildesheim (nach Aufzeichnungen von Dr. J. M. Kratz), in: Sankt-Bernward-Blatt, Nr. 46, 1910, S. 356-358.

Nathalie Kruppa, Jürgen Wilke, Die Hildesheimer Bischöfe von 1221 bis 1398. Im Auftrag des Max-Planck-Instituts für Geschichte bearb. von Nathalie Kruppa und Jürgen Wilke (Germania sacra N. F. Band 46: Die Bistümer der Kirchenprovinz Mainz. Das Bistum Hildesheim, 4), Berlin/New York 2006.

Das kunst- und kulturgeschichtliche Museum im 19. Jahrhundert. Vorträge des Symposiums im Germanischen Nationalmuseum Nürnberg, hrsg. v. Bernward Deneke, (Studien zur Kunst des neunzehnten Jahrhunderts, 39), München 1977.

Joachim Barward Lauenstein, Hildesheimische Kirchen- und Reformations-Historie [...] Teil 1-12 Documentis und Diplomatisbus, Hildesheim/Braunschweig 1734-1736.

Ders., Historia Diplomatica Episcopatus Hildesiensis. Das ist: Diplomatische Historie des Bisthums Hildesheim, Hildesheim 1740.

Leonhard Lemmens, Niedersächsische Franziskanerklöster im Mittelalter, Hildesheim 1896.

Silke Lesemann, Lebenserinnerungen von Oberbürgermeister Dr. Gustav Struckmann zu Hildesheim. Eine Quellenedition (Schriftenreihe des Stadtarchiv und der Stadtbibliothek Hildesheim, 21), Hildesheim 1991, hier S. 438-446.

Gerd Lindemann, Roemer- und Pelizaeus-Museum Hildesheim, in: Wettbewerbe aktuell 4/2001, S. 109-111.

Hermann Adolf Lüntzel, Geschichte der Diöcese und Stadt Hildesheim, hrsg. aus dessen Nachlasse, Hildesheim 1858.

Josef Machmer, 1000 Jahre helfender Liebe. Ausschau Alt-Hildesheim. Geschichte der Wohlfahrtseinrichtungen und christlichen Liebestätigkeit in Hildesheim bis zum 17. Jahrhundert, Paderborn 1957.

Barbara Magen, 30 Jahre Freundeskreis · 30 Jahre Mäzenatentum. Die Erwerbungen des Freundeskreises Ägyptisches Museum Wilhelm Pelizaeus Hildesheim e. V. in den Sammlungen des Roemer- und Pelizaeus-Museums Hildesheim aus den Jahren 1977 bis 2007, Hildesheim 2007.

Hermann Meyer-Hartmann, Zielpunkt 52092 N – 09571 O. Der Raum Hildesheim im Luftkrieg 1939-1945 (Schriftenreihe des Stadtarchivs und der Stadtbibliothek Hildesheim, 14), Hildesheim 1985.

Hector Wilhelm Heinrich Mithoff, Archiv für Niedersachsens Kunstgeschichte. Eine Darstellung mittelalterlicher Kunstwerke in Niedersachsen und nächster Umgebung, Hannover 1849.

Ders., Kunstdenkmale und Alterthümer im Hannoverschen, Bd. 3, Fürstenthum Hildesheim nebst der ehemals freien Reichsstadt Goslar, Hannover 1875.

Karl Mohrmann, Aus dem Leben eines deutschen Künstlers, in: Centralblatt der Bauverwaltung, 1902, S. 166-168.

Peter Müller, Die Bedeutung der Bettelorden in der Wirtschaft Hildesheims bis zur Reformation, in: Bettelorden und Stadt, hrsg. v. Dieter Berg, Werl 1992, S. 65-87.

Ders., Die Bettelorden in Hildesheim im Mittelalter, in: Die Diözese Hildesheim in Vergangenheit und Gegenwart, Jg. 62, 1994, S. 135-169.

Ders., Bettelorden und Stadtgemeinde in Hildesheim im Mittelalter (Quellen und Studien zur Geschichte des Bistums Hildesheim, 2), Hannover 1994.

Museumsinsel Berlin. (UNESCO-Weltkulturerbe seit 1999). Hrsg. von Peter-Klaus Schuster und Cristina Inês Steingräber, Berlin u.a. 2004.

Museumsinszenierungen. Zur Geschichte der Institution des Kunstmuseums. Die Berliner Museumslandschaft 1830-1990, Dresden/Basel 1995.

Karl Ohlmer, Ernst Ohlmer - sein Leben und Wirken, in: Aus der Heimat, Beilage der Hildesheimer Allgemeinen Zeitung, Nr. 1, 1981.
Ludwig Adolf Pacht, Entwickelung des Stadt-Regiments zu Hildesheim bis zum Jahre 1300. Überarbeitung des Vortrages vom 18. Juli 1876 in der Versammlung des Harzvereins zu Hildesheim, in: Zeitschrift des Harz-Vereins für Geschichte und Altertumskunde, Jg. 10, 1877, S. 187-215, hier S. 190.

Ernst Palandt, Die Hildesheimer Waisenfamilie vor 100 Jahren unter ihrem Waisenvater Heinrich Wilhelm Palandt und der Waisenmutter Doris, geb. Billerbeck. Gedanken und Erinnerungen am „Palandtweg" in Hildesheim. Auf Grund von Urkunden und Belegen in Originalfassung wiedergegeben, zusammengestellt und mit verbindendem Text versehen von Ernst Palandt, Hildesheim 1979.

Ders., Dankbare Waisen aus Hildesheim in der weiten Welt, in: Alt-Hildesheim, Heft 43, 1972, S. 56-60.

Ders., Der Waisenvater Heinrich Wilhelm Palandt. Ein Gedenkblatt zur 100. Wiederkehr seines Amtsantritts am 1. Oktober 1854, in: Alt-Hildesheim, Heft 25, 1954, S. 33-37.

Klaus Pechstein, Das Sebaldusgrab in Nürnberg (Werkmonographien zur bildenden Kunst in Reclams Universal-Bibliothek 126), Stuttgart 1967.

Pelizaeus-Museum Hildesheim (Museum, Bd. 12), Braunschweig 1979.

Nikolaus Pevsner, Funktion und Form. Die Geschichte der Bauwerke des Westens, Hamburg 1998, S. 111-138.

Volker Plagemann, Das deutsche Kunstmuseum 1790-1870. Lage, Baukörper, Raumorganisation, Bildprogramm (Studien zur Kunst des neunzehnten Jahrhunderts, 3), München 1967.

Martina Prante, Der Traum des Scheichs Eggebrecht, in: 300 Jahre Hildesheimer Allgemeine Zeitung. Seitenblicke 1705-2005, Hildesheim 2005, S. 269-272.

Annette Pülz, Neubau des Roemer- und Pelizaeus-Museums, in: AIV Hildesheim. Festschrift zum 50-jährigen Bestehen des Architekten- und Ingenieur-Verein Hildesheim. Red. Matthias Jung, hrsg. v. Architekten- und Ingenieur-Verein Hildesheim, Alfeld 2001, S. 34-37.

Paul Gerhard Freiherr von Puttkamer, Die Ernst-Ohlmer-Sammlung im Hermann Roemer-Museum zu Hildesheim, in: Alt-Hildesheim, Heft 11, 1931, S. 37-43.

Realisierungswettbewerb Neu- und Umbau des Roemer- und Pelizaeus-Museums in Hildesheim, in: Wettbewerbe aktuell. Fachzeitschrift für Architekturwettbewerbe 1990, Heft 10, S. 645-656.

Gustav Reimers, Denkschrift über die Studienreise des Kunstgewerbe-Vereins zu Hamburg nach Hildesheim am 21. / 22. Juni 1891, Hamburg 1891.

Herbert Reyer, Hermann Roemers Studentenreise über den Meißner im Jahre 1836. Aus Anlaß des 150jährigen Jubiläums der Eröffnung des Museums auf dem Domhof am 8. Juni 1845, in: Hildesheimer Jahrbuch für Stadt und Stift Hildesheim, Bd. 65, 1994, S. 205-232.

Günther Roeder, Führer durch das Pelizaeus-Museum zu Hildesheim, Hildesheim 1915.

Ders., Das Pelizaeus-Museum in Hildesheim, Entstehung und Aufgaben unserer ägyptischen Sammlung, in: Alt-Hildesheim, Heft 1, 1919, S. 46-55.

Ders., Führer durch das Pelizaeus-Museum zu Hildesheim, Hildesheim 1921.

Ders., Die Mastaba des Uhemka zu Hildesheim, Wienhausen 1927.

Hermann Roemer, Die Kunstdenkmäler Hildesheims. Vortrag gehalten am 18.5.1880 während der Jahresversammlung des Hansischen Geschichtsvereins in Hildesheim, in: Hansische Geschichtsblätter, Jg. 1880/1881.

Ders., Das städtische Museum in Hildesheim, in: Nordwest, Jg. 1, 1878, Nr. 1, S. 10-14.

Roemer-Pelizaeus-Museum. Festschrift zur Eröffnung des Roemer-Pelizaeus-Museums am 13. Mai 1959, Hildesheim 1959.

Angiola Maria Romanini, Die Architektur der ersten Franziskanischen Niederlassungen, in: 800 Jahre Franz von Assisi. Franziskanische Kunst und Kultur des Mittelalters. Niederösterreichische Landesausstellung, Krems-Stein, Minoritenkirche 15. Mai-17. Oktober 1982 (Katalog des Niederösterreichischen Landesmuseums N.F., 122), Wien 1982, S. 404-411.

Otto Rubensohn, Das Pelizaeus-Museum, in: Niedersachsen, 17. Jg., ildesheim-Nummer, 1912, S. 55.

Ders., Roemer-Museum Hildesheim. Bilder Galerie und Alt-Hildesheim im Bild, o. O., o. J. (um 1912).

Carl Sandrock, Das neue Kunstgewerbehaus, in: Niedersachsen, 17. Jg., Hildesheim-Nummer, 1912, S. 59f.

Wolfgang Schenkluhn, Architektur der Bettelorden. Die Baukunst der Dominikaner und Franziskaner in Europa, Darmstadt 2000.
Karl Schmid, Stiftungen für das Seelenheil, in: Gedächtnis, das Gemeinschaft stiftet, hrsg. v. K. Schmid, München/Zürich 1985, S. 51-73.

Bettina Schmitz, Bilanz und Blick in die Zukunft. Geschichte des Museums, in: Aus der Heimat, Beilage der Hildesheimer Allgemeinen Zeitung, Nr. 2, 1987.

Dies., Ägypten in Hildesheim. Aus der Geschichte des Pelizaeus-Museums, in: Pelizaeus-Museum Hildesheim. Die ägyptische Sammlung (Zaberns Bildbände zur Archäologie, 12), Mainz 1993, S. 8-49.

Dies., Ägypten in Hildesheim, in: Gesammelte Welten. Das Erbe der Brüder Roemer und die Museumskultur in Hildesheim (1844-1994), 1998, S. 517-525.

Dies., Die Anfänge der Ägypten-Sammlung in Hildesheim. Der Weg von Hermann Roemer zu Wilhelm Pelizaeus, 1870-1907, in: Hildesheimer Jahrbuch für Stadt und Stift Hildesheim, Bd. 72/73, 2000/01, S. 139-171.

Dies., Ein neues Haus für Hemiunu, Heti und Penju. Die Ägypten-Sammlung im Roemer- und Pelizaeus-Museum Hildesheim (Antike Welt, 33), Mainz 2002.

Dies., Ein Bürger Hildesheims. Gedanken zum 150. Geburtstag von Wilhelm Pelizaeus, in: Jahrbuch Landkreis Hildesheim 2003, S. 183-192.

Dies., 30 Jahre „Hildesheimer Ägyptologische Beiträge". Ein Blick auf Wissenschaft am Museum, in: Hildesheimer Kalender 2006., Hildesheim 2005, S. 146-152.

Dies., „... für Hildesheim eine Zierde ...". Vor 100 Jahren schenkte Wilhelm Pelizaeus seiner Vaterstadt eine Altägypten-Sammlung, in: Hildesheimer Kalender 2007, Hildesheim 2006, S. 43-50.

Friedrich Schnell, Das Museum für Kunst und Wissenschaft in Hannover, Hannover 1858.

Gisela Schulz, Neue archäologische Untersuchungen in Hildesheim (ein Vorbericht), in: Alt-Hildesheim, Heft 50, 1979, S. 7-18.

Georg Schwaiger (Hrsg.), Mönchtum, Orden, Klöster. Von den Anfängen bis zur Gegenwart. Ein Lexikon (Beck'sche Reihe Nr. 1554), München 2003.

Ingeborg Schweitzer, Im Wettlauf mit der Zeit. Fünf Jahre Stadtkerngrabungen in Hildesheim (Knochenhauer-Amtshaus Extra, Nr. 2), Hildesheim 1991.

Dies., Archäologische Fundchronik, in: Hildesheimer Jahrbuch für Stadt und Stift Hildesheim, Bd. 64, 1993, S. 321f.

Dies., Wiltu ein tag froelich sein? Archäologie in Stadt und Landkreis Hildesheim, Hildesheim 1998.

Hermann Seeland, Von alten Klosterbibliotheken in der Stadt Hildesheim (Zeitschrift des Museums zu Hildesheim, N.F., 4), Hildesheim 1952.

Helmut Seling, Die Entstehung des Kunstmuseums als Aufgabe der Architektur, Freiburg 1952.

James J. Sheehan, Geschichte der deutschen Kunstmuseen. Von der fürstlichen Kunstkammer zur modernen Sammlung, München 2002.

Adelbert Ständer, Das neue Museumsgebäude entsteht, in: Hildesheimer Heimatkalender 2001, S. 7-31.

Städteforum. Dokumentation über Stadtentwicklung. Städtedarstellung Hildesheim, 17. Jg., Osterrode 1976.

Statistisches Jahrbuch für die Hauptstadt des Regierungsbezirks Hildesheim, Jahrgang 1958/59, Hildesheim 1960.

Anneliese Stehr, Erinnerungen an das alte Roemer-Museum (um 1925), in: Hildesheimer Heimatkalender 2001, S. 51-52.

Helga Stein, Hermann Roemer und sein Hildesheim. Heimat- und denkmalpflegerische Initiativen, in: Gesammelte Welten. Das Erbe der Brüder Roemer und die Museumskultur in Hildesheim (1844-1994), 1998, S. 243-280.

Johannes Strecker, Ein Spaziergang durch das alte Roemer-Museum, in: Aus der Heimat, Beilage der Hildesheimer Allgemeinen Zeitung, Nr. 12, 1967.

Georg Striehl, Die Welt der Kunst im Roemer-Museum. Zum Altbestand der druckgrafischen Sammlung, Hildesheim 1998.

Suche nach Unsterblichkeit. Totenkult und Jenseitsglaube im Alten Ägypten, hrsg. v. Arne Eggebrecht. Katalog der Ausstellung im Roemer- und Pelizaeus-Museum Hildesheim, Mainz 1990.

Jürgen Sydow, Kirchen- und spitalgeschichtliche Bemerkungen zum Problem der Stadterweiterung und Vorstadt, in: Stadterweiterung und Vorstadt, Stuttgart, 1969, S. 107-113.

Paul Trommsdorf, Catalogus Professorum. Der Lehrkörper der Technischen Hochschule Hannover 1831-1931, Hannover 1931.

Trümmerbilder, hrsg. von Helga Stein. 22 Aquarelle von Carl Meyer kommentiert mit persönlichen Eindrücken aus der Hildesheimer Bevölkerung, Hildesheim 1995.

Heinz Joachim Tute, Statuen aus barocken Gärten, in: Hildesheimer Heimatkalender 1997, S. 50-56.

UBHH = Urkundenbuch des Hochstifts Hildesheim und seiner Bischöfe 1, bearb. K. Janicke (Publicationen aus den K. Preußischen Staatsarchiven 65), Leipzig 1896.

UBHH = Urkundenbuch des Hochstifts Hildesheim und seiner Bischöfe 2-6, bearb. H. Hoogeweg (Quellen und Darstellungen zur Geschichte Niedersachsens 6, 11, 22, 24, 28), Hannover/ Leipzig 1901 1911.

UBSH = Urkundenbuch der Stadt Hildesheim, hrsg. v. Richard Doebner, Bd. 1-8, Hildesheim 1881-1901.

Verwaltungsbericht (des Magistrats) der Stadt Hildesheim, Hildesheim 1883 bis 1928.

400 Jahre Knochenhauer-Amtshaus 1529-1929, hrsg. vom Verein für Kunst und Kunstgewerbe, Hildesheim 1929.

Vita Bernwardi episcopi Hildesheimensis auctore Thangmaro, ed. Georg Heinrich Pertz, in: MGH SS 4, Hannover 1841, S. 754-782.

Edgar Walden, Die völkerkundliche Sammlung, in: Welten in Vitrinen, 1994, S. 63-73.

Was ist drin? Der Grundstein im neuen Museum. Eine Dokumentation zum 12. Juni 1998. Hrsg. vom Verein für Kunde der Natur und Kunst (1844), Museumsverein Hildesheim e. V., Hildesheim 1999.

Christian Weisker, Manfred Overesch u. a., Das Roemer- und Pelizaeus-Museum 1945-1959. Von Hoffnungen und Chancen zwischen Trümmern und Provisorien, in: Renaissance einer Kulturstadt – Hildesheim nach dem 2. Weltkrieg (Veröffentlichungen des Landschaftsverbandes Hildesheim, 9), Hildesheim 1998, S. 231-251.

Welten in Vitrinen. Die Sammlungen des Roemer-Museums zu Hildesheim. Faksimile des Sammlungsführers von 1914 aus Anlaß des 150jährigen Jubiläums des Roemer-Museums, hrsg. von Manfred Boetzkes, Hildesheim 1994.

Werkstatt Hohlt. Otto Hohlt, Albrecht Hohlt, Görge Hohlt. Eine Ausstellung zum 50jährigen Bestehen der Werkstatt. Hrsg. vom Bayrischen Handwerkstag, München 1995.

Ulrich Wiesner, Chinesisches Porzellan. Die Ohlmersche Sammlung im Roemer-Museum, Hildesheim 1981

Ders., Chinesisches Porzellan. Die Ohlmer'sche Sammlung im Roemer-Museum Hildesheim, Mainz 1981.

Ders. Der Hildesheimer Porzellanschatz und sein Stifter Ernst Ohlmer, in: Aus der Heimat, Beilage der Hildesheimer Allgemeinen Zeitung, Nr. 1, 1981.

Heinrich Wille, Bischof Konrad II. von Hildesheim. Sein Sterbejahr und seine Grabstätte, in: Die Diözese in Vergangenheit und Gegenwart 1962, S. 19-24.

Christine Wulf, Die Inschriften der Stadt Hildesheim. Gesammelt und bearbeitet von Christine Wulf, Teil 1 u. 2 (Die Deutschen Inschriften, 58), Wiesbaden 2003.

Adolf Zeller, Die Kunstdenkmäler der Provinz Hannover. Bd. II. Regierungsbezirk Hildesheim. 4. Stadt Hildesheim. Kirchliche Bauten, Hannover 1911, hier S. 273-279.

Ders., Die romanischen Baudenkmäler von Hildesheim, unter Berücksichtigung des einheimischen romanischen Kunstgewerbes, Berlin 1907.

Rudolf Zoder, Hermann Roemer, in: Niedersächsische Lebensbilder. Bd. 3, 1957. S. 202-226.

Ders. (Bearb.), Hermann Roemers Reise in das Land der Pharaonen. (Zeitschrift des Museums zu Hildesheim, N.F., 22), Hildesheim 1970.

Ders. und Hans Kayser, Roemer-Pelizaeus-Museum, Hildesheim o. J.

Klaus Zimmermanns, Umbrien. Städte, Kirchen und Klöster im „grünen Herz Italiens“. (DuMont-Kunst-Reiseführer), Köln 2000.

Roemer- und Pelizaeus-
Museum Hildesheim
MAYA
KÖNIGE AUS DEM REGENWALD
20/10/2007 – 13/04/2008

Leiter und Direktoren der Museen

Hermann Adolf Lüntzel (1799-1850), Leiter des Städtischen Museums von 1845 bis 1850

Johannes Leunis (1802-1873), Leiter des Städtischen Museums von 1850 bis 1873

Hermann Roemer (1816-1894), Leiter des Städtischen Museums von 1873 bis 1894

Professor Dr. Achilles Andreae (1859-1905), Direktor des Roemer-Museums von 1894 bis 1905

Professor Dr. Rudolf Hauthal (1854-1928), Direktor des Roemer-Museums von 1905 bis 1917

Dr. Otto Rubensohn (1867-1964), erster Direktor des Pelizaeus-Museums von 1907 bis 1915, zugleich zweiter Direktor des Roemer-Museums

Professor Dr. Günther Roeder (1881-1966), Direktor des Pelizaeus-Museums von 1915 bis 1945[1]

Professor Dr. Friedrich Schöndorf (1884-1941), Direktor des Roemer-Museums von 1925 bis 1941

Dr. Hans Kayser (1911-1989), seit 1942 Direktor des Roemer-Museums, seit 1945 Direktor beider Museen, Wiedereinsetzung als Museumsdirektor 1947, amtierte bis 1974

Dr. Walter Konrad (1921-1983), von 1957 bis 1974 Wissenschaftlicher Mitarbeiter, von 1974 bis 1983 Direktor des Roemer-Museums

Professor Dr. Arne Eggebrecht (1935-2004), Direktor des Pelizaeus-Museums von 1974 bis 1983, anschließend Leitender Direktor des Roemer- und Pelizaeus-Museums bis 2000

Professor Manfred Boetzkes, M. A., Direktor des Roemer-Museums 1984 bis 2002, Leiter des Stadtgeschichtlichen Museums im Knochenhauer-Amtshaus von 2002 bis 2006

Dr. Eleni Vassilika, Leitende Direktorin und Geschäftsführerin der Roemer- und Pelizaeus-Museum GmbH von 2000 bis 2005

Dr. Katja Lembke, Leitende Direktorin und Geschäftsführerin der Roemer- und Pelizaeus-Museum GmbH seit 2005

1 „Die städtischen Sammlungen für Kunst und Geschichte unterstehen der eigentlichen Leitung durch Professor Dr. Roeder, der im Hauptamt Direktor des Pelizaeus-Museums ist und im Nebenamt die Kunstabteilung des Roemer-Museums einschließlich des Andreas-Museums und des Knochenhauer-Amtshauses verwaltet." (Verwaltungsbericht Stadt Hildesheim, 1928-1937, S. 237).